ムロン 商業についての政治的試論

Essai Politique sur le Commerce

近代社会思想コレクション 14

米田昇平 *Shohei Yoneda*
後藤浩子 *Hiroko Goto*
訳

京都大学
学術出版会

凡　例

一、本書は、ジャン・フランソワ・ムロン（Jean François Melon）の *Essai politique sur le commerce*, nouvelle edition augmentée de sept chapitres, & où les lacunes des editions précédentes sont remplies, 1736 の全訳である。本書の初版は一七三四年であるが、訳出したのは初版に全七章が増補された第二版増補改訂版である。本書の初版が出た四年後に、アイルランドのデヴィッド・ビンドンによる初版からの英訳、*A Political Essay upon Commerce, Written in French by Monsieur M***, Translated, with Some Annotations, and Remarks*, by David Bindon, Dublin, 1738 が現れた。ビンドンはこれに詳細な注解を付けたが、アイルランドの状況を踏まえたビンドンの注解は、ムロンの論説の歴史的意義の一端を浮き彫りにするとともに、経済認識の多様な形成の一場面をよく伝えていると考えて、全訳した。

二、注の区別は次の通り。ムロン自身の原注は（＊　）で示し、段落のあとに置いた。初版との異同や補足的な説明などの訳注は（　）で示し、左ページに側注として置いた。このほか、本文中やビンドンの注のなかで〔　〕で示した場合もある。ビンドンがつけた注については（ビ　）で表示し、「ビンドンの訳者序文」を含めて、すべて巻末にまとめた。

三、ロー・システムやフランスの信用制度にかかわる訳語の選択について、佐村明知『近世フランス財政・金融史研究　絶対王政期の財政・金融と「ジョン・ロー・システム」』（有斐閣、一九九五年）をおもに参考にした。なお訳注のうちロー・システムに関しては、同書と、Edgar Faure, *La banqueroute de Law*, Gallimard, 1977を、またフランスの貨幣制度については、竹岡敬温『近代フランス物価史序説』(創文社、一九七三年)の第Ⅲ部「フランスの貨幣」をおもに参考にした。

目次

商業についての政治的試論

第一章　諸原理

地上にあるのは三つの島だけだと仮定しよう。それぞれの島の面積は同じで住民の数も同じであり、今までその土地に最も適した一種類の物産だけを生産してきた。ある島は小麦、別の島は羊毛、三番目の島は酒類である。同じ数の人間が労働に用いられ、収穫量は三つの島に供給するのに十分である。

そうした状況から、何よりもまず、必要な交易が行われるようになる。したがって、それぞれの島は十分な量のみずからの物産を確保しつつ、残りを、他の島の物資と交換する。必要な物と交換される物は等しいから、したがって交易のバランスも等しくなるであろう。

しかし、もしそれらの島の一つで、土地の活用が十分に進んで、他の島で産する物産をみずから供給し、その上、他の島が持たないその島特有の物産を過剰に産するならば、政治と交易とにどのような変化が生じると予想されるだろうか。

それが小麦を産する島だとしよう。他の二つの島は小麦なしですますことはできないので、それぞれの島の住民の最初の反応は、生活の糧を手に入れるべく自分の島を去って小麦を産する島に働きに行くというものであろう。

しかし、それらの島が自分たちの利益をよく理解しているならば、またその土地が自分たちに小麦を十分に供給できないのであれば、それらの島は、自分たちの物産が小麦を産する島で栽培されることを禁じ、小麦を産する島を強いて、自分たちを扶養するのに必要な量の小麦の種を蒔いて［その小麦を］自分たちの物産と交換せざるを得ないようにするであろう。そして、そのような条件をいったん甘受してしまえば、小麦を産する島がそれらの二島に背くことができるのは、自由の喪失という罰に値する反抗によってのみである。

そして、そのように強いることは諸国家の自然的かつ始原的な権利であり、この権利に従って、特定の一国の権利は他の諸国全体の権利に譲歩する。一家族あるいは一個人の権利が国家の権利に譲歩するのと同じである。

［しかし］小麦を産する島は、その立地により、あるいは他の事情により、自分が他の二島の当初の激しい反発に抗うことができると分かれば、その島の物産の力だけで、他の島を服従させるであろう。

他の島の一つがその島に特有の物産の余剰を有し、その他の島で生産される物産を十分に持っていると仮定するとき、その島の有利さは小麦を産する島ほど大きくはない。というのは、小麦以外の物産は生活に絶対に必要なわけではないからである。影響を受ける他の二島には、その島を征服するか、その島に交易の平等を強いるための措置を講じる時間的余裕があろう。しかし、小麦が欠乏している場合には、速やかに救済措置が講じられなければ万事休すである。パンを持たない軍隊はもはや規律を知らない。

このように小麦は交易の基礎である。というのは、小麦はなくてはならない生活の支えだからである。小麦の供給は立法者の第一の目的でなければならない。

それらの島の一つが農業か製造業でより大きな進歩をとげるとすれば、それは、その島の住民の数が増加したから、あるいは同じことだが、その島の産業活動において、以前より少ない人員で同じ量の土地を耕し、同じ量の仕事をこなすことができるようになったからにほかならない。ところで、これにより余った人々は、これらの物産を増やすために、また同じく他の島の征服者となるために役立つことができる。以上により、住民の増加が立法の第二の目的でなければならないこと、またより少ない費用で働くことを可能にするのは住民を増やす一つの方法なのだということが分かる。

最初に挙げた三つの島の収穫物は単純なものだから、どの島が他の島を服従させるほどに強大になりうるかは容易に見て取れる。しかし、これらの島が一次的な必要品をすべて十分に備えていて、しかもぶどう酒(ビ1)、塩、亜麻布などの二次的な必要品、そして絹、砂糖、タバコなどの奢侈的な必要品を産する島々を支配下に置いていると仮定すれば、このとき、交易する島の数が増えれば増えるほど、［三つの島のうち］どの島が最も強大になるかを知るのはそれだけ困難となる。

これらの多様なあらゆる交易の結合によって、他の島よりも広い面積、より良質の土地、より多くの住民をもつ島が、少しずつ豊かさを失い、住民も減り、そしてしまいには他国によって征服されてしまうことが起りうる。というのは、住民の数が多く、土地が広大で肥沃であるといっても、怠惰ややる気がないせいで土地が未耕のまま放置されているところでは用をなさないからである。

商業が多様になったことで、交換の不便が増大した。その結果、金や銀をあらゆる商品の共通の尺度に用いることが考え出された。商品の輸送は骨が折れ、しばしば無駄に終わるが、金銀を用いればそのような輸送をしないですむようになる。しかし、商業の絶えざる拡大によって金銀はふたたび不十分となり、それらもまた、有価証券、為替手形、銀行券などによる新たな代理物（représentation）を必要とするようになった。

交換の容易さ、すなわち商業の容易さは、この交換の共通の尺度の必要量に依存している。こうして、貨幣とその代理物が立法の第三の目的となる。

商業が盛んに行われうるのは、誰もが皆、土地、家屋、地代、公債など、何であれ自分のものを最も有利に用いる場合だけである。その理由は次の通りである。もしこれらのうちのどれかが無価値となれば、それは無用な余分となり、所有者はそれを用いて自分の必要品を、すなわち隣人の物産を買えなくなる、これにより、その物産はこの隣人にとっても同じく余分なものとなり、彼が持たない衣服を手に入れる上で役に立たなくなる、そうすると［衣服を作る］職人はパンやぶどう酒をもたらしてくれるはずの勤労をもはや売ることができなくなるし、［パンやぶどう酒といった］物産の価格の下落に農業者は落胆し、税を支払うことができなくなる、という次第である。[ビ2] この結果、公共のそれであれ個人のそれであれ、新しい無価値が生じる。市民は余分な品々を豊富に所持するが、市民の大部分は必要品を持たない。この必要品は彼らの手の届くところにあり、その所有者には余分そのもので、何の役にも立たないのであるが。社会の構成部分の間には非常に緊密な結びつきがあり、ある部分に打撃を与えれば、他の部分にその影響が及ばないではすまないであろう[1]。

以上により、容易に交易［商業］の定義がもたらされる。交易とは余分品と必要品との交換である。交易全体において可能なあらゆる結合は、確かな諸原理に還元することができる。すなわち、ある島の勢力が伸張したかどうかは、以下の事柄を吟味すれば容易に分かるであろう。第一に、その島の土地が小麦あるいは小麦と同等の物産を以前よりも多く生産しているかどうか。第二に、その島の治政（police）と産業活動が住民の数を増やしているかどうか。第三に、交換の担保あるいは等価物の量が、［物産の］各所有者が持たないものを手に入れるために彼が所有するものすべてを有利に利用する手段が彼に与えられている、そのような釣り合いの状態にあるかどうか。

これらの有利によって一つの島がやがて均等のバランスを断ち切り、勢力の上で優位に立つようになり、［その島の］勢力の拡大に驚く他の島に法を与えるだろう。このような勢力の拡大は他の島には隠されていたのである。他の島は、高くつき、迅速さに欠ける同盟か、力に差があるため勝利が不確かな戦争に訴えるであろう。そして、治政が賢明であれば未然に防ぐことができたはずのことを改めるのに、何年もの苦労を重ねるほかないことになろう[2]。

しかし、交易の優位によって非常に強大になったこの島は、新たな政治的利益に基づいて行動するように

---

(1) このようなムロンの相互依存の認識にボワギルベールの影響をうかがうことができるであろう。ボワギルベールはいう、「ある職業が姿を消せば、どのようなものであれ、他のあらゆる職業に直接にあるいは間接的にただちにその害悪を及ぼさずにはすまない。あらゆる職業は全体として数々の輪によって構成される富裕の連鎖をなしており、一つでも輪がはずれてしまえば全体が無効になるか、……あるいは少なくともきわめて不完全なものとなる」（Pierre de Boisguilbert, "Traité de la nature, culture, commerce et intérêt des grains", 1704, in *Pierre de Boisguilbert ou la naissance de l'économie politique*, 2vols, Paris, INED, t.2, p.830）。

(2) 初版では、このあとに「ときにその国民は堕落した状態にとどまりさえするであろう」の一文が続く。

なるに違いない。というのは、その島がそのような高度な段階に達したのは、もっぱら他の島の援助を必要とせずに、あるいは少なくとも僅かな費用で、何でも自分の島に見いだせるようになったことによるからである。このとき、貧しくなった他の島は、彼らが必要とするものと交換に与えることができるものを何も持たないであろう。そして、その本質において相互的である交易もまた、それらの島の間では消滅し、それぞれの島のなかだけに縮減されるだろう。では一体、支配的な島の有利とは何であろうか。それは、第一に、貧しくなった島の住民をその島の産業によって引き寄せることである。彼らは生まれ故郷を捨て、豊穣の地で賃金労働者になる。この住民の増加は、その島の支配を確実なものにし、これがさらに新たな住民の増加を可能にする。第二に、その豊かな島は、心配の種など何もない島々の交易は維持し、競争が脅威になりかねない島々の交易は破壊するであろう。こうして、その島の平穏はその島の勢力と等しくなるであろう。

ここでおそらく、金銀の鉱山に富んでいる国が最も豊かであると信じている人々の誤りを打ち砕いておく必要がある。そのような国々は常に隷属状態にあったことをわれわれは経験から知っているが、そのほか、次のことが明らかである。すなわち、われわれが奢侈品や協約に基づく用途を持つ商品［貨幣］を求めに行くのは、必要品の余剰を有している場合だけであること、そして鉱山の所有者は、小麦の所有者が鉱山労働者たちを養うのに必要な小麦を提供してくれるかぎりでしか、鉱山の経営を行うことはできないであろう、ということである。小麦が欠乏しているとき、住民たちはパンの入手が確実なときにしか、南海(ビ3)に向かう船の艤装を行わないだろう。一国の国力は、その国が一次的必要品をどれほど多く有しているかにかかっている。金銀はそれら必要品の担保にすぎず、これらの物産がそれを産する島に豊富に存在する程度に応じてしか、それらの物産の代わり〔担保〕にはならない。一方、これらの金属は任意の代理物をもって代えることができるし、実際にそうなのである。

金属を産する島々の間では、他の事情が等しければ、鉄を産する島がすぐに他の島々を服従させるであろう。アメリカ人は、最初の頃、役に立たない金塊の代わりに、数多くの様々な用途に用いることのできる鉄の道具を受け取って驚いたものである。自然が設けたものは、おのずから、人為が設けたものよりもいっそう強力である。

本書の表題から、またこれまで述べてきたことから明らかであろうが、本書が考察の対象とするのは、個々人相互間の商業ではなくて、立法者は国土のあらゆる生産物を有益に利用することのできる手段をどのようにして国民にもたらしうるか、ということである。(3)

(3) 初版では、このあとに「したがって、われわれは立法者およびヨーロッパの交易の一般的状況に関するいくつかの考察を加えよう」の一文が続く。

第二章　小麦について

小麦のこの上ない豊富は、ほとんどいつも次には欠乏を招く。なぜなら、おそらくは〔豊富による〕価格の低下が耕作者の意欲を失わせるからである。このとき、飢饉から永遠に民衆を守る〔穀物〕倉庫を建設するという壮大な計画が立てられる。しかし、目下の悲惨な状況が生み出したこの計画は、災禍の記憶が遠のくにつれて、また目の前のことに一杯一杯で、不確実にみえる将来のことに関心を持つことができなくなるにつれて、次第に消え失せる。なぜなら、一〇年間引き続いて高値を経験しないことなどめったにないが、その続く一〇年のどの年に災禍が生じるか、確かではないからである。

収穫がほとんどなく、小麦が常に外国からもたらされるので〔過剰による〕小麦価格の低下を決して懸念する必要のない小国では、それらの倉庫は比較的広範な役に立つだろう。倉庫の管理が賢明に行われれば、小麦価格が〔小麦の不足による高騰によって〕民衆の負担になることもなくなり、税一般の支払いも容易に行われるようになるだろう。しかし、ほとんどいつも十分すぎる収穫が得られる大国では、倉庫は危険な不都合を伴っている。それらの倉庫は、多大な費用をかけずには作ることも維持することもできない。質の悪い穀物が良質のものと一緒に運び込まれ、保管中に腐敗してしまうだろう。管理人たちはそれが自分たちの損失になるのを望まないか、あるいはその〔腐敗した〕小麦で利益を得ようとするだろう。立法者が管理人たちの執拗な要求や策略から身を守るのは難しい。彼らはとりわけ〔その腐敗した小麦を〕販売するよう求めるだろう。こうして質の悪いパンが売られ、流行病が発生することになる。

　フランスは、自国において、最初に述べた［三つの］島の仮説に登場した生産物や他の多くの生産物を産する。フランスはとくに小麦の生産地であり、小麦の供給に関してポーランド(ビ1)とおよそ張り合うことができる。しかしフランスのすべての地方が、とくに同じ年度において、等しく小麦が豊富なわけではないので、立法者は、各地方の住民数と穀物の収穫量の正確な調査によって、こうした不均等から生じる諸結果に備えることができる。こうして立法者はいつでも豊作の地方から余った穀物を持ち出させ、不作の地方に輸送させるであろう。そして、立法者は、不作の地方の破滅的な過度の高価と、豊作の地方の農業者を打ちのめす価格の下落とを阻止するのである(ビ2)。

　このようなやり方で、立法者は一般的な欠乏に対しても立ち向かうであろうが、それは、関係筋の信頼できる通信によってあらゆる国々の豊作と飢饉に関する情報に通じている貿易商人を通せば、もっと容易に防ぐことができるであろう。さらに、大抵の欠乏はパニックのせいにすぎなかったことに注目すべきである。こうしたパニックは穀物倉を閉じさせたが、非力なあるいは利にさとい当局は穀物倉の扉を果敢に打ち砕くことはしなかったのである。

　われわれには濫用と独占を未然に防ぐための穀物の取引に関する賢明な王令がある。とくに一六九九年のベルサイユの王令がそれである(ビ3)。

　このようにして、立法の第一の目的であるパンの保障は、フランスでは、小麦の島がそうであるようにきわめて容易である。過度の豊富による価格の低落を防ぐことの方がずっと難しく、また同じくらい重要である。このとき、外国に穀物を送る特別の許可は、お金を払って、そして色々な手続きを経て、ようやく下級役人によって与えられるのであるが、この色々な手続きのせいで、穀物の所有者はこの輸送による利益をすべて失ってしまう。

なぜ［穀物輸出の］一般的な許可が与えられないのだろうか、価格の騰貴が人々の負担となるときには取り消すことができるというのに。(ど4) その判断を間違えることなどありえない。

物産の著しい豊富が有害であることは絶えず一般に受け入れられている準則である、と言われる。この準則が真実ならば、ここから、同じく真実である第二の準則を引き出すことができる。それは、そのような著しい豊富が生じた国は交易における治政に欠陥があるということである。というのは、「あらゆる土地が何でも産出するわけではない」から、他の国がその物産を必要としないことはありえないからである。それに、このような著しい豊富はいつまでも続くものではないし、どこにでも生じるものでもない。そして、その［豊富な］物産は、いつでも来るべき欠乏を防ぐための十分な備えとなる。人間が働くのは、もっぱらできるだけ多くのものを手に入れるためである。［それなのに］一体、災いをもたらすどのような障害のせいで、このような、この上ない豊富が有害となりうるのだろうか、何か他の豊富さを犠牲にして手に入れたわけではないのに。

絶対的な必要性を持たない物産で、その保管、消費、輸送に、課税によって多額の費用がかかる場合、豊富であってもあまり利益にはならないことは十分にありうる。ぶどう酒が沢山あるほど樽の値段はそれだけ高くなる。収穫費用がかさむほど、［価格が高くなって］売れ行きは鈍り、保管も高くつく。しかし、ぶどう酒の所有者が樽により多く支払った分だけ、樽の所有者は儲ける。労働者への支払いはそれだけ多くなり、住民は消費を増やす。おそらく一人の個人が耐えしのぶ軽微な損害によって、残りの全員が得をする。われわれは貨幣の項目のところで、物産の高価に関する政治的原理を詳しく論じる機会を持つであろう。

ボワソーやスティエといった小麦の容積単位はフランス全土で用いられている一般的な名称であるが、その単位は各裁判管区で異なる。(ビ5) このことが厄介をもたらす。一七二八年までの数年間、材質と形が少し違い、価値も等しくない二種類のソル貨幣(ビ6)があった。一方は九リヤール(ビ7)、他方は七リヤールに相当したが、このことが市場での支払いをいつも不確かなものにし、新たな障害の原因となった。さらに重量の違いを付け加えよう。これらのあらゆる障害が商業を絶えず損ない、不活発にする。

ここで、優れた『商業辞典』(ビ8)のなかに同じ表現が見られることに触れておくべきであろう。「重量〔単位〕のこの多様性(*1)を、一般にすべての国で〔統一基準に〕改めることなど不可能であり、また個別に各国で改めることも非常に困難であって、商人はある重量から別の重量への換算を始終行わなければならないことや、この算術計算において間違いをおかしやすいことから、それは明らかに、取引における最も厄介なものの一つとなっている」。

(*1) 度量の単位（mesures）についても同じことが述べられている。「度量衡（Poids et musures）」の項をみよ。

「他のどの国よりもこのような重量の違いが目につくフランスでは、何度もそれを一つに統一する試みがなされてきたが、いつも無駄に終わった」。

「シャルルマーニュ[ビ9]は初めてその［度量衡統一の］計画を立てたが、構想に止まった。フィリップ・ル・ロン[ビ10]は実施に移そうとした。しかし、この計画は非常に賞賛すべき有用なものであったにもかかわらず、彼が着手するやいなや、この王国のほとんどあらゆる方面からの激しい反発を招き、聖職者と貴族はその計画を阻止するために諸都市と手を組んだ」。

「さらに、これについて、ルイ一一世[ビ11]、フランソワ一世[ビ12]、アンリ二世[ビ13]、シャルル九世[ビ14]、アンリ三世[ビ15]による様々な王令が見られるが、それらは実施されなかった。最後に、ルイ一四世[ビ16]の治世下で、商業法典（code marchand）[ビ17]の作成に取り組んだときに、この構想が再度提案された。学識の最も優れたパリの貿易商人たち、なかでも改革会議の一員であったサヴァリ氏［『完全なる商人』の著者、ジャック・サヴァリ］は意見を求められ、報告書――今でも人々は手元に置いている――を提出した。その報告書はどれも、この構想を成功させる唯一の方法とともに、ほとんど乗り越えがたい困難を示しており、彼はこれらの困難のせいでその計画が永遠にうまくいかないのではないかと懸念した」[1]。

　このことは、大衆の偏見に関する深い知識を欠いた空理空論に基づく政治の予見し得ないところであろう。ピョートル大帝にとっては、モスクワの人々の髭を剃らせることの方が、恐るべき民兵軍を一掃することよりも大変であった[ビ18]。

　しかしながら、われわれは、この報告書の著者が述べているほど難しいとは思わない。時は移れり、である。下層民は同じままで、この先も永遠にそうであろうが、下層民がほぼその意見に従う中産階層はもっと開明的であるし、この［度量衡の］改革を阻むよりもそれを促進する方がより多くの利益が得られると思っている。
その場合、［現物での］諸負担の換算表を用いて、［各地の度量衡の］すべてをパリの穀物の重量と計量の単位に合わせる必要があろう。トノー［樽］[ビ19]という単位とその下位単位は、酒類を量るのに最も便利な度量の一般的単位であるように思われる。なぜなら、その度量の単位は、ヨーロッパ諸国で知られており、船舶の容積を量るのに用いられているからである。それは載貨重量トン数（morte-charge）[＊2]であるが、今もわれわれの酒樽と関係がある。上述のサヴァリ氏の報告書のなかに、明らかにこれに関するもっと有益な説明をみることができる。

（＊2）Morte charge は重量を表す。

先に進もう。これらのすべての度量単位の原基はどこにあるのだろうか。誰も知らない。というのは、そのようなものは存在しないからである。原基はそれぞれの国で恣意的に定められたものである。そしてこのことが、度量の単位の著しい非常に厄介な多様性を生み出している。あらゆる文明国で容易に共通に使える度量の単位が一つある。それは秒振り子の単位であり、どこでも同じく三六プース八リーニュ半[ビ20]に定められている[＊3]。そこから始めれば、すべては一様に計測され、量られるであろう。国民は我慢ならない権力によって改正されたカレンダーよりも不完全なカレンダー[ビ21]の方を好むのであるが、こうした国民がこの新しい度量単位を拒まないよう期待しなければならない。

（1） Savary, *Dictionnaire universel de commerce*, 1723, t.2, pp.1133–34.

（＊3） 幾何学的正確さという意味では、どこでも均等であるというわけではないが、ヨーロッパで実際に用いられる上で差異はない［周期二秒したがって片道一秒の振り子の長さを標準単位とする。三六プース八リーニュ半は、ほぼ一メートル］。

通俗的で程度の低い異議が申し立てられることであろう。そうは言っても、現在までそのような度量単位なしで生活してきたじゃないか。［これに対する］応答。じゃあ、なぜ小麦なのか。昔はドングリで生活していたのではなかったか。前世紀までは郵便なしで、街路灯なしで、ポンヌフ橋なしでわれわれは生活していなかっただろうか。街道の半分がほとんど通行不能なのに、それでもわれわれは快適に生活していないだろうか。［でも］地方長官にはほとんど知られていない辺鄙な地方を頻繁に往来することを余儀なくされている運送業者に尋ねてみるとよい。彼は［その悪路のせいで］どれほど消耗し、どれほどの馬を失うことか。その彼は、街路灯の維持にどんなに貢献していようと、自分がそれに照らされることなど一度もないため、なおのこと街路灯など無用だと思うだろう。社会は、もっぱら、最大多数の人々（la plus grande Généralité）が最大の便宜を手に入れる程度に比例して野蛮な習俗から遠ざかるのである。立法者はパリの住民に劣らずピレネーの住民にも目を向けている。国民のすべてが等しく立法者のそばにいるのである。

わが国の見事な治政の恩恵を被っているというのに、その治政を称賛しないのは恩を忘れて恩恵に浴することである。治政という統治のこの重要な一要素は、昔はほとんど知られていなかったし、大部分の近隣諸国では今でもなおざりにされているが、わが国では先の国王の治世以来、驚くべき進歩を遂げた。治政にかかわる賢明な法がほぼ万般を包摂し、その上、それらの法は、細部にわたって可能なかぎり広範に施行されている。治安上の警戒を怠らないというのは、いい加減に済ますことでも、また厳しい取り調べを行うことでもなく、ただ社会の安寧を攪乱する可能性があるものを抑制するということにすぎない。後ほど、われわれが商業との関係でなお治政に何事かを期待しているように見えるとすれば、それは、治政が完成の域に近づけば近づくほど――その域に達するのは容易であるが――、僅かな遅れでも悔いはそれだけ大きくなるからである。[ビ22]

最も重要かつ最もよく知られた準則は、商業はただ自由と保護だけを求める、というものである。小麦に関して自由が若干制約されるとしても、他の土地生産物や商品に関しては、自由が十分に行き渡らねばならない。他の土地生産物や商品の欠乏や豊富、高価や安価は一時的なものにすぎないし、あまり重要ではない。こうした変動は市民には何ら有害ではないし、それによって仕事へと駆り立てられる貿易商人には好都合である。

自由と保護のどちらを選ぶかという選択において、保護を除く方が自由を除く場合よりも害は少ないであろう。というのは、自由をもってすれば、商業の力だけで保護の代わりになりうるからである。先の戦争において、ボルドーの貿易商人は河口を防衛するために、彼ら自身でフリゲート艦を手に入れたものである。

どんな理由であれ、特定の個人のためにある商品の税を緩和するというのは、自由を阻害する一つのやり方である。それは独占を許すことであるが、この独占は法によって守られているだけに、いっそう危険なものとなる。[ビ23]このとき、一般の貿易商人は［仕事を失って］無為のまま過ごすことになる。［そのような独占がなければ］彼は堅固に築いておいた通信網を使って、すべての諸国民のために存在する量がいかほどかを考量しつつ、ただちに、その物産をできるだけ豊富に、もっと安価に手に入れていたはずであった。一方、貪欲な特権者は、自分のあらゆる特権を使ってより高く売りつけ、そしておそらくは［損をしたと言い張って］補償金をせしめることであろう。

　このような特権に匹敵するものが、われわれに課される新たな課税や手続きという形で、今でもときに、もっと不用意に外国人に与えられている。それらは外国人を競争相手にし、あるいは彼らがわれわれよりももっと安価に売ることができるようにする。その特異な例だけを挙げておこう。先の戦争の間、取り立ての厳しい税がトランプに課された[ビ24]。このトランプ税は、請負契約により、毎年五万リーブルの収入をもたらしたが、このような馬鹿げた下らない税によって、わが国はトランプの交易一般を失ってしまい、今では、トランプの商取引は、税が廃止されたにもかかわらず、わが国とわが国の植民地に限られている。というのも、交易は一度失われれば、回復は困難だからである。われわれの過ちにつけ込もうと狙っている近隣諸国との間では、とくにそうである[2]。

（2） 初版では、この後にさらに六頁にわたって以下の記述が続き、ビンドンはそのところどころに注解を入れている。〔製粉所で直接に徴税管理を行うというやり方で小麦への一般的な課税を行う［べきかどうか］という問題は、本書で扱うにはその及ぶ範囲が広すぎる。価格や消費が一定している塩について、塩田で徴税を管理するというやり方でその一般的な課税を行うことがしばしば提案されてきた。これらの課税[ビ25]はどちらも、どれほどか人間と費用を節約しないであろうか。しかし、そのやり方は一見したところ単純明快でかつ実行が容易であるように思えるが、詳細に立ち入るにつれて困難が増す。誰もが信じ込んでいる偏見と正面からぶつかって悪弊を改めようとするのは危険である。とはいえ、大いに勇気をふるって大勢の人々の幸福に貢献したとすれば、どれほどの栄誉であることか。

リシュリュー枢機卿[ビ26]の『政治的遺産』のなかに次のような一文がある。「私の時代の色々な財務総監のなかには、国庫に関することにこの上なく精通した者たちがいた。彼らは塩田の塩にかかる税だけで、スペイン国王のインド［からの収入］に匹敵するようにした、そして民衆の安寧、国家の立て直し、そして国家の富裕の真の基礎とみなして、この秘密を守った。実際、…」。

民衆の安寧！ 国家の立て直しと富裕！ 立法者のなんと立派な目標であることか！ このような目標を目指そうと決めれば、立法者は、その目標の実現を促すのに役に立つのでないかぎり、他の目標を考えることなど果たしてできるものだろうか。このような秘密は守られるはずもなく、いたるところで公然のものとなるに違いない。万能薬を持っていて、それを利用するためにペストを待ち望むような医者のことを、人はどう思うだろうか。

意味不明瞭なこの書物［『政治的遺産』］によってというよりも、この大臣が行ったことをみれば、二つの目標が十分すぎるほどに達成されたように思える。一つは、国王にあまたの深刻な結果をもたらしてきた大貴族の力を削いで国王の権力を高めるために国内の陰謀を退けることであり、もう一つは、オーストリア家に対抗する外交交渉である。彼の才能やその際立った勇敢さがもっと穏やかなものであれば、彼はもっと好ましい改革を成し遂げることができたであろうに。

彼の後継者にしてその弟子［マザラン］[ピ27]は、ほとんどいつも内戦の恐怖のなかで公衆の憎悪の対象であり、治政や商業や財政を成り行き任せにした。しかしピレネーの和約[ピ28]の後は、この条約に関する彼の書簡に見られる支配的な精神や識見から判断するかぎり、人々は何事につけ、彼に期待していたに違いない。

オサ枢機卿は、ローマから、彼がその大使であり代理人であったアンリ四世[ピ29]に宛てて書いた書簡のなかで素晴らしい戒めをこれらの二人の大臣に与えた。今やよく知られるようになった次のような格言である。「そちら［自分の国］の問題をうまくやりなさい、そうすればこちらでもうまくいくでしょう」。実際、［諸外国と］交渉する上で、つまり果たされるべきことを求める上で、よく整った治政、財政、商業を持つ以上にどのような良いやり方があるであろうか。一体どのような強国が、常に守りがしっかりしていて、不当に［他国を］攻撃するような意志を決して持たない国に対して敢えて宣戦を布告するであろうか。

最後にコルベール氏[ピ30]が登場した。しかし彼は、戦争ばかりの治世を維持するための策を講じることに精一杯で、自分に託された諸部門を改革する時間的余裕がないと考えていた。彼の財政方針には単純化の姿勢がみられ、それに基づいて彼は小麦や塩の一般税を採用しようとした。そして借入金庫［債］（Caisse des Emprunts）[ピ31]を導入して信用に先鞭をつけたが、それによって彼はまもなく高利を一掃することになるであろう。見捨てられていた海運は彼の命により再興され、製造業は発展した。近隣諸国はその後、彼らの競争者となった交易会社の設立を羨望の目で見ていた。

これらの大臣が手がけた国内の事業が戦争によって停滞するようなことがあってはならなかったと思われる。国境線の軍隊は、ベリー[ピ32]における製造業の平穏な創設やポワトー[ピ33]における運河の建設と両立できないわけではなかった。新たな労働者がそれらの地方で税の徴収を容易にする。新たな治政がより多くの人間と収穫をもたらす。改められた財政が富と信用を増やす。立法者は何をなすか、よく選んでいたなら、仕事を抱えすぎることもなかったであろうに」。］

第三章　住民の増加について

政治が考えうることは宗教が正当だと認めたものに常に左右される。しかし、立法者は、無知、我欲そして時代状況のせいで、神に由来するものと、それに人間が付け加えたものとを混同することはないであろう。

かの有名なアベ・ド・サン＝ピエール氏(1)の大変ためになる覚書の一つで、次のことが指摘されている。カトリック司祭の独身は教会の制度に由来するものにすぎず、そのような制度をやめさせたいと思う君主は、そうした制度を確立したのと同じ権威を用いれば容易に廃止できるであろう、ということである。

二五歳になるまで修道士になることを禁じる法律ができれば、すなわち自分の財産を譲渡できる年齢にならないと自由を放棄できないという法律ができれば、どれほど有用であるか、誰も分かっていない(ビ1)。

これらの二つの事柄が地上の幸福、またおそらくは社会の永続的な幸福にどれほど有用であるかを明らかにするのは、立法の重要な部門で働く者の務めである。本書は［その対象を］常に商業の基本原理に限定しよう。ここで問題なのはただ市民を増やすことである。司祭の独身と若くして修道士になることが、この市民の増加を大いに阻害している。これらの市民は、ヨーロッパの平和の均衡により兵士になることはできないし、無為徒食のままでいることは治政が許さないので、土地を耕したり、製造品を作ったり、あるいは船乗りになるであろうに。

一方で多大な費用をかけて、また認可された会社を通じて、アメリカ植民地に奴隷を輸送しているというのに、どのような宗教的あるいは政治的原理によって、ヨーロッパのキリスト教徒は本国で奴隷を持つことを禁じられているのだろうか。非常にばかげた矛盾に陥るのは人民の定めである。しかし、立法者たる者は奴隷制度を一掃しないのであれば、できるかぎりその制度を有用なものにしなければならない。

結婚を促すこと、多人数の家族を扶養している父親に援助を与えること、孤児や捨て子の教育に注意を払うこと、これらは征服を行う以上に国家を強化する。一都市の占領に通常必要となる人員や費用をその都市の価値と比べてみるとき、その後、新たな抵抗に出くわすことが確実な征服者にとっては、常に損失が上回る。

アジアとヨーロッパの様々な政府を入念に調べたある旅行家は、それぞれの国で無為がどのように見なされているかによってその国の治政を評価すれば、間違えることは決してないと述べた。また彼は、物乞いがいる国は野蛮に最も近いと付け加えている。ある著者はこれについて次のように述べた。「働きもせずに生活することを求めるのは犯罪である。なぜなら、それは国民に対して企てられた持続的な盗みだからである」。

物乞いの職業は親方がいないだけで何でも揃っている泥棒養成所であるが、その数が増え、ほとんど父親から息子へと相続され、いつまでも続いていく。というのは、物乞いたちは実のところ比較的に沢山の施しが得られる目立つ場所を引き継ぐからである。

こうした寛容さは、彼らを一掃することがどれほど容易で、彼らを労働者に変えることがどれほど有用であるかを考えれば、いっそう許し難い。法は浮浪者で風来坊であるという理由だけで彼らを罰する。なぜ、彼らが泥棒になるのを待って、厳しい刑罰によってやむを得ずその命を失わせるようなことをするのだろうか。

多くの帝国を崩壊させた恐るべき軍隊の供給源である北方の国民は、なるほど住民の増加を奨励する法を持っていた。しかし、彼らにはみずからを扶養する十分な土地も、それを補う十分な産業もほとんどなかった。こうして、彼らはおのずと兵士や征服者になった。それというのも、出会うのは［防備された］国境を持たない敵ばかりであったからである。

もし彼らが現在モスクワの人々が遭遇しているような抵抗に遭っていたならば、関心を必ずや交易の方へと転じていたであろう。彼らの海からの植民は地上の軍隊と同じ精神に支配されており、イングランドやノルマンディなどに対する征服にほかならなかった。

（1）アベ・ド・サン＝ピエール（Charles-Irénée Castel de Saint-Pierre,1658–1743）著作家、外交官、啓蒙思想家の先駆者として知られる。スペイン継承戦争後のユトレヒト条約の交渉にかかわった経験から、『ヨーロッパ永久平和論』（*Projet pour rendre la paix perpétuelle en Europe*, 1723）を著し、ルソーやカントに多大な影響を与えた。次いで摂政期には、ルイ一四世晩年の政策を公然と批判し、多元顧問会議制度を論じた『ポリシノディ論』（*Discours sur la Polysynodie*,1719）を出版した。この著書がムロンに与えた影響を、本書の第二五章「システムについて」にうかがうことができる。このほか道徳論や政治的時論などを幅広く論じた『道徳政治論集』（*Ouvrages de morale et de politique*, 16 vols,1733–1740）の影響を随所にみることができる（本書の第一九章を参照）。

治政も交易もまったく発達しておらず、征服した国でも征服された国でも同様に野蛮が支配していた。住民の増加のために良き治政を持つスイス人は、土地が僅かしかなく、一生懸命に勤労に励んでも自らを養うのに十分ではない。しかし、ヨーロッパはもはや征服を行うような状況ではない。要塞で囲まれた彼らの近隣諸国は、彼らを、傭兵となって他国のために戦争を行うように追いやる。彼らは、自分たちの土地を増大させることも、入植者を世界のどこかの地域に送り込むことも期待できないのである。外国の権力に仕えることになるとはいえ、［自国の］臣民を維持しようという彼らのこうした賢明な予防的措置は、臣民の重要性を彼らがどれほどよく理解しているかを、また彼らが臣民を自国に置かないのはやむを得ざる事情によってであって、呼び戻そうと思えばいつでもできることを示している。

ある国が自国の保全に必要な数の兵士を有していて、耕作されていない土地などなく、製造業は労働者で満たされているとき、余った市民は新しい国に移住し、その地に住処を確保し、そこに、そのような住処を与えてくれた宗主国に常に従属する新たな統治を確立しなければならない。これがわれわれの植民地政策でなければならない。

古代ローマの植民地は別のやり方で、つまりローマの軍事的政府の形態に合致したやり方で建設された。彼らの戦争捕虜は奴隷となったが、その後、大部分が解放され、日々、ローマの人口を増加させた。こうしてローマはあらゆる諸国民が出会う唯一の世界都市となった。そして、新たな戦争で彼らがある国を破壊し、あるいは属国に陥れたとき、彼らは、ローマ人の家族のなかの厄介者をすべて植民者としてそこにふたたび送り込んだ。それは、いわばローマという都市を帝国全土に拡張することであった。

新たな土地にはるばると人々が移住したために人口が減少してしまう国は、新たな土地がどんなに豊かであれ、すぐにどこもかしこも同じく弱体化してしまう。その国の国力はその国の統治が及ぶところにあるに違いない。すべての植民地はその統治をもっぱらそのような力に負うているのであって、そうでなければただちに独立してしまう。立法者は、自分の国が衰退するくらいなら、むしろ臣民を呼び戻し、自らの守備範囲を越えるものはすべて失う方がよい。というのは、国が衰退するときには、立法者は知らぬまに自分の国と植民地とを失うことになるからである。植民地の視点からしばらくヨーロッパを考えてみよう。そこに、われわれはこれまで述べてきたことの証拠を見いだすであろう。

第四章　植民地について

未開の国を文明化するために征服することが正義に反するかどうかは、われわれには決められない道徳の問題である。ヨーロッパの諸国が最初の頃に行った征服はこのような意図によるものではなかったこと、そして布教の精神が、愛徳によってというよりもむしろ熱狂を伴って、そこに絡んでいたことをわれわれはよく知っている。

スペイン人はアメリカ（ビ1）を発見したが、彼らの残虐な政策は、その地を制圧し確保するためにはその国の原住民を根絶やしにするほかないという考えに拠っていた。原住民をスペイン人と取り替える必要があった。スペイン人は鉱山に富んだその地に移住しようと意気込んで駆けつけ、統治国の人口を減少させた。それはスペインの勢力が衰退した時代であり、衰退の原因もまたそこにあった。スペインの勢力は、その後、スペインの法を承認した地域などという仰々しい言い方とともに、廃れていった。もしスペインがすべてのアメリカ系スペイン人を「アメリカでなくこの」ヨーロッパに抱えていたなら、アメリカは、外国の統治下にあっても、彼らには今よりずっと有益なものであろうが。

植民地には二種類ある（1）。一つは、近隣諸国を服従させようと考えるのではなく、もっぱらそれらの国々との交易を確かなものにするために要塞や商館を建設するというものである。このとき、海運業、守備隊、出先の商館に必要な人々しか移住しない。この交易は、それを打ち立てた会社に有利になるよう独占的でなければならない。というのは、その会社の仕事に従事する人々しか居住する必要がないからである。インドの植民地の形態がほとんどこれである。ポンディシェリーの町には一〇万人が住んでいるが、フランス人はおよそ一〇〇〇人にすぎない。

もう一つの種類の植民地は、国家が他国を従属させ、そこに人々をふたたび入植させるような植民地である。これはほぼすべてのアメリカ植民地の形態であり、とりわけスペイン人の植民地がそうである。そこでは、交易は独占的でありうるが、それは国家の利益のためであって会社の利益のためではない。なぜなら、会社の利益ために独占的となれば、植民地交易を隷属状態に追いやることになり、この隷属は交易を損ないかねないからである。

イングランド人のウィリアム・ペティ卿[2]が、植民地は国家にとって有害であると述べたとき、彼がそう言いたかったのは、おそらくは、もっぱら後者の植民地に関してであった。なぜなら、彼がそのことで述べている理由は、後者に対してのみ当てはまるからである。彼は著書の他のところでは、海上交易を非常に高く位置づけており、要塞や出先の商館をこの交易の確固たる不可欠の土台として奨励しているほどである。

---

(1) このパラグラフを含む以下の五つのパラグラフは第二版で追加された。

(2) ウィリアム・ペティ（William Petty, 1623–1687）イングランドの医師、測量家で、イギリス古典派経済学の祖とも、また統計学の祖とも言われる。ここでムロンが論及しているのは、*Political Arithmetick…*, 1690 の第四章（大内・松川訳『政治算術』岩波書店、九七頁–一〇五頁）である。

彼の提案はそのすぐ前で説明されている逆説の一帰結である。そこで彼は、アイルランドとスコットランド高地を完全に放棄し、そこの住民を、彼らを扶養するのに十分な生産高のあるイングランドの平地に移動させることが、イングランド国民にとって有利であることを計算によって明らかにしようとしている。ここから、そこよりも遠方の植民地は放棄すべきであるという推論が容易に引き出せる。

［ペティがあげる］その証拠のいくつかは、もっぱらイングランドの政府の形態を拠りどころにしている。その他の証拠のなかには、メキシコとペルーの植民地によってスペインが被る損失を明らかにする上でわれわれが利用したものもある。しかし、われわれは同時に、ほかの国が少しずつ植民地の人口［植民者］を増やす賢明な方法を示しておいた。この「植民する」という言葉を、われわれは、アメリカであれヨーロッパであれ敵国を抑え込み、交易――国は住民の喪失をその富によって償われる――を維持するのに必要な大勢の住民を送り込むという意味でもっぱら使っている。

オランダはインド諸国に植民地を保有しているが、オランダがスペインへの反抗とその主権を維持することができたのは、このインド諸国との交易のおかげである。オランダは、ジャワ島《ビ2》やセイロン島《ビ3》への植民のせいで人口が減少するようなことはなかった。宗教と政治体制の自由は、オランダに、その小さな国土ではほとんど養えないほどの過剰な住民を引き寄せたが、それに伴って、オランダは外国の領土を増やしてきた。しかし、これらの大規模なすべての植民地に居住しているのは八万人にもならない。というのは、オランダは定住したり土地を耕作したりするためではなく、たんに要塞、倉庫そして船舶を守るために人員を送り込むにすぎないからである。

スペインは、アメリカの植民地のせいで、またムーア人を国外追放したため一挙に人口が減少した。おそらくスペインは、市民はどれほど遠くにいようと、彼らが依然としてみずからの支配下に止まっているかぎりは、彼らを失ったとは少しも思わなかった。[3] またムーア人は宗教上の争いを起こしていつでも国家を動揺させかねない異教徒としかみなされていなかった。

ポルトガル人がブラジル[ビ4]を所有しているが、かつて、オランダの西インド会社がポルトガル人を制してブラジルのほぼ全土を征服したことがあった。[ビ5] この植民地は当時オランダ人にはインド諸国の植民地よりも堅固にみえた。そこでナッソー伯はブラジル植民地の統治を引き受けた。[ビ6] しかしながら、その統治はほとんど長続きしなかった。その地を維持しようとしてオランダ西インド会社は尋常でない出費を行ったが、それにもかかわらずポルトガル人はその会社からブラジルを取り戻した。[ビ7]

共和政の精神は君主政の欠陥を喜々として数え上げる。君主政の精神は共和政の欠陥を数え上げる。そして、数え上げた結果はほとんど同じである。オランダの東インド会社は、インド諸国の大部分からポルトガル人を追放した。ポルトガル人はブラジルから、彼らに敗北した西インド会社を追放した。この重要な植民

（3） 初版では「スペインは一挙に人口が減少した。そのときになってムーア人を失ったことを悔いねばならなかった。おそらくスペインはムーア人を追放したことがどれほど大きな過ちであったかということが分かっていなかったし、あるいは、アメリカに住む新たな市民は、どれほど遠くにいようと、彼らが依然としてみずからの支配下に止まっているかぎりは、彼らを失ったとは少しも思っていなかった」となっている。

地は、その立地といい、その広大な土地といい、この国の最大の富となっている。ブラジル植民地は、急な人口減少によってポルトガル国内を弱体化させるようなことは決してなかった。

フランス人はインド諸国への最初の頃の航海で、(ビ8) われわれの知るかぎり最大の島であるマダガスカル島にドーファン要塞を築いた。未開人はわれわれとの交易に慣れ始めた頃、新参の隣人のなかに自分たちを征服しようとする支配の精神があるのに気が付いた。この脆弱な植民地は未開人の騒擾によって易々と破壊されてしまった。逃れたわが国の人々は、この地の従順ならざる未開人が泉に毒を混入したので、そこに戻ろうと試みても無駄なことであろう、と弁明のために公言した。わがフランス人は、この地の人々に、かくも遠方から持ち込まれた鎖をつけられるために手を差し出すような従順さを期待していたとでもいうのだろうか。

われわれがこのマダガスカル島について知っていることは、植民地に望まれるすべての条件を完全に満たしている。空気は身体によく、船は容易に横付けでき、港は堅牢で、土地は肥沃である。アフリカ東岸に近いその立地は、その島を容易にインド交易にとって最も便利な貨物集散地にしたことであろう。ブルボン島(ビ9)とモーリス島はマダガスカル島を失った埋め合わせには全然ならない。〔オーストリア領ネーデルランドの〕オステンド会社が業務を一時的に停止していた時期に、マダガスカル島に関する報告書を調べさせたことに疑問の余地はない。

イングランドとフランスは、ほとんど同じ基本方針によって植民地を運営している。彼らは適当な時機に少しずつ必要な労働者を植民地に送っているが、国家がそのために損なわれることはない。なぜなら、送られる労働者は国家にとって余った人々だからである。このとき、植民地の発展は緩慢だが、着実であり、常に有益である。この両国のアメリカ植民地を比較すると、イングランドの植民地のほうが古く、活気がある。［南海］会社がアシエント［黒人奴隷の独占的供給権］[4][ビ10]を得てからはとくにそうである。密輸人がジャマイカ[ビ11]を富ませる。しかしカナダ[ビ12]に隣接するルイジアナ[ビ13]の立地、土地、広がりはより大きな将来性を持っている。

ムーア人がスペインから追放されたとき[5]、この不幸な人々はボルドーの荒野に住む許可を求めたが無駄であったといわれている。宗教的な熱情がユダヤ教徒とマホメット教徒を締め出させたのだとすれば、その同じ熱情はカトリック教徒を迎え入れねばならない。しかしながら、四〇〇〇人のドイツ人が、新たな植民計画[ビ14]を実行するために多大な費用をかけてフランスに呼び寄せられたが、この計画は実行されず、ほかに行き先がみつけられることもなく、哀れな姿で自分たちの国に送り返された。このとき厄介者となった組織の構成部分は、何か有用なことに利用する価値がないと判断されたのである。

新しい土地を開墾すること、それは不幸な人々を生み出すことなく、新しい国を征服することである。ボ

（4）アシエント（Assiente）契約を意味するスペイン語で、王室が、王室への資金提供と引き換えに特定の個人や団体に貿易などの独占権を与えること。ここではスペイン領アメリカへの黒人奴隷の輸送と販売を独占的に行う権利を意味している。スペインは一七一三年にユトレヒト条約が結ばれたとき、イギリス南海会社に自国のアメリカ植民地へのアシエントを与えた。

（5）初版では「おそらく真実ではないが、考察に値する言い伝えがある。フェルディナンドとイサベルがムーア人をスペインから追放したとき」となっている。

ルドーからバイヨンヌまでの荒地は直径で二〇里［約八〇キロメートル］ある。それらの荒地に人々を入植させる立法者は、多くの人命を奪う戦争によって同じ広さの土地を占領する立法者よりも、国家に多大な貢献をするであろう。しかし凡庸な人々からみれば、その立法者が手に入れる栄誉はそれほど輝かしいものではなかろう。なぜなら、その栄誉は、軍事的な危険を冒さず、市民を一人も失わず、そして近隣諸国の嫉妬を招かずに、手に入るからである。

第五章　奴隷制について

奴隷の利用は植民地では許されており、そのことから、奴隷制は宗教にも道徳にも反するものではないことが分かる。したがって、奴隷制をいたるところに拡張する方が有益であるかどうか、自由に検討して差し支えない。

一方の不利益は他方の利益によって相殺されるという原理から出発すれば、その問題は直ぐに決着がつくであろう。なぜなら、奴隷が失う分だけ主人は利益を得ることに疑問の余地はないからである。しかし、この原理は一般論としては正当だが、個別の事例に適用するときには危うい結果をもたらしかねない（ピ1）。原理の濫用を防ぐために、正確にその区別を示してみよう。

ある個別的な措置によって、ジャックのものである財産がピエールを豊かにするために彼から取り上げられるとしても、国家は何も損をしない。そして祖国に数々の貢献をし、ジャックよりも立派な市民であるピエールが、その財産をもっと有効に使うことさえありうる。しかし、そうした措置は憎むべきものであって、不正義と憎しみを助長し、正当な所有者から財産を奪い、所有を不確実にする。そのことは、東方の権力のひどく醜悪な様子を伝える旅行記によって、われわれの納得するところである。

しかし、立法者が国民に利益になると予想する一般的な措置において、結果として、ある個人に損失が生じるとしても、このとき、この損失は大きな利益によって償われるので、些細な利害関係など計画に組み込むことができなかった立法者にとっては、ないに等しいに違いない。こうして、戦闘に勝利し都市を占拠するためには人員とお金を要するが、立法者は死ぬべき人々、お金を払うべき人々を選ばない。それは国家への奉仕のためにわれわれが従っている法の結果である。神の比喩を用いることが許されるならば、このようにして、宇宙の完全さには、若干の物理的、道徳的な悪が伴っており、それが全体を理解しない人々にとって躓きの石となるのである。

人間の平等は絵空事であり、理想的な国家でもほとんど実現することができない。逆に、無数の従属が存在するのであって、主人の同意がなければ解消できないとすれば、奴隷制こそは、常に従属のうちの最たるものであろう。

奴隷制それ自体には、時代により、また国により様々な程度がある。その歴史を一瞥するだけで、非人間的な行為、死、身体の切除、拷問、そして主人の恣意に任せた暴力行為——それは、そのような行為を許した法ほどは残酷ではない——を示すことができる。［しかしここでは］もっと立派な有り様を示すべきであろう、すなわち、これらの不幸な人々のためにルイ一四世が黒人法典（Code Noir）[1][ビ2]のなかで定めた賢明な規則のことである。

植民地は国家に不可欠であり、奴隷制は植民地に不可欠である。植民地では、治政の通常の穏やかさに軍事的な厳しさが伴っていなければ、奴隷は数において住民にまさっているのでこのことが危険をもたらすであろう。兵士に対してはごく些細な不服従でも死刑が科せられる。なぜなら、処罰しなかったり処罰が軽かったりすれば、軍隊からの離脱を許すかも知れないからである。治政に背く市民の過ちはあまり重大ではないので、大抵、刑罰をにおわせるか、あるいは非常に軽い刑罰で済む。主人たちが奴隷の反乱を心配する必要がないほど数の上で優位にあれば、奴隷に対して法は緩やかなものとなるであろう。

奴隷制の問題を主人にではなく奴隷に判断させるべきであるなどというのは、治政一般についてほとんど検討しなかったに等しい。農業者、家僕、民兵という存在が必要であるかどうかという問題を提起して、それをそうした人々に判断させてみよう。彼らは誰もが人間の平等性を唱えるであろう。しかし立法者はこのような平等は不可能であることを知っている。それゆえ、国民全体の安寧と福利をよりよく保障しうるのはどのような従属であるかを検討し判断するのは、立法者の仕事である。

野蛮の観念は常に奴隷制の観念と結びつけられてきた。なぜなら、奴隷はもともと戦争の捕虜であり、征服者は捕虜の命について、それを捕虜から奪わないでおいたことによって彼が手にしたその命への権利を、決して失うことはないからである。主人の気紛れを阻止する権力も協約もなかったのである。

法によっていつでも厳しさを緩和できる個別の協約を通じて奴隷の運命が決まるのであれば、野蛮という見方はただちに消え去るであろう。そして、奴隷の身分について、家僕や兵士や「植民地で働く」契約労働

(1) 黒人法典（Code Noir）一六八五年にルイ一四世によって発せられたフランス領西インド諸島における黒人奴隷の法的身分や処遇を定めた勅令で、六〇の条項からなる。コルベールの草案に基づくと言われている。奴隷をカソリック教徒に仕立て上げようとするなど人間的に扱っている反面で、たんなる動産として家畜同然に売買の対象とするなど、奴隷制度の根幹にかかわる根本的な矛盾を伴っていた。この矛盾は本章のムロンの論述にも無縁ではない。

者が享受している自由よりももっと好ましい代償が手に入るようにするのは、おそらくそれほど難しいことではない。

黒人法典は、黒人のために、たんに主人の冷酷さだけでなく、奴隷のなかでも赤貧の老人を打ちひしがせる悲惨な状態をも防止する。黒人法典ができたのはそれほど昔のことではない。なぜなら、それはもっぱら植民地のために定められたからである。しかし、この新しい形の隷属においては、奴隷はいつでも国家権力〔の行使〕を求め、あまりに耐え難い主人を捨て、公共の仕事に身を投じることができるであろう。奴隷を失うかも知れないという恐れが、主人の過酷さを抑止するであろう。そして、〔今の境遇を逃れても〕もっと辛い境遇が待っているかも知れないという恐れが、奴隷にむやみにこのような手段に訴えることを控えさせるであろう。相性が合わないために夫婦のどちらかにとって婚姻関係があまりに耐え難いとき、婚姻関係の解消は無理でも、それでも何か救済策が設けられているのも、ほとんど同じ考え方に拠っている。

家僕は享受している自由のせいで働く意欲をなくし、自分に対する要求が最も少ない主人を探す。主人自身は費用のかかる教育を彼に与えようとはしない、〔すぐに他所に移ってしまうのなら〕他人の利益になるだけだからである。このような家僕は国家にとって価値がない。彼らは、現在置かれている状態の悲惨な行く末しか思い浮かべることができないだけに、なおのこと不幸というものだ。

奴隷は自由〔の獲得〕と〔主人から支給される〕小金（ビ3）を目当てに労働に励むであろう。個別の協約と法が奴隷の隷属性を緩和するであろうし、また彼の想像力は、より幸福な将来に心地よい満足を感じるであろう。彼は、身体が不自由になったために、また年老いたために役に立たなくなっても、少なくとも生活は保障されるであろう。

主人は家僕の結婚を懸念するが、家僕自身には用心深さというものがほとんどないから、結婚に慎重になることもない。その哀れな結末はどのようなものであろうか。困窮のなかでやっとのことで養われ、大抵、ほとんど生まれたとたんに放蕩生活が運命づけられているような不幸な子供たちが、それである。もし父親の［子を思う］愛情が子供たちを盗みに引きずり込むようなことがなければ、どれほど多くの家僕が依然として忠実であったことだろうか。このような盗みの動機は哀れを催させるが、だからといって正義が無効になるわけではない。

［これに対し］すべてが奴隷の結婚に有利に働き、すべてが彼らの子供に有利に働くであろう。利にさとい主人は、自分にも利益になるはずの教育を引き受けるであろう。ほとんど誰でも、自分たちの世話の成果であるこれらの感じやすい生徒に、いつだって愛情を禁じ得ないであろう。法により、三人の子供のうち一人が父親の選択に従って解放され、五人であれば、さらにもう一人が主人の選択に従って解放されるであろう。その結果、労働、才能、品行が生まれ、そこから、良き市民が生まれる。

人間は教育に関して幸福な先入見を持っており、それは思弁による明証をもってしても打破することができない。一般的な立法にかかわる哲学的精神は無差別にすべての人間を対象としなければならない。しかし、意に反して、われわれはヨーロッパの人々にアフリカの人々よりも親しみを感じる。このような傾向はわれわれの都市や街にまで及び、われわれはそこの住民全体を他の都市や街の住民よりも好む。なぜなら、彼らのことを知っているからである。彼らはあたかも知り合いだというだけで、われわれの交誼を得たかのようである。

個々の立法者の関心は自分の国に限られる。近隣諸国から奴隷を手に入れ、その奴隷を大抵の場合、植民地の兵士や住民にするのは自国の利益に適っている。しかし立法者は、黒人奴隷は避けるべきである。黒人と白人との混交によってムラートという新たな血統が生まれるが、ムラートの醜い姿は、白人との絶えざる比較に晒されるだけにますますもって危ういものとなろう。彼らの肌の黒さの身体上の問題、つまりヨーロッパの風土が彼らの体質を変えないものかどうかという問題は、疑問のまま残っている。しかし立法者は、争いの的となっているこのような不確実な問題に関して、何も発言するべきではない。

奴隷が仲間同士であるいは自由人と結婚する方法、子供の身分、［主人から支給される］小金、そしてこのような奴隷にかかわる立法の細目をすべて述べようとすれば、一巻以上が必要となるだろう。われわれは立法者が検討するにふさわしいと思われるテーマについて、以上の考えを提示したことで満足しよう。

第六章　独占会社について

特権を付与された会社が必要となる場合が二つある。

一つは、発見に報いるためであれ、請負業者を督励するためであれ、開拓が始まったばかりのあらゆる植民地で必要とされる場合である。国家全体の一部にするために、わが国のアメリカ植民地の開拓が始められたのは、このようなやり方によってである。

もう一つは、国家主権のもとに集められた個々人が大規模な植民地開拓を維持しうるほどの力を持たず、そして競争が植民地を損なうか、もしくは植民地交易を国家にとって有害なものにする場合である。ヨーロッパの［独占］会社の始まりは、こうであった。

交易における独占的特権は、最初のうちは、自由を奪うという耐え難いものであるようにみえる。しかし、自由が常に国家の利益を害するようになることを理性と経験が教えている場合には、独占的特権は賢明なものとなる。オランダとイングランドはインド交易を、独占的特権を与えられた会社に任さざるを得なかった。この特権はそれ以来いつも更新されてきた。そして、あらゆる種類の自由、とりわけ交易の自由に大いに執着するこれらの諸国は、さらに黒人の奴隷貿易にまで独占的特権を持ち込んだ[ビ1]。

われわれがインド諸国の商品を他国から受け取らざるを得なかったとき、それらの商品を運んでくる海運の船舶の費用を賄っていたのはわれわれであった。これこそ、一六六四年にコルベール氏に自国の会社を組織することを決心させた動機である。[ビ2]国王が船や資金などを提供した。最初はうまくいかなかったが、だからといって、この会社の重要性を確信していた大臣の気持ちが挫けることはなかった。彼は新しい会社を組織し、国王はこの会社に貸与していた四〇〇万［リーブル］を贈った。国王はみずから最初の重役会などに出席した。しかしながら、この会社は長い間低迷した。というのは、当時、われわれの海運は始まったばかりで、インド諸国に要塞を持たなかったし、海上貿易やインド諸国においてすでに勢力を持っていた近隣諸国は、われわれを一掃することの重要性を知っていたからである。

会社の発展はいつでも緩慢なものである。会社は、幸運な出来事に元気づけられた若干の人々によって大抵行き当たりばったりに設けられる規模の小さな植民地に作られる。だが、彼らの海運の利益が知られるようになるやいなや、すべての商人、すべての諸国が、こぞってそこに駆けつけ、お互いに害し合う。競争、まずい経営、よくある海難事故あるいは戦争が損失をもたらす。わが国の初期の頃の貿易会社や近隣諸国の貿易会社が失敗した原因もそこにある。どちらもあまりに脆弱な力しか持たなかったため、激しい衝撃に耐えられなかったのである。しかし、これらの同じ一般的な出来事が、損失に耐えることのできる強い力を持った会社の有利に転じることがありうる。脆弱な会社の崩壊によって有力な会社の交易は当然ながら増大し、これによって有力な会社は損失を埋め合わすことができるのである。

オランダの西インド会社[ビ3]は、東インド会社から少し遅れて同じ程度の資本金をもって始められた。[ビ4]この会社が獲得したものは初めのうちは輝かしいものだった。アフリカの沿岸地方に大きな植民地を保有し、そしてほぼブラジル全土を所有した。しかしながら、一六七四年に、西インド会社は債権者に新規の株で支払うために、新会社を設立せざるを得なくなった。その会社の交易は、今では、アフリカに所有している僅かな土地で行なわれる黒人奴隷貿易に限られている。(ビ5)

イギリス東インド会社(ビ6)は、オランダのそれとほとんど同じ時代であるが、新会社と合併することもなく、一六九八年に消滅した。

このように、貿易会社を維持するのは、君主政の政府でも共和政の政府でもなく、会社が立脚している基礎の堅固さ、経営の賢明さ、会社が所有する資本である。経営の内部の悪弊、管理職の個人的利益、上司の無知や不正、様々な事件、これらのことはすべて、どんな種類の政府でも起こりうる。なぜなら、それらは人間本性に拠るものだからである。

オランダのインド会社(ビ7)は、新規の増資を請求することなく創設時の資本(*1)に基づいて、常に見事に維持されている唯一の会社である。しかし、この大いなる成功は偶然の結果であり、その会社がシナモン、ナツメグ、クローブの交易の唯一の支配者となったのは偶然によってである。同じ偶然によって、あるいは努力の結果として、どこか他の国が同じ物産を産する土地を手に入れるならば、オランダのインド会社は沢山の要塞と諸々の小規模な施設を管理する莫大な費用の支弁に苦労することになろう。しばらく前から、ヨーロッパの幾つかの国が、胡椒をめぐってオランダのインド会社と競争しており、その会社はもうわが国には胡椒を提供していない。

(*1) 六四五万九八四〇フローリン

わが国の貿易会社(ビ8)は今では揺るぎない基盤の上に再建されている。近隣諸国がほかの国に(1)運ばざるを得ない［植民地からの］戻り荷の消費を常に自国に見いだすことができるだけにその基盤はいっそう揺るぎない。この会社はポンディシェリー(ビ9)という重要な都市を有しているが、この都市によって会社はコロマンデル海岸(ビ10)とベンガル海岸(ビ11)の交易を保証されている。この会社はブルボン島とモーリス島を有し、そしてこの大規模な交易とアフリカ海岸の交易とに必要な資本と船舶を保有している。アフリカ海岸で会社はおそらく黒人奴隷貿易を再興するであろう。黒人奴隷貿易はセネガル交易(ビ12)とともにこの会社の領分である。この会社はアルガン要塞(ビ13)を占領し、セネガルからオランダ人を追放したのである。

資本の流通は近隣諸国の大きな富の一つである。彼らの銀行券、年金、株はすべて彼らの国では取引の対象である。わが国の貿易会社の資本は、証券取引所で株という形を取ることによって、それが第二の価値、つまり実質的で、流通性をもち、何ものにも囚われず、支払期限がなく、したがって信用貨幣(ビ14)の不都合を持たないが、しかしその本質的な特性は備えている、といった価値を持っていなければ、船が世界のある地域から別の地域へとそれを搬送している間、死んだも同然となっていたであろう。

われわれは、国家にとって株主の方が年金受領者よりも有用だというつもりはない。そのような主張は党派的な憎むべき依怙贔屓というものである。われわれはそこから十分に距離を取っている。年金受領者が自分の収入を受け取るように、株主も自分の収入を受け取る。一方が他方以上の働きをしているわけではないし、この両者によって株や［年金の］契約を手に入れるために提供される貨幣は、同じように流通し、同じように商業や農業に用いることができる。しかし、資本の代理としてのあり方は両者で異なっている。株主(ビ15)のそれ、すなわちどのような手続きも必要としない株の方が流通は盛んであり、したがってそれはずっと大きな価値を生み出し、さし迫った予期せぬ必要が生じたときの確実な資金源となりうる。

［年金の］契約[ビ16]には特徴的な別の種類の有用性がある。家族の父親は、しばしば浪費に走る未成年の相続人に株を残すのは危険すぎる。彼は契約を残す、これは盗まれる心配はまずないし、手から手へと処分できるものではない。この契約は家族の財産を保証し、明らかにし、信用と自立をもたらす。ともあれ、フランスに各人の気質や能力に応じてこれら二種類の資本が存在するのは結構なことである。二つのうちどちらかに限定しようとするのは、同じく有害であると思われる。

年金［証書］は、イングランドでは一般的な有価証券[ビ17]であり、［わが国の年金］契約、株、償還国債と同じ性質を持っている。それは、契約のように譲渡された権利に基づいて決まった収入をもたらす。それは持参人払いなので、株のように手から手へと譲渡されることが可能である。それは、償還国債のように完済されるまでは元本に基づく年々の支払いを受け取る。もしわれわれの市債契約（Contrats sur la Ville）が持参人払いで、毎年の定期金と元本の一部の支払いのための配当券がついていれば、それは年金［証書］ということになろう。

オランダとイングランドのインド会社についてユニークな考察がなされている。［それによれば］オランダのインド会社は、大量の船舶を保有しており、その海軍力はオランダ共和国自身のそれにほとんど劣らない。イングランドの会社は一隻も船舶を所有していない。必要なときに、しばしば会社の重役から賃料を

（1）「ほかの国に」の部分は、初版では「ほかの国に、そしてかつてはわが国に」となっている。

払って船を借りる。ここに誇大な物言いの申し分のない例をみることができる、事例をみて判断を下す人々は、［都合のよい］事例を選ぶことしかしない。われわれは正直言って、イングランドのこの政策は、それが資本不足を原因としているのでないかぎり理解できるものではない。

ここでわれわれは、遺憾ながら、アシエント［黒人奴隷の独占的供給権］を得ていた会社［ギニア会社］の滅茶苦茶な経営のことを思い起こす。われわれは一七〇二年(ビ18)から、その会社がイングランド人に譲渡されたユトレヒトの講和(ビ19)に至るまで、その会社から何の利益も手に入れなかった。われわれがそこから得ていた利益から言えば、イングランド人に譲ったものはごく僅かであった。しかしイングランド人は実際には多くの利益を得たし、南海会社との統合によって会社を大いに活用することが可能になったことで、彼らはさらに大きな利益を手に入れた。彼らの南海会社は、今ではどのような交易施設も持たず、権利の譲渡によってお金を儲けるために設けられているにすぎない(ビ20)。条約でさえ商取引の対象にするのがイギリス国民の精神である。そして、商取引さえ条約の対象にしてしまうのがフランス国民の精神である。これこそ、アシエント会社の失敗の原因であり、わが国のインド会社の発展を大いに遅らせた原因である。コルベール氏はこの会社の経営を貿易商人よりも、金融業者に委ねていたのである。

南海会社は要塞も土地も所有していないし、もしユトレヒト条約を結んだときにわれわれのアシエントの委譲に基づいて、よく知られた約定により、三〇年に渡って年に四八〇〇人の黒人をアメリカのスペイン植民地に運び込むこと、そして毎年メキシコの定期市に五〇〇トンの船を一隻派遣する許可をスペイン王から得ていなかったならば(ビ21)、いまだ無活動状態にあったであろう。南海会社の株価を著しく高めたのもそれであり、この高値がロンドンの証券取引所で最大の流通の一つをもたらしている。

独占的特権が(*2)、もっぱら会社が要塞や商館を持っているところに限定されているのは、各人は自分の家では主人であるという正義に適っている。誰であれ他の商人はそこに行っても、おそらく損をするだけであろう。しかし独占的特権は、決して支配下にある人々にまで及んではならない。ルイジアナが会社の支配下に置かれていた間、ルイジアナの独占的特権がこの重要な植民地の発展を阻害したのも、そのためであった(ビ22)。そのうえ、この独占的特権は専横的に行使されるようになっていた。住民たちは厳しい約定に従って、会社の仲介によってしか物産をフランスに送ったり、フランスから受け取ったりすることを許されなかったというだけではない。さらには、彼らはスペインや他の近隣諸国と直接、取引することを禁じられていた。何事もその会社の職員によって行われねばならなかった。それは国王が一人で職員を使って王国のすべての交易を行なおうとするようなものである。どのような産業活動もこのような重圧のもとでは打ちのめされてしまうだろう。［これに対し］植民地に与えられる自由は、産業活動の大いなる発展を期待させる。

（＊2） 植民地の章をみよ。

ブルボン島は、若干似た状況にあるが、かなり遠方から貿易商人を引き寄せるほどの規模の大きな交易は行っていない。会社と島の双方が相互に必要とし合っている。会社の発展は、その約定の公平さと執行の穏やかさにかかっている。

インド会社をその株価によって判断すると、この会社は、確実性の乏しいタバコ税の徴税請負契約以外の財産を持っていないと言われるであろう(ビ23)。しかしながら、われわれは、それをその会社の資本や定期収入のなかに含めなかった。〔それを含めなくても〕その会社の資本や定期収入は全般的にイングランドの会社のそれを上回り、オランダの会社の場合ほど莫大ではないとしても同じくらい確実性があった。わが国の証券取引所は大きく混乱し、今でも査証[ビ24]に怯えているが、〔ローシステムの崩壊後〕一二年も平穏な状態が続いているのだから、間もなく落ち着くものと期待すべきである。

　摂政期の財政システムが王国全体にもたらした良い点と悪い点については、他の人々が検討するだろう。このシステムがパリの年金を受領していた家族をかなり破産させたこと、そしてもっぱら交易を目的として設立されるべきであった会社〔の株〕が〔国債の〕償還の手段となり、それが数多くの新たな家族に富をもたらしたことは確かである。あらゆる憎悪がこの会社に襲いかかり、ソルボンヌの博士たちが株の収益は法外な高利であると断じたほどであった。それが不信用の新たな原因となった――理性と時間がこの不信用をゆっくりと消し去っていく。

　無知や悪意から、ときに敢えて〔インド〕会社が再建されて以降、交易は損なわれていると、漠然と言われることがある。〔しかしながら〕交易がこれほど盛んであったことはかつてない。アメリカ向けの船舶の量は、摂政期から二倍以上に増えた。会社は常に独占的特権を与えられていたから、この面での新機軸は何もない。会社が再建される前、資本不足のため[ビ25]、会社が個人にインドまで航海する許可を与えていたとき、年々の収益は二〇〇万〔リーブル〕を上回ることは決してなかったが、今年の収益は一八〇〇万に達している[ビ26]。消費は商業の尺度であり、総括徴税請負額[ビ27]は消費の尺度である。最近の契約価格の上昇を知らない人はいない。われわれに〔商業の活況を〕教える適当な兆候がほかにあるだろうか。

何も施設を持たないオステンド会社[ビ28]は商業国の羨望の的になり、一七二五年のヨーロッパの紛争の原因にもなった。すべての国が戦う準備が整ったとき、皇帝は会社の認可を取り消すべきだと考えた。

スペイン国王は、現在、フィリピン群島[ビ29]向けの会社の設立を提案している。その会社は、国王の認可という有利な条件に恵まれていたのだから、ガリオン船[ビ30]による資金［輸送の］遅延がスペイン国民に引き起こした不信用がなければ、とっくに実現していたであろう。目先の利益に動かされて約束を破る大臣は、肝心なときに一〇〇倍多く失うことになる。

あまり重要ではないので、ヨーロッパの他の会社については論じない。これまで述べてきたことでわれわれの目論見には十分であろう[ビ31]。

この上ない才能に恵まれた人々でも、ある方面には関心が向かないというのは、彼らが身を置いた状況を考えれば、驚くべきことでもない。カエサルとシャルルマーニュは、万事、征服で片が付けられていた時代にあって、交易の重要性を知らなかった。しかし、ソロモンはオフルの地[2]との交易によって民衆を豊かにした。アンリ四世は海運を組織する有用性をよく理解していたが、そのための時間も財力も持たなかった。リシュリュー枢機卿には海運を始めた功績がある[ビ32]。マザラン枢機卿は海運を盛んにはしなかった。両者ともオランダ人とイングランド人が海運から驚くほどの利益を得ているのを目にしながら、貿易会社を構想するこ

（2）オフル（Ophir）の地　聖書に登場する、ソロモンが黄金と宝石を得た地方で、アラビア南部またはアフリカ東海岸と推定される。

とはなかったのである。

リシュリュー枢機卿は二つの目標で頭が一杯であった。[3] 一つは、大貴族の力を削いで国王の権力を高めるために廷臣たちの陰謀を見抜くことであり、もう一つは、オーストリアの王家に対抗する外交交渉を維持することであった。マザラン枢機卿は、内戦の恐怖のなかでほとんど常に大衆の憎悪の対象であったが、彼は治政、交易、財政を成り行きに任せた。この二人の大臣は、もっと平安［な時代］であれば、彼らの功績に欠けている国内の立法の改革におそらくは手を着けていたであろう。おそらく彼らは、誰でも言いそうなことだが、フランス人の才能はもっぱら軍事に向いていると考えていた。交易とこの［軍事の］才能との両立は、行政官とそれとの両立以上に無理があるだろうか。富と名誉とが結びついた仕事を国民に勧めよう。フランス人の才能は、何よりもそうした仕事を行うのに向いていると思えるであろう。

しかし、軍事的政府の誤った観念から生じうる反論を前もって封じるために、交易を行わない諸国が一体どのようにして盛大な国力を持つに至ったのかを検討しておく必要がある。

（3） このパラグラフの「リシュリュー枢機卿は……」から「……国内の立法の改革におそらくは手を着けていたであろう」までは、この第二版で追加された。

第七章　軍事的政府について

ローマ人は必要な交易しか行なわず、治政と言えばほとんど軍事のことであった。しかしながら、ローマ人は最強の国民となった。

アラブ人も同じく交易や治政を持たなかったが、ローマ人が四世紀以上続いた戦争の後でようやく最初の領地から外に出たのに対して、アラブ人は五〇年足らずでその勢力を築いた点で、なおローマ人に優っている。

これらの偉大な事業や、アレクサンダー大王、ジンギスカン、ティムールが行った征服でさえ、われわれの諸原理を確認するのに役立つであろう。

征服の精神と商業の精神は一国のなかでお互いに相容れない。しかし、このことに劣らず確実で重要な考察を付け加えよう。それは、征服の精神と保存の精神（l'esprit de conservation）も同様に相容れないということである。つまり、征服国が征服をやめるとき、その国はただちに征服されてしまう。しかし、商業の精神には常に保存に必要な賢明さが伴っている。商業の精神は、国境を広げようとするよりは平和のために要塞を築こうとする。勇気は、隣国諸国の土地を侵すという抑えがたい野心によって煽り立てられることはなくとも、大航海に伴う危険によって維持される。

傭兵部隊を伴ったカルタゴ人はローマ人よりもはるかに優勢であり、まさにローマ人を屈服させようとする勢いであった。ローマ人が最終的に勝利者となったのは、いつも欠陥だらけの彼らの様々な政府の形態とは関係のない特別の事情による。当時は、商業の精神と保存の精神はいわば揺籃期にあり、確固として定まるまでの時を経ていなかった。これに対して、征服の精神は、それが進歩した段階よりも生まれたばかりの頃の方がずっと激しい。もしカルタゴ人が要塞で防備された国境を持っていたとすれば、そして、保存の精神を、交易のために新たな地域の発見に向かう精神と結びつけていたなら、第一次ポエニ戦争において、彼らにとってローマ人など、ならず者の一団にすぎなかったであろう。

ローマは帝政期までは都市というより一野営地であり、住民は、みずからを統治し、またみずからが持たないものを公正に手に入れようと心を砕く市民というよりは、むしろ兵士であった。その栄誉を民兵に負っていた皇帝たちは、［いわば］みずからが依存するこの不遜な民兵を抑え込むのにいつも当惑していた将軍であった。皇帝たちは、国境を防備しようとも、国を治めようとも考えなかった。そのような国では、名誉と富を手に入れるには戦争によるほかなかったのである。

時間が経過し規律が欠如するにつれて征服の精神が弱まるやいなや、ローマ人は、初期の頃の彼らの猛々しさを身につけた北方の民族によって易々と征服されてしまった。そして、この新たな征服者自身が、まもなく、よく似た民族によって征服された。

アジアもヨーロッパと同じ体験をした。交易も治政も行われず、お互いに滅ぼしあってばかりの新たな暴君にいつも苦しめられた。カリフは心を奪う宗教の熱狂から生まれた権力者のなかの最高指導者であるが、カリフが領土の拡張をやめたとたんに、最も小さな王朝からも弄ばれるようになった。これらの王朝は、競ってこの最高権力者を服従させるかあるいは保護する栄誉を獲得しようとしたのである。そして、これらの王朝はみな、諸国家の破壊者である残忍なジンギスカンの権力の下に易々と併合され、ジンギスカンの後継者のもとでいったん再興したが、ティムールによってふたたび征服されてしまった。

二、三の戦いに勝利して、カリフたち、ジンギスカン、ティムールそして彼ら以前にはアレクサンダーがアジア全土の支配者となった。これらの征服者が相手にしたのは、いくつかの戦いに敗北しただけで万事休してしまった人々であった。なぜなら、これらの人々は征服の精神しか知らず、保存の精神を知らなかったからである。［これに対して］ヘヒシュテット、トリノ、バルセロナ、ラミイ[1]から敗走して後も、依然としてわが国の国境が破られることはなかった。国家がただ軍事的でしかなかった時代には、その国［フランス］を征服するのに多くの戦いは必要なかったのである。

しばらく、トルコの力の源は何かを考えてみよう。トルコがヨーロッパに有する領地は、最も強力なその近隣諸国にも比肩しうる。その上、トルコは小アジア、シリア、エジプトなども有している。なんと巨大な国であろうか。しかしながら、これほど多くの国々の支配者なのに真実の権力とはほとんど見なされていない。その訳は、トルコ人をかくも強大にした征服の精神は消え失せ、そして保存の精神がそれに続かなかったからである。

商業の精神と、それと不可分の治政の精神（l'esprit de Police）がトルコ人の立法者を駆り立てるならば、トルコ以外のヨーロッパが団結しても、トルコの力に対抗するのに十分ではないであろう。しかしそうでなければ、たとえトルコ人が最初の頃の征服者としての勇気と［宗教的］熱情を取り戻したとしても、われわれにはその立法者を恐れる必要はまったくない。防備が強固な国境や最初の障害を乗り越えても、その後に［立ち塞がる］新たな障害がたちまち彼らの血気を鎮めるであろう。

ポルトガル人が喜望峰(ピ1)経由のインド航路を発見する以前、ヴェネチア人がエジプト経由でこの豊かな交易を支配していた。カンブレー同盟の歴史によって、われわれは当時の彼らの勢力がどれほどのものであったかが分かる。その後、この勢力は、この交易が然るべくして移って行った国々に雲散霧消してしまった。軍事的政府がヴェネチア人を偉大にしていたわけではなかったのである。軍事的政府は少しも彼らを支えはしない。彼らを支えるのはその治政である。残された交易についても、トリエステ(ピ2)がそれを消滅させようと懸命になっている。

スペイン人はアメリカの征服者であるが、アメリカはそれを所有する国にとってよりも、そこと交易する諸国にとってはるかに有用である。

皇帝［カール六世］がベオグラードの戦いで勝利したとき、ヨーロッパはその後、皇帝に征服されるかも知れないなどと怯えることなど決してなかった。しかし、皇帝がオステンド会社を設立しようと望んだとき、皇帝は最も強く戦争の脅威にさらされた。近隣諸国の交易が、皇帝が有する広大な諸国家と釣り合いを保っているのである。

（1）ヘヒシュテットはドイツ南部、ドナウ川北岸の町。ラミイはベルギー、ブラバン地方の小村。トリノ、バルセロナを含めて、いずれもスペイン継承戦争のときの戦地である。

ピョートル大帝が交易を盛んにしようと着手する以前は、モスクワの国民は、ヨーロッパで知られていないも同然であった。その国力の増大は治政と交易の発展に拠るものであって、領地の拡張に拠るものではない。領地はいつでも広大であった。新たな海運と、ほとんど自然に抗って建設されたペテルブルク港は、かつてシベリアやタタールの広大な平原がそうであった以上に、その国には有益である。ただし、それらの平原もまた大規模な定住によってやがて有益となるであろう。定住の影響は次第にあらゆるところに及ぶようになる。国力を土地で測ることはできない。それを測るのは、市民の数と彼らの労働の有用性である。

われわれの眼前で勃興したこの新たな勢力について、若干の考察を行うことをお許しいただきたい。ピョートル大帝を駆り立てた立法の精神は、当然ながら、彼の死後、あるいは少なくとも君主や大臣が何度も交代して後には衰えるものと予想された。しかしながら、君主と大臣は常に同じ原理に基づいて歩みを進め、同じ精神が彼らを導いている。後を継いだ大臣は、先人が行った定住事業を妬むのではなく、その事業を完成させるという栄誉を手に入れようとして、事実上、先人の手になるものに新たに付け加えている。

大勢の必要な技術者や職人からなる一集団が、現在、港を建設するため日本海沿岸にいる。この港は運河や河川の手段によって、レナ湾、カスピ海、そしてペテルブルクへと通じることであろう。最も遠く離れたアジアとヨーロッパの両極を結びつけるなんと壮大な事業、驚嘆すべき工事だろうか。このような発展は緩慢にしかありえないが、しかしこれほど広大な帝国にあっては十分に恐るべきものである。

最終的に平和の精神が、わがヨーロッパの蒙を啓いた。常に適正なバランスが働いて、一国が征服によって他国に恐れられるほどその力を高めることはなくなるであろう。そして、もし何らかの一時的な利益がこの幸福な調和を乱すとしても、その勝利者は、もはやみずからの国境を広げることを期待してはならない。すべての国がこの危険な前進を止めるために同盟を結ぶであろう。一国はもはやその内政の賢明さによってしか強大になることはできないのである。

第八章　産業活動について

技芸の進歩に従って、人間はまず手を使って、次に道具を使って大地を耕した。人間が道具から得た手助けは最初のうちはささやかなものであったが、経験が次第にこの手助けを大きなものにした。こうした産業活動（industrie）[1]の進歩には際限がない。産業活動は常に増大する、そして常に新たな欲求が生じ、［その度に］新たな産業活動がこれに応じうると思われる。

もし三つの島の最初の仮説において、二つの島は手で労働するしかすべがなく、そして、三番目の島が鋤や水車を発明していたとしたら、この三番目の島は、もっと大勢の住民を抱えることになるのは明らかである。まもなく新たな奢侈の島が発見され、絹、タバコ、砂糖などが新たな欲求の対象となった。より少ない人手でこれらのものの生産、製造、運搬を行うことができれば、大きな有利となる。一国が進歩しているかどうかは、膨大な交易量のなかに埋もれているこれらの多様なあらゆる交易［の品目］を識別することによってのみ知ることができる。

簡単で費用のあまりかからない機械で首都に水を潤沢にもたらすことが提案された。その提案の実行をおそらくは妨げたおもな反論が次のような問いであったとは、信じられるだろうか、「水の運び人は一体どうなるのか」。われわれはまた、販路の不足ゆえに物産がだいなしになってしまう地方で、様々な運河の建設に対する次のような反対があったことも知っている、「運送業者はどうなってしまうのか」。

昔、ある仕立屋が、高価なのに似合わない織機で作ったボタンの代わりに、服地でできたボタンを使おうと思い立った。このとき、織機でボタンを作る製造人は、簡単な機械がわれわれに水をもたらすことになった場合の水運び人と同じ立場にいた。こうして服地でできたボタンは［それを禁じる法令が布告されるまでの間］ただ黙認されたにすぎなかった。[ビ1] パニエ[2]の流行が廃れたときには、同じ理由で、それを作る職人はその製造が持続することを要求する権利を持つことになろう。［その製造が］有益である理由があるだけになおさらそうであろう。というのは［コルセットに使う］鯨のひげの価格が上がればわが国の漁業[ビ2]が盛んになり、したがってわが国の海運は増大するが、このときわが国の海運はいっそう有益なものとなるからである。

指先を使う産業の職人も、同じく、われわれの流行の変化のなかで仕事をみつけることができる。人々がリボンを身につけることをやめたとき、フリルが作られ、次いで切り抜き飾りが、そして仕舞いにパニエが作られた。このパニエもまもなく次の流行によって取って代わられるだろう。立法者がわざわざ関与しなくても、ある流行で役立った同じ熟練技は容易に他の流行に向かう。ブティック・ド・パレの［色々な店で売られている婦人の帽子などの］製品が取引の対象となるのは、それらがしょっちゅう様変わりするからにほか

（1）industrie には、人間の勤労・勤勉、産業活動、産業・工業の意味が含まれる。本訳書では勤労もしくは産業活動と訳している。ムロンは、技芸（art）とともに industrie を商業社会（近代経済）の生産局面の展開を導く主体的なファクターとして重視したが、ムロンのこのような industrie の捉え方はヒュームのインダストリー論に継承されていく。

（2）パニエ（Panier）　スカートにふくらみを持たせるための輪骨が入ったペチコートのこと、一八世紀に用いられた。

ならない。

その勤労に器用さよりも腕力が求められる労働者は、いつでも仕事を見つけることができる。水の運び人や運送業者は、別の商品を運ぶか、川で船を曳くか、土地を耕すであろう。それに、建設あるいは修復すべき波止場や街道はいくらでもあるだろう。そうした仕事は彼らには確実な［生計の］手段であり、また物乞いを一掃する上ではなおさら確実な手段である。

罪人を、命を縮める辛い労働に充てなければならない。また［罪人に押された］焼き印によって、彼らは同時に、社会を乱そうとする極悪人への恐るべき戒めとして役立つだろう。しかし、貧しい市民は公共の利益の許すかぎり、穏やかな仕事に就かせるべきである。

自然は男と女に、一緒にいたい、共に喜び合いたい、共に助け合いたいという相互的な欲望を植え付けた。社交界の男性が慇懃や礼節によって行うことを農民の男は女に対して無作法に行う。農民の男は、胴鎧を身に付けた騎士よろしく、背負い籠を背負えるほど力が強いことを見せたがる。男と女が運河や街道の建設で一緒に働くとき、彼らの労働はいっそう活気づけられ、辛さは減るだろう。立法者が見失ってはならない目的は、男たちをその哀れな状況が許すかぎりで幸福にすることである。そして男と女が一緒に働くことで生じる不面目といっても、せいぜい公の散歩道を男と女が一緒に歩いているのをみかける程度のことであろう。運河や街道の建設から男と女のどちらかを排除してみるとよい。そうすれば他方はあまり熱心にはそこに赴かなくなるであろう。われわれには同じ情念が宿っている。教育がその結果を変えるのである。

社会がその構成員の一人の命を奪わざるをえないとき、社会はそれによってなお、何らかの利益を引き出すことができるであろう。この利益は、社会がそのために被害を受けた悪事のなんと痛ましい償いであることか。医学は解剖学的な探究において、生きた実例を必要とする。受刑者には手術に耐えて生き残る見込みが残るであろうし、彼は祖国の役に立つその苦痛によって特赦に値するであろう。このような実験のおかげで外科学は結石切除術を革新することができるのである。

あるイングランド人［ウィリアム・ペティ］が、イングランドにとっては一人の水夫は三人の農業者に匹敵すると計算した。この計算は正確であるとは思えない。海上の運送は河川の運送よりも出費が少なく、河川の運送は荷馬車の運送よりも出費が少ない、等々、というのは十分に正しい。もし彼の計算がもっぱら海上輸送か陸上輸送かの二者択一にかかわるものならば、水夫は荷馬車を使う運送業者の二〇倍の価値を持つであろう。しかし、農業者は生産する生産物が絶対的な必要品であるという点で、別の種類の価値を持ち、したがって外国の小麦を［自国に］運ぶために赴く水夫よりも好ましい。なぜなら、水夫は運ぶだけで生産しないからである。いずれにせよ、水夫、農業者、職人は誰もが必要であり、それぞれの職業で、地域、人々の気質、利益に応じて働き手の数が増えるときだけ国家は強大となる。以前には二人で行われていた仕事を、一人の水夫、一人の農業者、一人の運送業者によって行うことができるようになれば、市民の数を二倍にすることができる、というのは常に同じく真実である。この意味で、働き手の数を増やし、労働［の辛さ］を和らげることは、人間の叡智の極みである。

職人はすぐれた商品を作るために長い間、徒弟修業を積まなければならない。売り手は商品に精通している必要はほとんどない。というのは、仮に小売店の店主たちが今すぐいなくなったとしても、工場主は代理人や奉公人に製造元と値段のついた札を貼った商品を持たせて行かせれば、それで済むからである。こうして万事、秩序に復するであろう。人々は賢明にも小売店の店主のことを次のように言っている。小間物商人は何でも売るが、何も作らない。

　工場主を失うことは、同様ではない。職人たちは散り散りになり、すぐに仕事が見つからないと、他所に勤労を持って行ってしまう。このようなわけで、小売店主は容易に代わりを見つけられる市民に払われるべき考慮に値するにすぎない。しかし、工場主は立法者の十全な関心に値する。われわれは、貴族叙任状、年金そして特権によってカドー（Cadoz）(ビ3)やヴァン・ロベ（Vans Robais）(ビ4)の仕事が督励され、報いられるのを見てきた。国家にとって日々ますます有益となっている職人たちの恒久的な学校を創設したこれらの者たちに与えられたこうした厚遇を、誰も羨んではならない。

　パリの小売店に目を移すと、大勢いる青年の大部分が座ったままの仕事や簡単な仕事に従事しているのを見て、驚かされる。一方、大勢の娘たちは、仕事がないか、あっても彼女たちを扶養するのに十分ではないせいで不幸な境遇にある。放蕩がお金を手にして現れると、その誘惑に屈しないのは難しい。これが、感化院がいっぱいになる理由である。われわれの徳と悪徳は環境次第というほかない。

　賢明な治政が男と女それぞれに、さらには年齢に応じて仕事を与えるならば、誰もが仕事を持つことになろう。われわれの目の前に、このような賢明な仕事の配分の例がある。権力を持たない一個人でも根気強く用意周到に努めれば、神がその世話を彼に委ねた貧民にいつでも首尾良く仕事を与えることができるのである。慈悲深い人間は施しを与え、政治家は仕事を与える。(ビ5)

無為を国家的な犯罪、あるいは致命的な犯罪と見なさないうちは、道徳が無為に対峙して言えることは何であれ、やはりあまりに脆弱であろう。無為はすべての犯罪の温床なのだから。人間の想像力は育まれる必要があり、想像力に対して真の対象が示されないとき、想像力は快楽や一時的な有用性に導かれる気紛れによって養われることになる。正義によって刑場に送らざるを得ない凶悪犯に問いただしてみよ。職工や農業者は一人もいない。労働者は自分を養う労働のことを考える。無為の人々は、無為の申し子である放蕩や賭博により、あらゆる種類の犯罪へと導かれたのである。

ローマ共和国で起こった様々な反乱や内戦、そしておそらくはその没落の原因はこの有害な無為に帰せられねばならない。ローマの最初の領地から外に出たとたんに、野心家たちが、下層民の人気を得ようと貧しい市民に小麦を無償で配ることを提案した。彼らの公的な地位［が維持されるかどうか］は下層民［の投票］次第であったからである。コリオラヌス(3)はその危うい結果を予想して、反対した。この反対への憎悪から、彼はまもなく追放されてしまった。その後、このような施し物で扶養される市民は二〇万にまで達した。農村の住民のすべてを、農村を放棄して、彼らを養ってくれるところに住み着くためにこさせるのに、その数で十分であった。

（3） コリオラヌス（Gnaeus Marcius Coriolanus, 生没年不詳）紀元前六世紀から五世紀の古代ローマの将軍。紀元前四九一年、平民への穀物の無料配給に反対したため平民の追及にあい、亡命した。彼を題材とした作品としてシェークスピアの『コリオレーナス』などがある。

民衆にはただパンと見世物だけを与えておけばよいという格言は、よく調べずに了解してはならない、ローマ共和国の諸事情の下ではとくにそうである。ローマ共和国では不確かな権力は大抵の場合、騒々しい下層民の手中にあった。下層民は行政官の選挙やあらゆる公的な決定の際に投票を行う、あるいはむしろ投票を売る権利を持っていたからである。大劇場は秩序を破壊しかねない連中のためにある。

同じような欠陥のある政府の栄華は一〇〇年と続くものではなかろう。国内はいつも混乱し、あるいは内戦状態となろう。最も賢明で安定した君主政でさえ、首都の住民の一部が平和の安逸のなかで養われ、遊び暮らし、そして内戦で混乱に陥ったとき失うものを何も持たないとすれば、みずからを維持するのは至難の業であろう。

治政は、しばしばもっと大事なこと――それはたいして大事なことではないのだが――に関与するからといって、労働に関する片々たる事柄を無視してよいわけではない。靴屋と靴の修理屋、錠前屋と火縄銃製造人などの間に労働の境界線を定める諸規定は、長く続く訴訟の種になった。これらの訴訟は多分まだ終わっていない。小鳥飼育業者、かつら製造業者、ビネガー販売業者のような大部分の親方の地位、徒弟制度、馬鹿げた団体規約、そしてさらに馬鹿げた税負担など、これらのすべてが人間と時間の損失にすぎない。「ただし」親方の地位が、多くの職業で有用でも必要でさえもないと言っているのではない。行き過ぎを問題にしているだけである。(ピ6)

工匠の親方の地位を、その地位の付与やほかの諸課税を通じて一つの財源と見なすのは(ピ7)、無知や個人的利益の結果にすぎない。先の治世下で見られたところだが、それらの税を徴収する面倒、その際の横暴振り、そして収益の少なさを精査してみれば、輸入品に一パーセント［の税］を課す方が、管理の必要もなく不正が行われることもなく、もっと多くの収益が得られることを十分に納得できるであろう。

すでに述べたように、税を徴収するもっと簡便な方法を用いれば、国家は大勢の労働者を手に入れることができる。これらの計画はこれまで何度も提案され、ときには着手されることもあったが、それがどうすれば実現可能であるかを研究するのは有能な財政家の仕事である。賢明にもタイユの恣意性を排除するために設けられた部局(＊1)がその任務を遂行し、不幸な農業者が、今後は安心して働くことができて、彼の労働の成果が新たな抑圧を招くことがないとよいのだが。

（＊1）この部局は数々の報告書に基づいて、またアベ・ド・サン＝ピエール氏の配慮によって設立された。アメロ・ド・シャイオ氏が部局長である。

税には二種類ある。一つは、タイユ(ビ8)やカピタシオン(4)のような恣意的な税、もう一つは、塩税(ビ9)やエード税［飲料消費税］のような消費に依存する税である。前者の場合、収税人は軍の力による強制執行によってようやく農業者や職人から一エキュを引き出す。後者の場合には、毎年、農業者や職人は気にもとめず、ときに

（4）カピタシオン（capitatioin）　戦費膨張などに伴う財政的困難に対応するためにルイ一四世が一六九五年に創設した新たな直接税。特権層を含む王国の全住民が、実際の収入にかかわりなく職業と地位に応じて二二の階層に区分され、階層に応じて納税額が決められた。例えば、第一階層の王太子、最高国務会議メンバー、総括徴税請負人などは二〇〇〇リーブル、また最下位の兵士、日雇い、徒弟などは一リーブルであった。この臨時税は、一六九七年にいったん廃止されるが、一七〇一年にスペイン継承戦争に備えて復活し、結局、革命まで存続した。

は気前よく塩やぶどう酒にかかる五〇フラン［の税］を支払う。すなわち、物品にかかる税は、皆に等しくその分だけ値段が高くなる物品に付加された価値であるとしか彼には思えない。これに対し、個人課税では、彼はいつも不正に課税されていると思い込み、そのように思わせる比較対象に事欠かない。

だが、税金を取り立てるために雇われている人は、奢侈のために雇われている職人に匹敵しないだろうか。この異論に答えるのは難しくない。第一に、このような徴税のために雇われた人々が守る障壁[ピ10]は、彼らと市民の間の内戦の原因である。第二に、彼らの査察は取引を邪魔し、疲弊させ、停滞させる。第三に、このような［徴税の］仕事は、何も生み出さないが、もう一方の［奢侈のための］仕事は有用な結果を生み出す。第四に、奢侈は一国［の発展］に必然的に伴うものであり、それに寄与するために、自国にないものは外国からもたらされねばならない。以下で、この点を明らかにしよう。

第九章　奢侈について

われわれはこれから奢侈と奢侈の職人について検討しよう。奢侈は取るに足りない数々の非難の対象となっているが、そのような非難は健全な認識もしくは習俗の賢明な厳しさに由来するものというよりも、陰気で嫉妬深い精神の所産である。

もし人間が十分に幸福であって、宗教の純粋な格率によってみずからを導くことができるならば、人間は法を必要としないであろう。義務が罪を抑制し、徳へと促すのに役立つからである。しかし、残念ながら、人間を導いているのは情念であり、立法者がなすべきことは、もっぱらその情念を社会の利益になるように導くことである。軍人が勇敢であるのはもっぱら野心のせいであり、貿易商人が働くのはもっぱら貪欲のせいであるが、彼らがそうであるのは、大抵の場合、享楽的に人生を過ごすためである。こうして奢侈は彼らには労働の新たな動機となる。

奢侈は富と統治の安定がもたらす並外れた豪奢であり、治政が良好なあらゆる社会に必然的に伴うものである。豊かさのなかにいる人はその豊かさを享受しようとする。そのうえ、彼は最も貧しい者には買えない洗練された品々を持っている。この洗練は常に時代と人に応じて相対的である。われわれの父親にとって奢侈であったものは、今ではありふれている。われわれには奢侈であるものが、われわれの子孫にはそうではないであろう。絹の靴下は、アンリ二世の時代には奢侈であった。磁器は陶器に比べれば奢侈であり、同じく陶器はありふれた陶土の器に比べれば奢侈である。

農民は村の資産家のところに奢侈を見る。村の資産家は近隣の町の住民のところに奢侈を見る、この町の住民は首都の住民と比べて自分のことを粗末だと思い、宮廷人の前ではなおいっそう粗末だと思う。

立法者は奢侈を植民地のようなものだと考えることができる。国家が土地のため、戦争のため、製造所のために必要なだけの人手をもっているとき、余った人々が奢侈の仕事に用いられるのは有益である。というのは、彼らにはこのような仕事に就くか、もしくは無為しか残されてないからであり、また市民を奢侈のためにしか働かない植民地に送るよりも、生計の手段を見いだせるのなら支配地にとどめて置くほうがずっと有利だからである。砂糖、絹、コーヒー、タバコは、ローマ人が知らなかった新たな奢侈である。わが国の大仰な作家と同じくらいに気難しく皮肉っぽい韻文や散文をものしたローマの作家に言わせれば、ローマ人はこれ以上ないほど著しい奢侈を享受する国民であったのだが。

どのような意味で、奢侈は国民を柔弱にすると言えるのか。それは軍人には当てはまらない。兵士と下級士官は奢侈とは無縁であるし、軍隊が敗北したのは、総司令官の華美のせいだというわけではない。野心の競争心がほかのことに劣らず、彼らを駆り立てる。オスマントルコやペルシャの軍隊の多くが弱いのは奢侈のせいだろうか、それとも競争心や規律の欠如のせいだろうか。東方の奢侈は、軽蔑すべきハーレムにおいて勇敢さを弱める無為な逸楽である。

スペインの軍隊は、どんな奢侈取締法も決して命じたことがないほどの粗衣、粗食であったが、だからといってより勇敢なわけでなかった。近時の戦争においてわが軍が敗北したとき、わが軍が輝かしい勝利を収めていた頃に比べて軍はあまり豊かではなかった。奢侈はいわば怠惰と無為の破壊者である。贅沢な人間は自分の富を維持するために、あるいは新たに獲得するために働かなければ、富などすぐに尽きてしまうと考えるであろう。そして贅沢な人間は、羨望の眼差しにさらされるほど、社会の義務を果たそうと一生懸命になる。

個別から一般へと話を進めよう。一国の奢侈はおよそ千人にかぎられる、そのほかに二〇〇〇万人の人々がいるが、彼らは良好な治政により自分たちの労苦の成果を安心して享受できれば、その約千人の人々に劣らず幸福である。農業者や職工が大いに奢侈にふけるとしても、それは農業者や職工の労働が盛んに行われたことの結果にほかならない。このような因果が常に繰り返されていく、それゆえ、奢侈は一国においてほとんど恐れる必要のないものとなる。

うんざりするほどの、軍隊を飢えさせかねない大勢の供回りや従者の一行を伴うような場合、奢侈は戦争に有害ではないということではない[ビ1]。軍規が上級将校の供回りを定めているのも、このような趣旨からである。将軍でさえときにはそれ以上に供回りの数が制限される。それは、敵に包囲されているときや海上の船のなかにいるときには、升で水が分配されるのと同じことである。このような特異なケースでは、人間の数は少ないほど有効であろう。そして一国の治政一般においては、人間が多すぎることはありえない。

かつてはごく普通にみられた、心身にこの上なく有害な飲酒癖を町や軍隊から追放したのは、おそらくは奢侈である[ビ2]。実際、飲酒癖は、奢侈がまだ達していない農村に退いたように思われる。

土地を僅かしか持たず、ほとんど手の労働で生計を立てざるをえない共和国では、すべてが奢侈である。

〔ジュネーブで〕ヴァイオリンが認められたのは少し前のことにすぎない。これは年長者にはスキャンダルであり、彼らは〔そんなことをすれば〕すべてが失われてしまう、と声をあげたものだ。これは自由な人間の社会というよりも隠遁者の共同体に似ている。それゆえ、市民はその支出を許されている以上の収入を得たときには、それを享受できる地へ移ってしまう。こうして人と財産が祖国から奪われることになる。音楽や女性の放蕩が盛んな他の共和国〔ヴェニス〕では、都市に限定された奢侈取締法が存在する。農村で〔のみ〕奢侈が許されているのは〔奢侈品の生産と消費が禁じられた都市の〕市民を破滅させるためであるという者もいれば、奢侈が都市で禁じられているのはこれらの同じ市民を裕福にするためであるという者もいる。道徳が是認しうるあらゆる表出を受け入れることのできる単純かつ一般的な原理に基づかないとき、政治には常に曖昧さが伴うことになろう。

パンは絶対的な必要品であり、羊毛は二次的な必要品である。しかし、白パンや、コルベール氏が定着させたブロードクロス(1)は、われわれが日常的に用いる習慣を持たない極上の奢侈である。奢侈という用語は空虚な呼び名であり、治政や商業のあらゆる運用から排除すべきである。というのは、それは曖昧で混乱した間違った観念しかもたらさず、濫用すれば、産業活動そのものを根本から停止させかねないからである。

先の戦争において、沿岸都市の私掠船の船長たちは、敵の戦利品を満載して戻ってきては桁外れの散財をして自分の富をみせつけたが、その翌日には、同じ支出を行うのに必要なものを手に入れることを期待して、我先にと新たな艤装を行った。彼らが国家にもたらした大きな貢献はこうした動機に導かれてのことであるし、海賊たち(ビ3)の驚異的な活動についても同様である。たとえ兵士や水夫なら誰でも手にするものと変わらない程度の虚しい栄誉しか持ち帰らなかったとしても、彼らはそこに戻って行ったであろうとか、競争心が他の人々を出発させたであろう、などと考えられるだろうか。禁欲的なスパルタ人は、享楽的なアテネ人ほど征服的でもなければ、よく統治されてもいず、偉大な人間をそれほど生み出しもしなかった。

プルタルコスが挙げる[2]有名な偉人のなかに、スパルタ人は四人、アテネ人は忘れられたソクラテスやプラトンを勘定に入れなくても、七人いる。リュクルゴスの奢侈取締法は、穏当さをひどく欠いた他の法と同じく注目に値しない。永遠の報酬など知らない彼の社会が、自分の分け前を増やし労苦を減じることができるという希望がなくても、数かぎりない苦難や危険を体験して身につく野心的な精神を維持するであろう、と彼は一体どうして期待することができるのだろうか。安楽な暮らしというこれらの利点は栄誉とほとんど不可分なのであって、そうした利点を伴わずに栄誉だけでは大勢の人々にとって十分な刺激にはならない。フランス全土で[ビ4]共同生活を営むという計画を構想するのは面白いであろう。そのような計画は、村から一歩も外に出ない才能に富んだ人が考えそうなことである。

ローマ人の間で奢侈取締法のために奔走した偉大なカトーは、村で育ち、そこで習俗を身につけた。彼は

---

(1) ブロードクロス（draps fins）表面を起毛した良質の紡毛織物のこと。

(2) 帝政ローマのギリシャ人著作家、プルタルコス（四六年から四八年頃に生まれ、一二七年頃に死去）が著した『対比列伝』（英雄伝）のこと。単独の伝記四編と、古代ギリシャと古代ローマの人物を対比した列伝二二編からなる。一五九九年にジャック・アミヨ（Jacques Amiyot）によって仏訳版が刊行された。

われわれには、けちで不節制で酔っ払いの高利貸しとしてさえ描かれている。リュクルスは贅沢好みであったが、カトーよりもずっと偉大な執政官で、同じく公正な人物であり、いつも寛大で情け深かった。自分の性格が厳格であるため、同じように生活をもっと厳格なものにしようと望む改革者は、下層の人々にときに尊敬されることがある。しかし賢者にはいつも軽蔑される。賢者の判断基準は社会の安寧なのだから。

わが国の奢侈取締法は、治政が改良されるにつれてその数が減った。先王の時代の奢侈取締法が三つか四つあるにすぎない。それもたんに、あまりに贅沢な織物や金銀細工、そして外国産のレースを対象にしたものである。それらは先王以前の取締法と同じくほとんど実効性を持たなかった。なぜなら、その法が流行の奢侈を排除する前に、商業が、最初の奢侈を容易に忘れさせるほどのもっと著しい新たな奢侈をもたらすからである。こうして奢侈取締法は、商業との相対的な関係においてのみ存続しうるにすぎないであろう。

これらの王令の無益さとそれらを鼓吹する精神を理解するために、王令のいくつかを取り上げよう。

シャルルマーニュは、値段が二〇ソル以上のセイヨンや三〇ソル以上のロシェを着ることを禁じている。ド・ヴェルト師がラ・マールの『治政論』(3)に拠って教えるところでは、セイヨンとはヴェスト〔上着〕のことであり、その上にロシェを着た。このように、ジュストコール〔男性用の丈長のコート〕とヴェストで五〇ソルしたが、〔当時の〕五〇ソルは、貨幣の法定価値の引き上げに対応して、今では重量で一八〇リーブルに相当する。これに当時から現在までの貨幣量の比較を加えて言えば、それは二倍、四倍、一〇倍の金額にも匹敵しうる。

フォンタノンの王令集(4)のなかに、ショース〔(半)ズボン〕の大きさを腰回りの三分の二とし、またとくに裏地にはポケットをつけず、しかも馬の毛、綿、毛くず、羊毛を詰めてはならないと定めている王令がある。そして食卓の質素さについては、「婚礼や祝宴の席ではそれぞれ六皿の料理を三度に分けて出すことしか許されないであろう。一枚の皿には同じ種類のものが二つ乗ってはならない、すなわち二羽の若鶏、二羽のヤマウズラは許されない。しかし三羽の鳩やそれ相応のもの、例えば一二羽のひばりなどは大丈夫である。これ以上の料理を出すことを料理人に禁じ、違反した場合は罰金刑が科される、等々」。これにより少なくとも一回の会食の客の数を決めることができた。ローマの護民官は、客の数を三人から九人までと定めていた。アウグストゥスは、異教〔古代ローマの多神教〕の偉大な一二神を称えて一二人の客を認める法を制定した、等々。たわいない沢山の例を取り上げる必要はないし、ましてやその最初の源泉にまで遡ってそれらを検討するには及ばない。

シャルル五世の時代には、プレーヌと呼ばれる短靴があった。その極端に長いつま先は、上流社会の人々に、その上に角や鉤爪や爪のような様々な装飾を施すことを思い至らせた。教会は、このような靴の使用は

(3) ド・ヴェルト師（L'abbé René Aubert de Vertot,1655–1735）歴史家で碑文・文芸アカデミーの会員（一七〇三年から）。『ポルトガル革命史』（一六八九年）や『スウェーデン革命史』（一六九五年）などの歴史書を数多く著したが、厳密な歴史考証とは無縁であった。ニコラ・ド・ラ・マール（Nicolas de La Mare,1639–1723）はフランスの行政官で、ここでムロンが取り上げている大都市の治政に関して体系的にまとめた『治政論』（*Traité de la Police*, 2vol. 1705–1710）の著者として知られる。

(4) フォンタノン（Antoine Fontanon, ?–1590）が編纂した聖王ルイの時代から一五八〇年までの王令集（*Les edicts et ordonnances des rois de France*....., 4vols.,Paris, 1580)。

自然の秩序に反し、人間の身体のこの部分をいびつにしてしまうとして、猛反対した。教会は一二一二年のパリ宗教会議、一三六五年と一三六八年のアンジェ宗教会議でこの靴を禁じた。国王シャルル(ビ5)は王の勅許状によってその靴を禁止した。以下がその内容である。「どのような地位や身分であれ、すべての者にプレーヌの短靴を履くことを禁じ、違反した場合は一〇フローリンの罰金刑に処すこととする。このような余計なものは良俗に反し、世俗の虚栄と異常なほどの傲慢によって神と教会を愚弄するものである」。二つの宗教会議と国王の王令の日付から、この流行が一五〇年以上続いたことが分かる。わが国に特異なこの例からみて、この種の短靴には、言われている以上に人々を惹きつける魅力が何かあったものと思われる。おそらくは、女性用の靴のつま先は、プレーヌ靴が一般に消滅していくなかでそれを免れた［名残りである］。

どのような代償を払って奢侈は第一王朝［メロヴィング朝］時代(ビ6)に国家から追放されたのかを見てみよう。ド・ヴェルト師は次のように述べている。

「自由だが粗野な生活、猛々しい習俗、文明国とほとんど交易をせず、様々な生活の便宜も知らない、こうしたことすべてが彼らの粗末な住まいから奢侈を遠ざける原因となった。われわれは、ヒューロン族(ビ7)やイロコイ族(ビ8)の今日の生活振りと比較することによってのみ、初期の時代について、より明確かつ正当な観念を作り上げることができる」。ただし、だからと言って、著者はこの同じ論説のなかで奢侈を弾劾するのをやめるわけではない。

様々な種類の必要に対し、［異なる］諸段階がうまく割り当てられており、立法者はそれに立脚することができる。職人は、二次的必要の商品が十分にあるときにのみ、奢侈に用いられるであろう。そして同様に、職人は、一次的な必要品が満たされるときにのみ、二次的必要の商品のために用いられるであろう。パンには二〇〇〇万[ビ9]の買い手がいる、毛織物の買い手はもっと少ない、亜麻布の買い手はさらに少ない。農民は、いっそう差し迫った欲求が満たされてのちにはじめて、葡萄酒とタバコを買う。

　愚かな虚栄心が隣人の身なりを妬む一個人を破産させることが国家に問題だろうか。それは彼が当然受けるべき罰であり、彼よりも尊敬すべき職人が、それよって自分の身を養うのである。個人について言えることは家についても言えるし、同じく、法が負債の迅速な支払い[ビ10]を定めるまで、お互いに対して同じように危険な掛売りをし合う分別のない商人についても言える。慎ましい衣服を着るよう定めたシャルル九世の法規のなかで、第一六条は次のように書かれている。[*1]「絹のラシャを提供する容易さが、このような余計な衣服を身に着けることを可能にしたのであるから、本状の公布以降は、何人であれ、掛け売りで絹のラシャを売る商人にはあらゆる活動を禁じるよう、すべての裁判官に命じる、等々[ビ11]」。

（＊1）ファントノン、第一巻、九八四頁。

　立法者は、このような盲信による懸念ゆえに産業活動を消滅させ、職人を危険な無為のなかに投げ入れ、自由を妨げ、労働への新たな動機を奪わねばならないのだろうか。それ自体有害なものは常に禁止されねばならない。しかし、それ自体は適切な法であっても不都合が伴うことがありうるが、そのような不都合が立法者を立ち止まらせてはならない。立法者は誰も特別扱いせずに、いつも最大多数の幸福を目指している。より多くの市民を流血から救うためではないとすれば、何のために立法者は侮辱されたオネットム[5]の決闘を罰するのだろうか。

極端で馬鹿馬鹿しくさえある奢侈の例は、贅沢な人が食事の際に気前よく並べる何か下らないものの値段が異常に高い場合に見られる。彼は、その下らないものの価値は値段が高いことにあると考えたいのである。このような常軌を逸した支出に、どうして非難が向けられるのだろうか。このお金が彼の金庫のなかに保管されていれば、それは社会にとって死んでいることになろう。庭師がそのお金を受け取る。庭師は新たに頼まれた仕事を通じてそれを手に入れたのである。裸も同然であった彼の子供たちはそれで身繕いをする。彼らはたっぷりパンを食べ、元気になり、明るい希望を胸に働く。そのお金は、物乞いに施されたとしたら、彼らの無為とその軽蔑すべき不品行を維持することにしか役立たないであろう。

この金額のこのような使い方を、救貧院や恥ずべき貧民を対象になされる慈善の立派な動機と比べようなどと思わないように願いたい。慈善は徳の最たるものであり常に正義と善行を伴うから、その前ではほかの徳はすべて消え失せてしまうだろう。しかし、前に述べたように、人間は宗教によって導かれることはめったにない。奢侈を一掃しようと努めるのは宗教の役目であり、国家の役目は奢侈を国家の利益に変えることである。前に空虚な物言いだといったのは、説教壇からなされる説教のことではなくて、不信心者が行う風刺にも似た［根拠のない］物言いのことである。

あまり高尚ではないが、立法者が利用できる［奢侈の］動機がまだある。立派な邸宅を建て、それに金箔を施すのにお金を使う人は、国家や道徳に反することを何もしていない。しかし、彼は公共の名によるどんな栄誉も期待してはならない。なぜなら、彼は自分の個人的な効用を熱心に求めたにすぎないからである。街道の修理や水飲み場の建設に尽力する人は、彫像や、市民の間で新たな競争心を掻き立てうる何か他の栄誉によって、その善行を華々しく顕彰されるに値するであろう。

興行はどれほど立派で、どれほど豪華で、どれほど数が多くても多すぎることはないであろう。これは一つの商取引であり、フランスはこの商取引でいつも与えることなく受け取ってばかりいる。

奢侈を、通商顧問会議[ビ12]により禁じられたインド産の商品の使用と混同してはならない。なぜなら、インド産の商品が禁じられた理由は、それらが豪華だからではなく、わが国の製造所で作られたもっと豪華な織物の消費のためだからである。

こうした禁止措置は、絶えることなく相当の理由があって続けられているのだから、有効であると考えなければならない。しかし、その実施には、どうにも理解に苦しむ多くの矛盾が伴っている。インド会社は、インド産の商品を持ち帰る権利だけを持っており、売る権利については、それらを外国に運ぶ目的で保税倉庫でのみ売ることを許されているにすぎない。少なくとも表面的にはその通りのことが行われている。なぜならこの法に違反するもの［インド商品］は公衆の面前で燃やされるからである[ビ13]。

しかしながら、どこもかしこもこのような品々で溢れている。近隣諸国の仲介によるほかありえないことである。このとき、彼らにこの実り多い交易の利益を与えることになる。われわれは苦労してこの交易を行い、しつこい［不正追及の］捜査のためにいまだに難儀をし、そして半分は許され、半分は罰せられる哀れ

（5）　オネットム（honnête homme）　一七世紀後半のフランスで理想的とされた人間像のことで、深い洞察力と優美な振る舞いを身につけ、処世術にもたけた教養人を指す。宮廷人にその典型が求められた。

な密輸業者が最後にその犠牲になるというのに。

選択肢は明らかである。インド商品は有益であるか、もしくは有害である。前者の場合は許可すればよい、そうすればわれわれは豊富と利益を手に入れるだろう。後者の場合は厳格に王令を執行すればよい、それによりわが国の製造業が利益を得るだろう。確かな判断によってというよりはざっとみて、わが国の製造業が持たないものを補うために一定量のインド商品が必要だと考えるなら、もっと多く必要なのか、もっと少なくてよいのかを判断し、そしてその販売をフランス人に限るよう決めるべきである。そのようなことを行うのは不可能だというのは、法の威力を知らないからである。

毛織物や亜麻布はものを覆うのに役立ち、その繊細さはもっと大きな便宜をもたらすように思われる。しかし、ダイヤモンドは頭に載せるか、もしくは無駄な輝きで指の動きを邪魔することくらいにしか役に立たない。ダイヤモンドはどんな労働をも節約しないし、どんな商品の代用にもならず、極めて高価な極上のダイヤモンドでも、われわれのタンプルの石（pierres de Temple）[ビ14]［人造ダイヤモンド］と異なるところはない。ダイヤモンドは、遙か遠くの外国[ビ15]からもたらされるが、その国は交換にピアストル銀貨[6]を受け取る。ただし、われわれはダイヤモンドをわざわざ多大な費用をかけて取りに行くことはしない。ダイヤモンドは交易全般に伴うその一部であり、世界中で受け入れられる新たな流通の価値を生み出している。

ダイヤモンド鉱山を所有している君主が、近隣諸国やヨーロッパの各植民地に対して自国の国境を防衛するのに十分な数の人間を持っていない。［このとき］この君主にとってダイヤモンド鉱山は有害である。彼は鉱山で三万人を雇用し、彼らはその危険な労働のために命を縮める。兵士や農業者として用いられていればもっと有用であったろうに。

ブラジルで新たに発見されたダイヤモンドはその植民地の富を増やす以上に確実に、インド産のダイヤモンドの価値を下げるだろう。ダイヤモンドの価格は常に下落していくに違いない。なぜなら、ダイヤモンドの量は増えるばかりで減ることがないからである。砂糖や他の物産の価格は一定レベルに維持されるに違いない。なぜなら、それらの年々の消費がその生産に応じて増大するからである。

（6） ピアストル（piastres）の本来の意味は「薄い金属板」のこと、当時、スペインの八レアル銀の別称として広く用いられた。

第一〇章　輸入と輸出について

輸出とは外国への商品の輸送である。輸入とは、外国の商品の王国への輸送である。この二つの用語は上述の内容に関して回りくどい言い方を繰り返すのを避けるために必要である。

交易の一般的自由に従って、あらゆる相互的な輸送が許されるべきであろう。しかし各国は、ほとんどいつも、一時的な、あるいは見当外れの利益に導かれて、お互いに制限を設けてきた。おそらく、あらゆる輸送を無差別に許すならば、一国は、一方で失うものを他方から手に入れるであろうし、少なくとも一般的な利益が得られるであろう。すなわち、それを行うのであれ取り締まるのであれ、大勢の人々を危険な仕事に当たらせている密輸が一掃される。しかしそのためには、ヨーロッパ全体が、大抵の人々の心を占めている些細な利益と両立するのが難しい一般的な見地に立って、協力しなければならないであろう。

現在、輸出と輸入の禁止を定めた規則が何かあるとすれば、それは、製造業を機能させるのに必要な原料の輸出は何であれ禁じるというものである。こうして、イングランドでは羊毛の輸出は禁じられている。というのは、彼らはイングランド産の毛織物を輸出することにより、羊毛の対価のほかに職人の手の対価を受け取るからである。これにより、生活に必要なものを彼らにもたらす労働を通じて人口が増える。絹と羊毛の輸入はわが国にとって常に有利である。なぜなら、それらはわが国の職人の仕事の糧だからである。絹製品と羊毛製品の輸入は逆の理由で禁止されねばならない。

とはいえ、どんな場合でも一様にこの規則に従って振る舞うのは危うい。この規則には数多くの例外がある。というのは、もし受け取る商品があまり高くつかず、それを運んでくる国がわが国から他のあり余った物産を持って行くならば、この準則は間違っていることになるからである。われわれはフランスとイングランドの間のぶどう酒と毛織物の交易をその決定的な例だと考えているわけではないが、この交易を、この準則に当てはめることができる、議論に値する問題として示そう。

二国間でのぶどう酒と毛織物の交易は禁止されている。イングランド人は、気に入らないぶどう酒を入手するためにポルトガルに行くことを余儀なくされ、われわれはこのあり余った豊かな物産を大々的に輸出する機会を逃している。

こうした損失を、わが国の製造業が［保護によって］得ている利益と比較考量してみなければならないが、本書のプランから言って、これらの詳細に立ち入ることはできない。それは、そもそも最も腕のよい貿易商人が当たるのがふさわしい仕事である。

インド会社はわが国の商品のなかで、人々が手元に保持しておく必要が最もあると考えるもの、すなわちピアストル銀貨のみを輸出しており、それが、この交易に人々が反対した大きな理由である。しかし、インド会社は、亜麻布、絹、胡椒などの絶対に欠かせなくなった商品をもたらしている。これらの商品を近隣諸国から得ようとすれば、もっと大きな費用がかかるに違いなかろう。そして、インド会社はわれわれに、輸出されたピアストル銀貨を上回る大量のピアストル銀貨を戻すのに必要なものを与えてくれる。われわれはこの会社の有用性を十分に説明したが、この例を取り上げたのは、もっぱら上述の規則の例外としてである。

イングランド人の有名な航海条例、(＊1) 彼らの海運と交易が著しく発展したのはこの条例のおかげであるが、その主要な条項は輸入に関してである。航海条例は交易の自由とどのように両立するかは、次章で述べよう。本章では、この条例の第四項に触れるにとどめよう。この条項によって、外国の船に、その国の原産品やその国で製造された製造品以外の物産や商品をイングランドに持ち込むことが禁じられた。

（＊1）　航海条例はクロムウェルの時代に設けられ、チャールズ二世の治世が始まったときに廃止された。

ヨーロッパで交易が盛んになって以来、つまり新世界の発見以降、あるいはむしろオランダ共和国が設立されて以降のヨーロッパの政治的利益を研究した人であれば、この航海条令が、部分的には、オランダの交易のあまりに急速な発展を阻止するために作られたことを知っている。オランダはみずからが所有する大量の船舶によってヨーロッパ全体の運送業者になっていたのである。

この条令の最初の影響が、それが対象とする物産の価格の著しい上昇であることを予想するのは容易であった。というのは、オランダ人は自国にはいわば何も収穫物を持たないから運んでくるものは何もないし、その他の国は海運を持たないからである。それゆえこの条例に反対する者が大勢いた。

しかし、その後どうなったかを見てみよう。このような高価に駆り立てられて、貿易商人はこの非常に有利な交易に向けて船舶の建造に乗り出した。こうして、イングランドでは余っているが他国では有用なあらゆる物資が必要とする輸出や、イングランドに必要な物資の輸入が行われたが、これにより商人が手にした利益、輸送費用や船舶の建造費用がその国の利益となったのである。

以上のような優れた政治的な見識が、現代のある法学者のそれとどれほど異なっていることか。ただしこの法学者は卓越した法学によって、また彼の著作の全編に行き渡った魂と精神の廉直さによって評価の高い人物なのだが。彼はローマ法の精神に従い、交易政策に目を向けることはなかった。この法学者とはドマ[1]のことである。彼は次のように述べている。「外国との交易において、自分たちに提供される土地生産物や商品を、提供する側に輸送することを強いる人々と、それらを受け取りに、そして自国の土地生産物や商品を届けにやって来る人々とを、なお区別する必要がある。というのは、〔前者の場合〕われわれは航海と輸送の危険や費用を節約できるからである」。そして、余白にはこうある。「外国人のところに赴くよりも、外国人を招き寄せる方が有効である[*2]」。この原理が招来するものは、海運の消滅と、最も必要な交易を含めてあらゆる種類の交易における卑屈な従属であろう。われわれは、包囲された都市にいるかのように閉塞することになろう。その都市は不足している物資を求めに行くこともできず、やがて敵に許しを乞わざるをえなくなる。

（＊2）『公法論』第四巻、第一部、第七編、第三節、第七項［*Le droit public, suite des Loix public dans leur ordre naturel*, tome IV, Paris,1697, p.212］。

（1）ドマ（Jean Domat,1625–1696）法学者で、パスカルと深い親交を結んだジャンセニストでもあった。法の体系化を企図した主著の *Lois civiles dans leur ordre naturel*, 1689 は、フランスにおける最も重要な法学の成果の一つとされ、後のナポレオン法典にも多大な影響を与えた。

航海と輸送の危険と費用は常にそれを請け負った国の利益となる。政治家たちはその利益を二五パーセントにまで達するものと見積もっていた。

こうした計算に立ち入るまでもなく、商品は消費者の出費によってあらゆる費用を賄う、というのが商業の公理である。

ぶどう酒、油、リキュールを嗜むためであれ商うためであれ、それらを蛮民に運ぶことを禁じるローマ法がある。(＊3)

（＊3）〔第二〕法文「蛮民に対して」、第四三章〔勅法彙纂第四巻第四一章の誤り〕、ウァレンス（Valens）とウァレンティニアヌス（Valentiniani）〔ウァレンス（弟）とウァレンティニアヌス（兄）はともにローマ皇帝（在位三六四―三七八年）としてローマを共同統治した〕。

この法の精神は蛮民を引き寄せる恐怖であるが、そこに露呈しているものは立法者の慎慮というよりもむしろ政府の脆弱さである。征服的なローマ人は蛮民を攻撃し、彼らの原住地にまで追いかけていった。平穏を好むローマ人はすべてを恐れた。なぜなら、彼らは保存の精神も商業の精神も知らなかったからである。無知がそこで様々な事件を準備し、恐怖が事件の引き金をひいた。蛮民とローマ人との間ですでに十分な交流が行われているときに、これらの物産を送れば蛮民を引き寄せてしまうと考えるのは、なんと卑小な政治なのだろう。当然ながら、禁止措置を定めたこのような法の存在それ自体が蛮民に知られるところとなり、彼らは、その法が制定された臆病な動機を知ってますます征服欲を刺激されたのである。権力の真の原理を理解している政府のもとであれば、褒賞を与えてでも、必要品を手に入れるために余った物産の搬送が奨励されたことであろう。このとき、民衆は、税の支払いが容易になり、城砦を建設し恐るべき軍隊を維持するのに必要な財源を提供したことであろう。

蛮民はこの脆弱な帝国を攻撃した。この帝国は、必要に応じて租税を要求するほかに術を持たず、人々が租税を支払うことができるようになるためにどうすればよいかを知らなかった。軍事的な圧迫がまもなくすべての財源を枯渇させた。帝国は敵の数と勇敢さによってというよりも、むしろみずからの無能力によって打ちのめされ、帝国への攻撃を敢行したすべての民族の餌食となった。

オランダ人は、イングランド人のそれとは異なった政策によって、あらゆる種類の輸出と輸入を許可している。しかし、これらの相反する政策は同じ原理に由来しており、その原理は国の事情に規定される。オランダ人はほとんど収穫物を持たない。彼らの富は交易にあり、彼らの交易は持続的な輸出と輸入にある。彼らは北から受け取るものを南に運ぶ。彼らのインド会社の富は、彼らにドイツとバルト海の諸港が提供しうるすべてのものを手に入れさせる。彼らの船の建造には比較的費用がかからず、他の国の船よりも多く積載できる。オランダ人はより少ない乗組員で航海を行い、その乗組員はより少ない費用で扶養されている。彼らの国には農業はないに等しく、海運がすべてである。そして彼らの港は彼らの自身の船で埋め尽くされている。

このことから、オランダ人が設けるあらゆる規制は輸出と輸入を促すためであると思われがちである。しかしながら、全然そうではない。外国に運ばれることを目的としていても、オランダに入ってくるものには同じ税が課される。つまりオランダ人は「税金のかからない」保税倉庫を持たないということである。(*4) 航海に要する費用が少なくてすむため、競争相手の優位に立つことができるという事情がなければ、この唯一の管理上の欠点だけで、十分、彼らの交易を完全に破壊してしまうであろう。

（＊4） イングランド人の保税倉庫では税の一部が支払われることに注意。

保税倉庫は、その地で消費されるためではなく、外国に送られるために到着した商品が保管される倉庫である。このときフランスではこれらの商品には税がかからない。いくつかの政権の間、交易は財政の言いなりであったとはいえ、それでも、［無税の］保税倉庫は常に不可欠であると考えられた。王令による賢明な予防策にもかかわらずそれに付きものの密輸の危険を考慮しても、なおそうであった。

先の戦争が始まったとき、参戦した諸国間であらゆる交易が禁止された。しかし、一般的な必要性が、フランス人とオランダ人の間の戦時通行証によって、またそれを通じてヨーロッパの他の地域において、交易を復活させた。

しばしば最も平和的な君主をも不本意ながら巻き込む戦争の動機は重く考えねばならない。しかし敵同士、お互いに必要とし合っているのだから和解すればよい。交易を続けることによって、必要な戦争などあるものかどうか疑わせればよい、そうして、こう言ってよければ、必要な戦争は可能なかぎり小規模なものにとどめるのがよい。戦うことと戦いに負けることはいつも同じことであろう。そして［戦費をまかなうための］増税をよりよく支えるのは国内である。強制によって結ばれるのではない和平条約の諸条項において交易に関する取り決めが行われた場合、それは両国ともに有利な取り決めであるはずである。戦争中だからと言って、それらの条項を執行してはならないだろうか。交易の停止の影響を最も強く受けるのはどの国かを、どうやって予測すればよいだろうか。この点で、打撃は相互的であるという自然学の公理を適用することができる。

戦争がこの上なく有害なのは兵士の損失によってではない。一〇万人の戦死者は二〇〇〇万人に対してごく僅かである。人間の損失をもっぱらフローリン貨幣で見積もっている国さえある。しかし増税やその徴収の様々な困難――それはこの増税と交易の欠如の必然的な結果である――は、二〇〇〇万人の人間を不幸にする。そして、この不幸は戦争当事国すべてに共通のものなのである。

奢侈として容認されるべきものでも、その輸入はしばしば禁止されねばならない。若干の原料は職人の手によって著しく価値を高める。一リーブルの亜麻は二、三倍の値段の亜麻布となり、上質のレースになると一〇〇倍以上の価値を生み出す。このような価値の増加が外国で生じたものであれば、その輸入は絶対に禁止しなければならない。なぜなら、このような禁止措置がなければ、われわれの犠牲において、この仕事で養われる外国人の職人を増やすことになるからである。しかし製品がわが国で作られるならば、新たに仕事が生まれ、それが新たな住民をわが国に引き寄せ、新たな住民たちはわが国の奢侈、わが国の植民地の奢侈そして近隣諸国の奢侈さえも活気づける。(2)

---

(2) この箇所の原文は qui amuse notre luxe,…(われわれの奢侈…を喜ばせる)であるが、qui anime notre luxe,…(われわれの奢侈…を活気づける)の誤りと思われる。デール版も同じ理解である(E. Daire, *Economistes Financiers du XVIIIe siècle, Vauban, Boisguilbert, Jean Law, Melon, Dutot*, Paris,1851, p.707)。

このような違いが、輸出品であれ輸入品であれ、手工業品と土地生産物との間には常に存在するに違いない。土地生産物は持っていても受け取っても有益でありうる。というのは、それは住民を養うからである。手工業品は常に輸出に適している。そして同じ理由でそれらの輸入は、大きな代償が期待できる場合のほかは許可されてはならない。

製造品に関して、追求すべきは仕上がりの完璧さではなくて、用途に適しているかどうかである。こうして、最も美しいラシャ、この上なく上質の亜麻布が、ある国々には必ずしも最もふわしいものであるわけではない。これはすべての貿易商人が経験によって知っていることである。経験によって、彼らは、同じく輸送における誠実な仕事ぶりが交易の維持には不可欠であることを知っている。もし目の前の些細な利益に心動かされる卑劣な人物がこの誠実さを損ねるようなことがあれば、みせしめに彼を罰するよう求めるのは貿易商人全体の利益にかなっている。

誠実な貿易商人が彼の輸出するものを低価格で提供するほど、輸出は増大する。販売量が価格［の低さ］を埋め合わせるし、その国は他国との競争において有利なため、他国は少しずつこの交易から手を引き、この交易をその優位な国に任せるようになる。

個々の貿易商人にはあまり利益をもたらさない交易が、しばしば国家には大きな利益をもたらす。このことから、どのような意味で、交易は過度の富をもたらすと言われるのかが分かる。かつてわが国のアメリカ諸島に向かう船がせいぜい二五隻ないし三〇隻にすぎなかった頃、運ばれる品々や運ばれてくる品々の量はそれほど多くはなかったが、個々の貿易商人にとっては、五〇隻の船が向かう今よりも有利であった。このように、交易は資本を持ち込む貿易商人の数が増えるにつれて盛んになるが、このとき個々の貿易商人にとって利益はますます少なくなる。一方、これにより、売られる輸出品や安価で買われる輸入品の量がこれ以上ないほど増えるから、国家の利益は増大する。また一人の貿易商人に対して二万人の住民がいるから、貿易商人にとっては過度のこうした富は、国にとっては決して過度ではない。したがって、貿易商人にとって競争は不利であるという理由で、交易の独占的特権が与えられてはならない。貿易商人こそがこのことに思い至らねばならない。既に述べたように、特権は、植民地の開拓を始めるよう促す目的で、あるいは、競争が国益に反して［その建設を］損ないかねない大規模な植民地を支える目的で与えられる。

わが国のぶどう酒や小麦粉などを輸出するとき、アメリカ諸島に向けて荷物を積んだ船舶が、［それらの物資を］送り出す際にどのような種類の税も支払わないのも、同じくわが国の植民地と輸出を優遇するためである。わが国の会社の設立にあたって、国王はしばしば会社に助成金を与えた。それはインド会社の場合のように、ときに一トンあたり四〇フラン、またレヴァント会社の場合のように、ときにラシャ一巻きあたり一〇フラン、等々であった。そしてルイジアナ向けの最近の船荷において、貿易商人は一トンあたり四〇フランの助成金を受け取った。

このように、わが国にも輸出入に関する基本的準則があるのが分かる。それは、海運業の特別扱いや税の免除によってばかりか、貿易業者に死の危険をもほとんど忘れさせてしまうほどの金銭的な利益によって、輸出と輸入を促進することである。もはや問題なのは個々の物産の過剰や欠乏の状況に応じてその準則を適用することだけである。イングランド人はこの準則を常時、非常に単純なやり方で小麦に適用している。小麦が低価格のときには輸出のために助成金が支払われ、高価格のときには助成金は輸入を促すために支払われる。

第一一章　交易の自由について

自由という言葉は、宗教において数多くの論争を引き起こし、国家において数多くの混乱を引き起こしてきたが、交易においてはよく理解されていない。あまり学識のない人は、ある商品に対する課税や別の商品に対する輸出入の禁止を批判して、交易は自由でなければならず、交易を妨げることは交易を失うことであるという。われわれ自身、交易において最も重要なのは自由であると述べたし、保護よりも自由を選んだ。それゆえ、交易の自由によってわれわれが理解しているものが何か、説明する必要がある。

統治において自由とは、自分が適当だと判断したことを行なう許可を各人に与えることにあるのではなく、単に、一般的利益（le bien général）に反しないことを行う許可を与えることにあるにすぎない。同様に、交易における自由とは、貿易商人が自由にあらゆる種類の商品を送り出し受け取る許可をむやみに彼らに与えることであってはならず、単に、その輸出や輸入によって、個々の市民が、交易の定義に従って余分な品と不足する必要な品との交換を実現しうる商品を、自由に送り出し、受け取る許可を与えることでなければならない。

製造業全般に諸規制があり、検定済みの度量衡、職人を従わせ商人の邪な貪欲を防ぐ商標や印章がある。これらが作られたのはすべて市民のためである。したがって、新しい法律が交易の自由に反しているかどうかを知るためには、貿易商人または職人が新しい法律に悩まされているかどうかを吟味する必要はない。それらの法律は彼らのために作られたわけではないからである。吟味しなければならないのは、その法律の結果として、物産の持ち主の売り上げが上がったかどうか、あるいは、市民にとって必要な品々がもっと安くもっと確実に買えるようになったかどうかである。この二つの条件が満たされているならば、そのときには貿易商人や職人はいくら優遇されてもされすぎることはないし、あらゆる事業においていくら便宜を得ても得すぎることはないであろう。こうした考えに基づいて、自由と拘束に関する様々な例を一瞥しておこう。

イングランド人の航海条例は、一般的な禁止措置によってであれ、それがあらゆる外国貿易に求める諸手続きによってであれ、拘束の最たるものを表している。外国の船に、その国の原産品やその国で製造された製造品以外の商品をイングランドに持ち込む自由を認めないばかりか、イングランド船にも、ジブラルタル海峡経由で行く地中海の港以外のところにレヴァントの商品を取りに行くこと、喜望峰経由［以外で］でインドの商品を取りに行くこと、カナリア諸島とアゾレス諸島の商品をスペインやポルトガルの港に取りに行くことを許していない。しかしながら、既に述べたように、(＊1) イングランド人の大規模な海運と交易の多大な富はこの条例のおかげなのである。したがって自由の真の定義に従えば、航海条例は何ら自由に反するものではない。

（＊1）　輸出の章。

商船に乗っている水夫の徴用を認める法案についても同じわけにはいかない。この法案は交易の自由に抵触し、有利な事業を停止させ、みずからの計画の実行に十分な乗組員を保有しているかどうかに確信が持てない貿易商人の意気を挫く可能性がある。国の法は日常の規則の上位に位置し、その法が合法的権力に由来するとき、それは常に正当であることは真実である。しかし賢明な政治によって個々の不正を防がねばならない。われわれが次に明らかにしようとするのも、このことである。

社会の安寧と豊かさをもたらすのは法と治政であるが、すべての人間には、社会のために務める一般的な義務がある。畑を耕し、税の負担分を支払うことは、こうした一次的な義務を果たすことである。そして自分で選んだ職業にかかわる個別的な義務がある。国はその義務の履行を自分の意志でその職業を選んだ人々に任せておくが、〔場合によっては〕国はこうした個別的な義務を果たすよう求めることができる。というのは、もし自分の意志でこの職業に就く人の数が十分でなかったならば、抽選によってか、あるいは配分的正義に最も適った何か別の方法で、公的な必要を満たすのに必要なだけの人々をその職業に就かせることができるからである。これらの一般的かつ個別的な義務を超えた要求は、国家の必要がそれを許さないのであれば、不正である。なぜなら国家の必要が許容するときには、すべてが正当となるからである。

これらの原則がイングランド人の水夫に適用される。彼らは、水夫という職業を選んだとき国に奉仕するいかなる個別的な契約をも結んではいなかったのに、〔海軍への徴用によって〕無理やりそれを強いられている。賢明な立法ならば、各々の水夫が一定の状況の下で順番に任務に就くよう要求するであろう。このとき、水夫たちは他のすべての水夫と平等に負担を分かち合うことになろう。このようにして、フランスでは水夫は同じように扱われ、個々人の公平さが損なわれることもなく、必要な労役を進んで海軍に提供するのである。

人民の救済が最高の法でなければならない（Salus populi sprima Lex esto）。これはすべての政府の基本的な準則であるが、すべての政府がこの準則を濫用してきた。政府は無知や情念を覆い隠すためにこの準則を利用した。ここから、陰謀、粛清、公的誓約の違反が生じた。何もかも破壊してしまうこの恐るべき法に訴える前に、他に方策はないという明白な道徳〔的根拠〕が必要である。この準則の無分別な、もしくは誤った適用によって引き起こされた数々の不幸の歴史は、非常に興味深くまたためになる歴史であろう。交易に付随する財政分野でこの準則のそのような適用が断行された。もっと容易でもっと有利なやり方が他にいくらでもあったのに、そうはされなかったのである。自由に戻ろう。

独占会社の場合に、損をする可能性が利益を手にする可能性の二倍に及ぶとき、賭けをする自由を子供〔独占会社〕から取り上げるのは家族の父親〔立法者〕の役目である。われわれは（第六章で）、株を通じて各人がかかわりを持つ大規模な交易において、国は会社の力からどれほど大きな利益を得ることができるか、十分に論じた。

植民地の建設や政府の請負事業のための特権は、事業に対してはしばしば必要である。しかし、その特権が人のために与えられるのなら、それは常に耐え難いものとなる。なぜなら、この不当な特別扱いは、民衆の犠牲において個人を豊かにするからである。民衆は選択の余地を持たず、また職人の間で競争心が消え失せるとき、いつも不利益を被るのである。もし酢を販売する独占的特権がジャックに与えられるなら、ジャックはたちまち豊かになる。しかし民衆はジャックの富裕に怒りを覚えるであろう。それによって国が利益を得るわけでもなく、その分、自分たちの損失になるからである。

もしも交易の自由に反して与えられている特権があるならば、その詳細を知っているに違いない貿易商人は、それに対して謹んで意見具申しなければならない。大臣がときに意外に思うことは十分にありうるし、大臣がもっぱら公共の利益のために与えていると思っているものが、個人の利益のために与えられているといったこともありうることなのである。

運河、開墾、干拓の請負事業において、金持ちが支出した資金は貧しい労働者の稼ぎとなる。そして大衆は、大抵の場合、遅かれ早かれこれらの支出によって利益を得る。もっとも、心配なことや期待できることを精査する必要があった最初の業者は、しばしばこうした事業への支出を断念したのであったが。このような事業計画に与えられる特権は交易に有利である。われわれの見方を正当化するために、昔の歴史的事実や外国の事例を探す必要はないであろう。ラングドックの運河建設を請け負おうという熱意は、まさしくこの大工事がもたらす利益にも比肩しうる。それは目の前で進行中であり、日々、われわれはその有益な効果を実感しているだけに、なおのこと胸に迫る事例である。

タバコの栽培や販売の自由を奪えば、二つの面で影響がでる。交易と財政である。まず交易が、わが国が近隣諸国から得ている一万キンタル［一〇〇〇トン］の国内産のタバコの消費を失う。これは一見すれば不利なようであるが、しかし、良き政治はこのような外見には囚われない。ルイジアナ植民地の重要性を理解するためにはアメリカにおけるわが国の利益に関して、ちょっとした知識があれば十分である。この植民地はまだ始まったばかりであり、他の生産物ほど生育が遅くないタバコの栽培によってしか成長できない。したがって収穫の増大に応じて、栽培者が収穫物の確実な販売先を見いだすことが必要なのである。ところで、一万キンタルのタバコすなわち数年で約一〇万エキュ［の収入］は、麻のような他の重要な作物によっても埋め合わせることができる、［それなのに］タバコと、この植民地の維持とを天秤にかける必要があるだろうか。この植民地は、われわれがそのタバコをすべて消費することによって、やがてこの上なく豊かな植民地の富を提供してくれるに違いない。

ギュイエンヌとラングドックのいくつかの教区に無償で付与されていたタバコ栽培の特権が取り消された。かつてその特権が付与されたのは教区のためではなく、［たばこ税の］徴税請負制の徴税管理をいっそう容易にするためであった。王国全体に一般的な許可を与えることと、［自分たちに］与えられていた許可が取り消されることとは、どちらの場合であれ不平をいう資格のない特権保持者にとっては同じことであった。

タバコの専売はタバコ税の徴収に不可欠である。この税の負担はきわめて小さい。今でもなお徴税管理の厳正さを欠いているため、密輸業者を一掃することが物乞いを一掃するのに劣らず重要となっている。国家の秩序への絶えざる不服従によって報酬が得られるような職業があってもよいものだろうか。これらの密輸業者は彼らから買う人がいるという意味でどこにでも共犯者を見いだすことができるが、そのようなことがあってよいものか。それは贋金を使っても罰を逃れることである。その結果どうなるかを考えてみよう。この［タバコの専売の］請負契約は八〇〇万［リーブル］をもたらすが、おそらく密輸業者が四〇〇万を奪い取ってしまうから、この請負契約はその分だけ高くつくことになる。［タバコ税が高くなるため］別の税［からの収入］が減少するであろう。このような事態が塩やインド更紗などの密輸にまで広がれば、タイユ税とカピタシオン［からの収入］は減少するであろう。つまり、農業者や職人たちは、［塩やインド更紗などの税が高くなって］タイユやカピタシオンを以前ほど払えなくなってしまうのである。

われわれが徴税管理の厳正さや、密輸業者やその共犯者の処罰について述べているのは、現在の徴税管理に対してである。それというのも、今後は、こうしたあらゆる濫用を免れうる方法で税を定め、あるいは徴収することがおそらく可能だからである。

印刷されたものであれ手稿のものであれ、多くの意見書が国内の税関事務所(*2)を批判する声をあげているのだから、われわれにもこれについて述べることが許されよう。財政のこの部門は交易の自由にとってきわめて重要である。

(＊2)　賃貸契約に関する王令を見よ。

わが国の国王がラングドック、ギュイエンヌ、ブルターニュなどを所有する以前は、それらの国境に出入国税を徴収するための税関事務所があった。これらの地方が王国に統合されてから長い時を経たにもかかわらず、事務所はまだ存続している。それらは、財政用語で、「外国と見なされる地方(*3)」と呼ばれる。したがって、これらの地方を出てフランスの別の地方に入る物資、もしくはフランスのある地方を出てこれらの地方に入る物資は出入国税を払うことになる。

(＊3)　これらの地方の呼び名に関する王令を見よ。

わが国の国内商業の可能性はきわめて大きく、わが国の物産が過剰に豊富であるという事情がなければ外国をほとんど必要としないほどである。しかし、この国内商業は、ある地方から別の地方への輸送の自由を妨げる税関事務所のせいで絶えず損なわれている(*4)。運送業者や旅行者でさえも税関での申告や検査を義務づけられるが、これは不注意や無知という過ちが横領同然に罰せられるだけに厄介なものである。これらの事務所の収益はあまり大きくないから、出入国を管理する本来の税関で支払われる税を少し上げるだけで、埋め合わすことができよう。

（＊4）　システムの章［第二五章］を見よ。

ヨーロッパには数多くの貿易会社（＊5）が存在しており、それらは、みずから定めた諸規制や当局によって認可された諸規制に従っている。各人はこれらの定められた法の下で商取引を行うことを許される。これが自由の真実の姿である。というのは、［人々の活動を］制約するものは全体としてみれば、結果的にその制約に従う個々人のまさしく利益となるからである。こうして、人間社会一般に見られる制約が社会の成員各々によって十分に了解された有用性を目的とするとき、それは決して専横ではないのである。

（＊5）［サヴァリの］『商業辞典』でこれらの会社の詳細を知ることができよう。

第一二章　貨幣の法定価値について[1]

金銀は[*1]、一般的約定により、人間の利用に供されるすべてのものの担保であり、等価物であり、共通の尺度である。それらの実質価値はその重量と純分にあり、この重量と純分は公権力の刻印によって保証されている。したがって、ルイ金貨の国王の像は、あらゆる国でこの金貨の金の割合［重量］は一マルクの三〇分の一であり[*2]、その純分[*3]は二二カラットであることを示している[*4]。

（＊1）　貨幣がいつ始まったか、その時期はよく分かっていない。それは政治家よりもむしろ考古学者の関心事である。

（＊2）　一一〇〇年頃、フランスでは、一二オンスを一リーブルとしたローマの重量［単位］で金銀の重さを量ることをやめ、八オンスを一マルクで表すことを始めた、それは一リーブル・ゴロワーズ［ガリアのリーブル］の半分であった。このやり方は間断なく続いた。したがって、われわれが現在リーブルと呼んでいるものは、オンス［の重量］が同じだとして、シャルルマーニュ［の時代］のリーブルより四分の一だけ重量が多く、そしてわれわれのマルクは三分の一だけ重量が少ない。ル・ブランは［『フランス貨幣史論』の］「序説」の「法定通貨」の章において、次のよ

（1）　法定価値（Valeurs numéraires）は名目価値（valeur nominal）と同義である。

うに述べている、「通貨に関して、一二ドゥニエに等しいソルは第一王朝〔メロヴィング朝〕の末期には既に使用されていた、と私が述べたことを思い起こすことができる。一二ドゥニエで一ソル、二〇ソルで一リーブルという計算単位としてのリーブルが使用され始めたのはシャルルマーニュの治世下であった。このことをよく理解するためには、わが国王の第一王朝と第二王朝〔カロリング朝〕の時代には、一マルクを八オンスとする重量単位ではなく、一リーブルを一二オンスとするローマのリーブルが用いられたことを知っておく必要がある」〔Le Blanc, *Traité Historique des Monnoies de France, depuis le commencement de la Monarchie jusques à present*, Paris,1690, p.22〕。そして二四ページでは、「シャルルマーニュからフィリップ一世までの間、二〇ソルは依然として一リーブルあるいは一二オンスの重量を表していた」とある。

〔訳注：この注の内容は初版では若干異なっている、以下の通り。「一一〇〇年頃、フランスでは、一二オンスを一リーブルとしたローマの重量〔単位〕で金銀の重さを量ることをやめ、八オンスを一マルクで表すことを始めた、それはわれわれの重量単位としてのリーブルの半分であった。このやり方はその後、間断なく続いた。ソルやドゥニエによって名目上の計算が行われた。シャルルマーニュの時代に用いられたリーブル・ゴロワーズについては、ル・ブラン〔Le Blanc, *op.cit.*〕をみよ。この著者は矛盾している。というのは、彼は次のように述べているからである。「序説」の「法定通貨」の章の二二ページでは、「わが国王の第一王朝と第二王朝の時代には、一マルクを八オンスとする重量単位ではなく、一リーブルを一二オンスとする

ローマのリーブルが用いられた……」、二四ページでは「シャルルマーニュからフィリップ一世〔第三王朝のカペー朝、在位は一〇六〇―一一〇八年〕までの間、二〇ソルは依然として一リーブルあるいは一二オンスの重量を表していた」、〔しかし〕その次のページでは、「フィリップ一世の治世の間、一二オンスを一リーブルとするのをやめて、重量が八オンスしかないマルクの重量単位を採用したことに注目しなければならない、私が一五九ページで明らかにした通りである」、そしてそのページでは、「フランスにおいてこの治世より前に〔マルクの重量単位を用いた〕このような例を求めるべきではない」と述べられている。フィリップ一世の息子〔ママ〕のルイ若王〔Louis le Jeune、ルイ七世、フィリップ一世の孫〕の治世下ではマルクの重量単位が用いられ、アンリ一世〔在位一〇三一―一〇六〇年、フィリップ一世の父王〕の下ではリーブルの重量単位が用いられたことが、同じ箇所で明らかにされている」。ル・ブラン（François Le Blanc,?-1698）はフランスの古銭学者で、ムロンが取り上げている『フランス貨幣史論』の著者としてよく知られているが、彼自身の生涯に関しては不明の部分が多く、ドーフィネの貴族であったことなど一部が知られているにすぎない。」

（＊3）純分（Titre）は合金の度合いを表す。

（＊4）幾何学者が好んで円を三六〇の部分に分割したように、精錬工は、金を質の良さあるいは合金〔の度合い〕を印すカラットと呼ばれる二四の部分に分割した。何も合金されなかった金は二四カラットであり、〔二四の部分のうち〕二つの部分が、あるいは二四分の二が合金された金は二二カラットである、今日の金［貨］の純分がそれである。精錬工は同じく銀をドゥニエと呼ばれる一二の部分に分割した。そしてその質の良さを表すのに同じやり方が行われ、一二分の一だけ合金された銀は純度が一一ドゥニエである、わが国のエキュ銀貨の純分あるいは品位がそれである。純度が六ドゥニエ以下の銀はビヨン貨［低品位の銀貨のちには銅貨］と呼ばれる、われわれのソルの素材はこれである。重量であれ、純分であれヨーロッパ全体がわが国の通貨の正直さを正当に評価している。ル・ブラン［Le Blanc, *op.cit.*］によって、君主政が始まって以来の個々の通貨の様々な名称や刻印、さらに製造技術の進歩について、そしてボワザール［Jean Boizard, *Traité des Monnayes, de leurs circonstances & dépendances*, Paris, 1692］によって［貨幣鋳造の］技術的な詳細を知ることができよう。

この［国王］像はとくにフランス人に対して、このルイ金貨が、今では、契約の結果として彼らが行うあらゆる支払いにおいて、二四リーブルないし二四フランの通貨の呼称を得ていることを示している。なぜなら、重量と純分にかかわる実体貨幣のほかに、われわれにはリーブル、ソル、ドゥニエという法定上［名目上］の計算貨幣があるからである。われわれが契約を結ぶ際に用いることができるのは、この法定上の計算貨幣だけである。(＊5) この計算貨幣は、シャルルマーニュの治世下(＊6)で始まったと考えられているが、しかしこの計算は、当時は実質的であると同時に名目的でもあった。すなわち、一リーブルと呼ばれる貨幣には［実際に］一リーブルの重量があった。それは現在までに、ソルと呼ばれる二〇個の断片に分割され、ソルはそれぞれ一二の実在のドゥニエに分割された。銀についてはそれですべてである。

（＊5）　次の注を見よ。

（＊6）　ル・ブランの『フランス貨幣史論』の」「シャルルマーニュの治世」と「序説」の第四章を見よ。

その後、リーブルに対してどのような貶質（affaiblissement）[ビ1]あるいは合金が行われようとも、常に、リーブルの呼称は維持された。リーブルの呼称はヨーロッパの各国で採用されることさえあった。イングランド人はリーブル、ソル、ドゥニエ・スターリング[ビ2]によって計算し、オランダ人はリーブル、ソル、ドゥニエ・ドゥ・グロ[ビ3]によって計算するが、これらのリーブルにはその呼称以外になんの共通点もない。一リーブル・スターリング［一ポンド］はわが国のほぼ二四リーブルに相当し、一リーブル・ド・グロは、一二リーブルに相当する。

金の価格と銀の価格との比率は、ヨーロッパでは実に多様であった[ビ4]。その比率は商業国が行う一般的評価の結果であり、そしてこの評価は、規模の大小は問わず、これら二つの金属の一方を産する鉱山がどれほど豊富に存在しているかによって決まる。一一〇〇年には、金銀の比価は一対一〇であった。すなわち一マルクの金と交換に一〇マルクの銀が受け取られた。銀は次第に豊富となったから、差はどんどん大きくなった。金銀の比価は今ではヨーロッパのすべての国で、一に対して一四と一五の間となっている。フランスではおよそ一対一四・五である。ついでに、シナではこの比価は今でも一対一〇であることを述べておこう。

わが国で初めて貨幣の改鋳が行われた時期として知られているのは、フィリップ一世の治世下である[＊7]。その時代にドゥニエは三分の一だけ銅と合金された。ドゥニエは常にソルの一二分の一、ソルはリーブルの二〇分の一をなしたから、当時のリーブルは、シャルルマーニュの時代のリーブルと比べて、三分の一の内在的な［価値の］相違があった。約百年後の聖王ルイの時代には、[ビ5]［シャルルマーニュの時代のリーブルと比べて内在価値の］相違は四分の三であった。[ビ6] このことは大いに注目に値する。その後、貨幣の貶質がより大規模に行われるようになったとき、人々は聖王ルイの時代のような強い貨幣を求めただけになおさらである。

（＊7）ル・ブランの同じ箇所を見よ。

以上により、一マルク銀に二七リーブルのいわゆる内在価値を与える人々は、どれほど大きな間違いを犯しているかが分かる。彼らは、内在価値と、コルベール氏が政権を担っていた当時の貨幣の法定価値とを混同しているのである。リシュリュー卿の時代、聖王ルイの時代、あるいは誰かほかの国王の時代ではなく、とくにこのコルベール氏の時代を取り上げることについて、彼らがコルベール氏の政権を評価するから、あるいはむしろ［その当時］銀は比較的長くその価格［二七リーブル］にとどまったから、というのであれば道理がある。というのは、それ以前の二つの治世に遡ってみるだけで、一六一〇年に一マルク銀は二〇フラン、リシュリュー卿が政権を担っていたとき［一マルク銀は］一六三六年には二三フラン、一六四一年には二六リーブル一〇ソルであったことが分かるからである。このように、貨幣には手を触れないことを基本方針としたと言われるリシュリュー卿は、［実際には］貨幣［の名目価値］を著しく高めたのである。ル・ブランはルイ一三世の治世について話すとき、次のように述べている。「貨幣の［名目価値］の引き上げの害悪は、この治世下において以前の治世下よりもずっと大きかった。なぜなら二六年のうちにエキュ金貨の[ビ7]価格[＊8]は三九ソルも上がったからである」[2]。マザラン卿は貨幣の法定価値の引き上げは行わなかった。コルベール氏は[3]［一マルク銀を］二七フランに固定しようと望んだように思われる。当時の国王の負債は現在よりも三分の一以上も少なかったのである。

（＊8）　エキュ金貨は一五七七年には六〇ソルにすぎなかった。

貨幣の改変（variation）が行われるとき、重量や純分とは関係なく、法定の、あるいは計算上のリーブルで行われる契約は何か不正な企みを生じさせることは否定できない。それは自明のことではあるが、本書の後の方の理解のために、その一例を述べておかなければならない。

一マルク銀を五〇フラン、金をそれに応じて、つまり金一マルクは三〇個に裁断されるから、ルイ金貨を法定価値で二四リーブルと考えよう。

ピエールがジャックから一〇〇ルイ金貨を借りるとき、彼は法定価値で二四〇〇リーブルだけジャックの債務者となろう。もし翌日、国王が一マルクの［重量の金の］価格を六分の一だけ減らし、したがってルイ金貨［の法定価値］を二〇リーブルに引き下げたとすれば、ピエールはジャックに対して、彼が受け取ったのと同じ重量と純分の一二〇ルイ金貨を与えることによってしか債務を弁済することができないであろう。同じく［貨幣の法定価値の］引き上げが行われるときには、ジャックは、上の仮定では儲ける額を今度は損をすることになろう。なぜなら、そのときピエールは、彼が受け取ったのと同じ重量と純分のルイ金貨を、前

（2）　Le Blanc, *op.cit.*, p.376.

（3）　初版では「コルベール氏は……」以下の文章が欠落している（原文で四行分）。

よりも少ない額だけ渡して弁済することができるからである。

［貨幣の法定価値の］引き下げ（les diminitions）は債権者に有利であり、引き上げ（les augmentations）は債務者に有利である。国家に関する他の事情がすべて等しいとすれば、有利を受けるべきは債務者である。われわれはこの準則[4]を敷衍する機会を持つであろう。わが国王の何人かは、貨幣の法定価値を引き下げるときには、債務者が被る損害を考慮した。フィリップ・ル・ベルやフィリップ・ド・ヴァロアなどの様々な王令にその例をみることができる。ル・ブランの『貨幣論』［『フランス貨幣史論』］をみよ。

（4）ムロンは債務者保護を従うべき準則とし、その立場から、やむを得ざる事情がある場合に行われる貨幣の法定価値の引き上げは、その引き下げに比べれば有効であると考えている。ムロンのいうこの準則に異論を唱えたのがデュト（Dutot, *Réflexions politiques sur les finances et le commerce*, 1738）であり、デュトを批判してムロンを擁護したのが、パリス・デュヴェルネ（Paris-Duverney, *Examen du livre intitulé Réflexions politiques sur les finances et le commece*, 1740）であった。ムロンのこの『商業についての政治的試論』の出版を機に、おもにこの三者の間で、後に「貨幣論争」と呼ばれる論争が生じるが、その論点の一つが、この債務者保護あるいは法定価値の引き上げをめぐる問題であった。ただし論点は信用創造の問題など多岐にわたり、三者の主張の異同についても簡単な整理を許さない。なお、デュトは*Réflexions*の第一章で、ムロンの*Essai*初版の一〇章から一七章（増補改訂版では一二章から二〇章までにあたる、ただし改訂版で追加された一九章を除く）までを逐一取り上げて論評を加えている。

第一三章　貨幣の釣り合いについて

歴史家は、とくに貨幣に関する著述をものした歴史家でさえ、ほとんどいつも（少なくともその立論において）、法定価値の引き上げと、各種の貨幣の間の不釣り合い、あるいは鋳造の際にわが国王によって徴収される過度の貨幣鋳造税(*1)とを混同している。［不釣り合いと過度の鋳造税は］どちらも実に有害であって、そのことを明らかにしておくことが重要である。

（＊1）貨幣鋳造税はわが国王が貨幣に対して徴収する税である。フィリップ・ド・ヴァロアは一三二九年の鋳造に際してこの税を徴収しなかったが、そのようなことは彼が初めてであった。「われらの主たる神への畏敬と、われらの人民の福利のためにわれらが行った合意は、前述の［貨幣の］製造からわれらはいかなる利益をも手に入れない、ということである」。一三三二年に彼が出した王令も同じ内容である［さらに次の点が付け加わっている］、「ただし、貨幣の鋳造にかかった費用は別である」［Le Blanc, *op.cit.*, p.249］。これは混合・製造料と呼ばれる。ルイ一四世やルイ一五世はこうした例をかつてまねたことがある(1)。

われわれは常に一マルク銀を五〇フランと考えよう。同様に、端数が出るのを避けるために、一マルク銀が一〇個に裁断されるエキュ銀貨はそれぞれ一〇〇ソルだと考えよう。これらのエキュ銀貨は、同じ純分、それぞれに応じた重量で、二分の一、四分の一に細分される。したがって一〇個のエキュ銀貨、二〇個の半エキュ銀貨、四〇個の四分の一エキュ銀貨を持つ人は、重量と純分において同じ価値を所持していることになる。どのエキュ銀貨で支払いを受けようとも、常に無差別である。貨幣の正確な比率と呼ばれるものが、これである。金貨と銅貨[ビ1]に関しても同じである。

国家の必要に際して、ある無思慮な大臣が収税請負人（Traitants）に、ある金額だけ、エキュ銀貨よりも半分だけ純度が落ちるが、しかし四分の一エキュの法定価値を持つ四分の一エキュ銀貨の鋳造を許可するとき、その結果、四つの四分の一エキュ銀貨で一エキュの価値を支払うことになる。この四分の一エキュ銀貨で行われる支払いはエキュ銀貨で行われる支払いの半分の銀しか含まないことは明らかである。巧妙な貿易商人や外国人は支払いを四分の一エキュ銀貨で行い、エキュ銀貨で受け取ろうとするであろう。そして彼ら

（1）ビンドンはこのムロンの原注のあとに次のような注を付けている。「注：イングランドの国王は、以前はこうした貨幣鋳造税の権利を持っていた。すなわち彼らは貨幣の鋳造によって利益を得ていた。しかし貨幣の鋳造を奨励するために定められたチャールズ二世第一八年制定法第五章によって、ワイン、ビネガー、シードル、そしてビール一タン［通例、二五二ワインガロン］あたり一〇シリング、ブランデー、輸入される強い蒸留酒一タンあたり二〇シリングの税を、鋳造費用を賄うのに充当することが認められた。そして金や銀を造幣局に持ち込む者はだれでも、試金や鋳造の際の減損や鋳造のロスなどもなく、その純度に従って同じ重量のイングランドの鋳貨を手に入れる。この制定法は一時的なものであったが、しかしその後、いくつかの法があとを継いだ。そして大蔵省に、イングランドとスコットランドの造幣局の費用を賄うのに必要なだけの貨幣を、前払い金や分割払いのやり方で調達することのできる権限が与えられている。その額は、鋳造税［持ち込んだ地金を鋳造してもらうときに支払う税］を合わせて、毎年、一五〇〇〇ポンドを超えることはない」。

は受け取ったエキュ銀貨を四分の一エキュ銀貨に鋳直し、半分の利益を手に入れるであろう。国王への支払いはもはや四分の一エキュ銀貨でしか行われないであろう。国王がこの鋳造によって手に入れるはずであった利益は、彼の損失、そして国家の損失へと転じ、外国人の有利となるだろう。

　幾人かのわが国王は、危急の必要に迫られて、このようなお粗末な策に訴えた。フィリップ・ド・ヴァロア〔フィリップ六世、在位一三二八―一三五〇年〕(*2)やジャン王〔ジャン二世、在位一三五〇―一三六四年〕は、造幣局(ビ2)の長官に対して、名誉にかけて、また〔明らかにすれば〕処罰の苦痛を被ることになると脅しつつ、その秘密を守るように忠告した。しかし彼らは間もなくこの貨幣――それは偽金と呼ぶべきもので、悪貨とも呼べない――の流通を禁止せざるを得なくなった。

（＊2）　フィリップは一三五〇年の王令のなかで、デュブル・トゥルノア貨（doubles Tournois）〔低品位の銀や銅で作られる二ドゥニエの価値を持った少額貨幣〕について造幣局の役人たちに次のように命じている、「商人たちに合金をさせること、……そして裁断工や他の役人にこの事実を明かすことを禁じ、秘密を守らせ、聖なる福音書に誓わせること」〔Le Blanc, *op.cit.*, p.251〕。彼らが宣誓を偽らざるをえないとすれば、道徳上の問題が生じないであろうか。ジャン王はこの点に関して命令書に次のことを付け加えた、「お前たちが国王に行う宣誓に基づいて、できるかぎり、このことを秘密にするように。もしお前たちを通じてこの秘密が明らかとなれば、他のすべての者にとって見せしめとなるような仕方で罰せられるであろう」〔Le Blanc, *op.cit.*, p.259〕。さらに別の箇所では、「このことを秘密にするように。もし誰かがブラン貨（les blancs）〔少額貨幣、法定では四ドゥニエ一二グランの重量〕は法定でどれほどかと尋ねたら、六ドゥニエだと偽って答えよ。……お前たちを通じて彼らが法定の内容を知ることのないように、自分の名誉にかけて十分に注意せよ」［*ibid.*］。ジャン王のこのような正直さからみて、この君主が貨幣について持っている僅かな知識に彼の大臣がつけ込んだものと推量される。

そうした尋常ならざる例を一六七四年にみることができる。コルベール氏が大臣であったときである。フランスの財政に秩序をもたらしたこの偉大な大臣が、一体どのようにしてこのような間違いを犯すことができたのか、理解に苦しむところである。

それは四ソル貨の鋳造の際に行われた。四ソル貨とエキュ銀貨――四ソル貨もエキュ銀貨の一種であったが――の違いは、四ソル貨は五分の一だけ合金されていたことである。したがってこの貨幣で支払われた人は、エキュ銀貨で受け取る場合よりも、五分の一少ない銀の重量を受け取ることになった。

貿易商人の建言は無駄であった。〔銀の重量が五分の一少ない四ソル貨の鋳造の〕契約が結ばれた。しかし、間もなくその契約を撤回し、この偽金を廃止せざるを得なくなったのである。

貨幣鋳造税は常に国王に帰属したが(*3)、その徴収が多すぎて〔鋳造業者が含有量を減らし〕、古い貨幣あるいは金〔銀〕塊と新しい貨幣との間で不釣り合いが生じ、外国人が鋳直しによって莫大な利益を手に入れるようなことになれば、国家に有害であろう。そのとき外国人は古い貨幣を買って、自分の国で鋳直した新しい貨幣を支払うからである。このことが、先の戦争の間に国家に損失を与えた。特別買上(2)も同様の損失を国家に与えたが、しかしこれによって有利を得たのは、ほとんどいつもフランス人自身であった。

（＊3）　フィリップ・ド・ヴァロアは、一三四六年の王令で次のように述べている。「わが王国の一切の事柄について、すなわち仕事、気質、身分、食料、そしてわれらの王国とわが臣民の福利と利益のために適切であると思われる価格で通用性を与えるところの貨幣に関する王令の一切、これらは、われらとわれらが国王陛下にのみ帰属するものであることを疑いうる、あるいは疑うべきであるなどと信じることも考えることもできない」。ル・ブランを見よ［Le Blanc, *op.cit.*, p.251］。

われわれは一般に、貨幣の貶質に対する民衆の不満はこの際に生じる不釣り合い、あるいは過度に重い貨幣鋳造税に対してであり、法定価値の引き上げに対してではないと言うことができる。このことはフィリップ端麗王の治世の検討を通じて明らかとなろう。

（2）　特別買上（surachats）　貴金属を相場以上の価格で買い入れること、貨幣の国外流出を阻止するためにしばしば用いられた手段であった。「特別買上」と訳した。

第一四章　フィリップ端麗王[1]に対する反乱について

リュクルゴスは自国から富や奢侈をより確実に追い出すために、金と銀を自国から排除し、その代わりに鉄の貨幣を用いようと考えた。鉄の貨幣ならば価値が小さすぎて、誰も自分の家に、一ヶ月を暮らすのに必要なものを手に入れるための貨幣を所持することはできなかった。リュクルゴスは交換の別の担保あるいは貨幣に代わるものがあり得るとは考えもしなかったのである。彼は国民を貧困に陥れ、国民に、最も禁欲的な回教徒も同然の暮らしをさせる秘訣を見いだしたのである。スパルタ人は禁欲的な回教徒に非常によく似ていたと言えよう、ただし、スパルタ人は貧しい上に、戦争で疲弊していたのであるが。

新たな立法者たちが、最良の原理に基づき、代理物によって金銀を増やした。なぜなら、彼らには必要な担保の数量や交換の迅速さが依然として十分ではないように思えたからである。このようなより賢明な政策が、数世紀来、それを用いた諸国の自由を維持し、それら諸国の力と豊富を維持している。

フィリップ端麗王がこの種の代理物を知っていたなら、おそらくそれを利用したであろうし、それればかり

(1)　フィリップ端麗王（Philippe le bel）フィリップ四世のこと、在位は一二八五―一三一四年。官僚制度の強化や徴税の全国一元管理に努めるなど封建国家から絶対王政への移行を準備した。財政上の理由から、新貨幣の発行や貨幣価値の変更を繰り返したため、安定した良貨への回帰を求める大衆の暴動を招いた。

か濫用したことであろう。同じく彼は鉄の貨幣を、リュクルゴスの場合よりはもっと合理的なやり方で、利用できるものなら利用したいと望んだはずである。フィリップはうち続く戦争を維持するのに、貨幣鋳造税の方策しか持たなかった。彼は法外な税を徴収したから、［含有量の］割合は守られず、純分はあまり確実ではなかった。というのも、彼は収税請負人に税の徴収を請け負わせ、彼らはその業務を濫用したからである。このことが商業と国家に絶えざる混乱を招き、偽金作りの仕事を助長し、彼らに口実を与えた。国王は彼らに対する破門状を手に入れたが、彼らは破門状など意に介さなかった。

国王は、人々の不満あるいはむしろ抗議の声によって、聖王ルイの時代のように強い貨幣[ビ1]への改鋳を余儀なくされた。すなわち、新たな貨幣の法定価値は三分の二だけ少なくなった。こうしたやり方は二つの点で不用意であり、そのために、以前に生じたあらゆる混乱を上回る混乱が引き起こされるはずであったし、実際にそうなった。第一に、このような法定価値の引き下げは、債務者を破産させ、彼らに永久に債務の返済をできなくしてしまったからである。第二に、国王は、新しい貨幣と［価値が］三分の二だけ不釣り合いの旧来の弱い貨幣［の流通を］禁じなかったからである。われわれは、これに関する歴史家の報告のなかに証拠を見いだすことができよう。さらには、歴史家はこうした問題を十分には敷衍してこなかったことが分かるであろう。スポンドとデュムランの行文を逐語訳で次に紹介しよう[2]。

「国王は一一年にわたって流通していた弱い貨幣を、聖王ルイの時代にそうであったように、強い貨幣に変えた。これにより民衆の大規模な反乱が発生した。というのは、それ以降、一切の支払いはこの強い貨幣で行わねばならなくなったが、それは人民に多大な損害を与えたからである。パリの市民たちは国王などに反抗すべく立ち上がった」。デュムランは次のように付け加えている。「〔鉾先は〕エチエンヌ・バルベット[3]に向けられ、人々は彼の家や美しい庭を破壊した、なぜなら、他の誰よりも金持ちであったこの極悪人は、地代や賃料を支払わねばならない貧しい人々に内在価値どおりの強い貨幣での支払いを強いるべく、こうした意見を述べていたからである」。

　これらの二つの行文を心にとめておくことがとても重要である。なぜなら、それらは、貨幣の「名目価値の」引き上げに向けられるほとんどすべての不満に対する応答になっているからである。またこれにより当時、人々の頭のなかでは、一マルク銀のいわゆる内在価値は、聖王ルイの時代の価値と同じ、約五四ソルであったことが分かる。

（2）Henri de Sponde（1568–1643）とCharles Dumoulin（1500–1566）のことだと思われる。スポンドはカソリックの司教。デュムランはパリ生まれの法学者で、同時代人からは当代随一の法学者とみなされたが、他方でパリの諸慣行などに関する解説的な記録を残した（一六八一年にパリで著作集全五巻が出版された）。以下の行文は、Le Blanc, *op.cit.*, pp.218–219に載っているラテン語の原文をムロンがフランス語に訳したものである。

（3）エチエンヌ・バルベット（Etienne Barbette）当時の有力なパリ市民で、パリ市の貨幣と道路管理の責任者であった（一二九八年から一三〇四年までパリ市長）。一三〇六年にフィリップ四世はここにあるような貨幣の実質価値の引き上げ（法定価値の引き下げ）を断行したが、これによって生じた家賃の高騰に怒ったパリ市民は、抗議のために国王がいた教会に押しかけた。その一部が、国王の助言者とみなされたバルベットの屋敷を襲い、焼き討ちにした。

ル・ブランは以上の行文を述べる前に、不正確かつ不明瞭な前置きを述べている。次の通りである。「貨幣のこのような貶質の状態がほぼ一六年にわたって続いていた。強い新貨幣が鋳造されたが、長くは続かなかった。貶質は民衆を巻き込んでパリに恐るべき反乱を引き起こした。民衆は弱い貨幣で支払うことを望んだ、大きな損失を被らずには強い貨幣を手に入れることができなかったからである。金持ちで、損をするから弱い貨幣を受け取ろうとせず、強い貨幣での支払いを求めた。絶望し、失うものを何も持たない貧しい者や民衆は国王陛下への尊敬の念を失ってしまった。彼らは、この詐取の張本人と見なされたバルベットの家を粉砕してしまった(4)」。

したがって詐取は、この著者によれば、弱い貨幣で契約が結ばれていたものを強い貨幣で支払わせることと、あるいは普通の言い方で言えば、［法定価値の］引き下げの後に、以前に契約されていたのと同額の法定のリーブルを支払わせることにあった。もしフィリップが貨幣を貶質させたままにしておき、貨幣の釣り合いや純分が保証されていたなら、万事速やかに、貶質を行ったことで若干損なわれていた秩序を回復したことであろう。なぜなら、そのときには債務者は契約した［のと同じ］貨幣で容易に支払ったであろうからである。高位の人々は貶質に文句を言い、民衆は［法定価値の］引き下げに文句をいう。

メズレ(5)は直裁に「貨幣の［法定価値の］引き下げが反乱の原因であった」と述べている。［しかし］彼はよく調べてみもせずに単に寄せ集めた事実を述べているだけだということが分かる。次の通りである、「最大の横暴の一つは貨幣の改変であった。貨幣は質が貶められ、低品位の合金にされ、そして過度に大きな［法定］価値が与えられた（これらの三つの言い方は同じことを述べているにすぎない）。貨幣［の法定価値］を低くすることが望まれた、それによる損失は莫大にのぼった（誰にとってかは分からない）。パリの民衆は暴動を起こし、バルベットなどの家を粉々にし、破壊した」[6]。

ダニエル神父[7]は、ル・ブランと同じことをもっと明瞭に述べている、そこで神父は貨幣についての一切の事柄を余すところなく論じた。

フィリップの貨幣の運用の仕方に対してダニエル神父が下した判断と、フィリップの主務大臣で、財務卿のアンゲラン・ド・マリーニ[8]について、彼が述べている内容とを両立させるのは難しいことを、ついでに述

（4）Le Blanc, *op.cit.*, p.218.

（5）メズレ（François Eudes de Mézeray, 1610–1683）フランスの歴史家、ピエール・セギエの恩顧によって「フランス国王の修史官」に任ぜられ、一六四九年にアカデミー・フランセーズの会員に推挙された。ムロンが取り上げている彼の著書、*Abrégé chronologique de l'histoire de France*, 3 vols., 1667–1668 は、一七一七年までに一五版を数えた。この著書で金融業者を激しく非難したため、コルベールにより修史官としての給与を削減されたと言われている。

（6）François Eudes de Mézeray, *op.cit.*, 1688, t.2, p.799（ここでは便宜的に一六八八年のアムステルダム版のページ数を示しておく）。

（7）ダニエル神父（Gabriel Daniel, 1649–1728）イエズス会に属する歴史家で、ルアン生まれ。ルイ一四世によりフランスの修史官に任ぜられ、死ぬまでその地位を維持した。ムロンが取り上げている彼の著書は、*Histoire de France, depuis l'etablissment de la Monarchie Françoise*, 3vols., Paris, 1713 である。

（8）アンゲラン・ド・マリーニ（Enguerrand de Marigny, 1260–1315）フィリップ端麗王の侍従、のちに財務卿。貨幣価値の引き下げに伴う混乱によって国王が招いた大衆の憎悪は彼にも向けられた。フィリップ端麗王の後を継いだフィリップ一〇世の命によって捕らえられ、審問の結果、絞首刑に処せられた。

べておこう。

彼はいう、「貨幣の改変は、臣民の間に大きな不満を生じさせ、商業に大きな混乱を引き起こした[9]」。そして次のようにアンゲランの死に触れている、「これが、当時までフランス史上おそらく最大の功績を残した国務大臣の痛ましい人生の終焉であった[10]」。

メズレはアンゲラン・ド・マリーニについて、一人の収税請負人として、あるいはルイ喧嘩王〔ルイ一〇世、在位一三〇五―一三一六年〕がみせしめの罰を与えた盗賊の頭としてしか述べていない。大部分の歴史家の書いたものを細心の注意を払わずに読むのは、評価を下す上で適切ではない、というよりは、そのとき頭のなかは、不明瞭で、整理が間違っていて、しばしば矛盾した事実で一杯になってしまう。上にあげた二つの証言に基づいてアンゲランを一体、どう評価すればよいのだろうか。

常に辛辣で冷淡なメズレは、とりわけ金融業者に対しては無知で程度の低い先入観を持っている。より聡明で人を惹きつけるダニエル神父は、ときに〔メズレとは〕逆の先入観によって過ちを犯す。

（9） Gabriel Daniel, *op.cit.*, t.2, p.345.

（10） Gabriel Daniel, *op.cit.*, t.2, p.396.

第一五章　聖王ルイとシャルル七世の貨幣について

重量と純分が聖王ルイの時代のものと同じ貨幣を持ちたいという執拗な要求は、この聖なる国王への民衆の尊敬の結果であった。それらの貨幣はいくつかの病気を治してくれるという敬虔な信仰心から、首からぶらさげる人々もいた。強い貨幣を持つことで利益を得る人々は、こうした民衆の信仰心につけ込んだ。なぜなら、政策上は、フィリップ一世の貨幣であれ、聖王ルイの貨幣であれ、こうした〔強い〕貨幣を必要とする理由はなかったからである。今日、一マルク銀〔の法定価値〕を、二七リーブルに引き下げるのであれ、二〇リーブルか別の額へ引き下げるのであれ、引き下げを必要とする理由などないのと同じことである。もし〔法定価値の〕引き上げ（haussement）が商業を害し、貨幣の欠乏を招くのであれば、われわれは、今では商業も貨幣も持っていないはずであろう。なぜなら、引き上げは六〇倍以上にも及んだのだから。したがって、シャルルマーニュの時代に契約された一ソルの内在価値を支払うのに六〇ソル必要であろう。既に述べたように、フィリップ一世の時代には、三分の一引き上げられ、聖王ルイの時代には、四分の三引き上げられた。

ドーフィネ公と呼ばれたシャルル七世〔在位一四二二―一四六一年〕は、王国のほぼ全土を支配していたイングランド人に対する戦争を維持するために、四年たらずの間に一マルク銀を九リーブルから三六一リーブル一〇ソルにまで引き上げた。これは、現在の一マルク銀の約七倍にも及ぶ大きな引き上げである。貨幣鋳造税は一マルクあたり二七〇リーブルであったが、このうち九〇リーブルは造幣局が受け取った。[ビ1] ダニエル神父や貨幣の歴史を扱った歴史家たちは、これについて次のように述べている。

「ドーフィネ公は父王の貨幣よりも品位の劣った貨幣を造らせ、ほとんどすべての貨幣を手中に収めたが、これはイングランド人には何の痛痒も与えなかった。チャールズ六世の次の通達によって知られるように[*1]、なにしろ彼らは［品位の劣った貨幣と交換に］自分たちの貨幣を敢えて引き渡すようなことはしなかったのだから」。ただし、チャールズ六世はそれ以前の（一四二〇年の）王令では、「貨幣の貶質は、外国人が貨幣を持ち去るという結果を招く[*2]」と述べている。貨幣の貶質は、王国から貨幣を流出させることもあれば、外国から貨幣を引き寄せることもある、ということである。

（＊1）「ドーフィネ公と呼ばれる人物と彼の仲間が行い始めた甚だしい不正、邪悪、欺瞞のゆえに、われわれは、［われらの貨幣の］どのような引渡しもなお望みはしなかった。彼らは小さな価値しか持たないグロ貨をわれわれの刻印や紋章を入れて鍛造させ、われわれの貨幣が［以前と］同様に流通したならば、わが人民を豊かにするためにわれわれが造らせた良質のグロ貨を彼らのところに引き寄せるつもりであった」。

（＊2）「最近、わが王国で生じた戦争を原因として、この地に流通していたわが国の貨幣は、大いに価値が引き下げられ、貶められたが、そのために、ここ、わが王国に潤沢に存在していた金銀はすっかり取り出され運び出されてしまったことが、われらの知るところとなった」［Le Blanc, *op.cit.*, p.192］。

大臣たちは歴史家たちと同様にこのことを知らなかった。彼らは自分で調べもしないで、利害関係者やさらにはまったく無知な人々の声に耳を傾けたのである。

ロレーヌの貨幣は現在ではわれわれの貨幣と比べて、純分と呼称は同じであるが、重量は六分の一だけ少ない。われわれの貨幣はロレーヌの貨幣を引き寄せるだろうか、それともロレーヌの貨幣がわれわれの貨幣を引き寄せるのだろうか。歴史家たちは引き寄せる力が働くという心地よい考えを持っていたように思われる。

［法定価値の］引き上げに関して取り上げた様々な事実は、真似るべき模範などではない。税が出費の一切をまかなうのに十分であり、税の徴収が容易であるかぎり、貨幣には手を触れないというのが疑いもなく国家にとって有利である。そして、たとえ法定価値が十分ではないとしても、国民の気質や信任が貨幣の代理物に同じ価値を与えるならば、［法定価値の］引き上げよりも代理物の価値の方が選ばれるべきであろう。われわれはここで国家が、その実践には必ずや不都合が伴うこのような方策を必要とする事情を考察してみよう。

第一六章　貨幣の法定価値の引き下げについて

個人は自己の支出を収入によって決めるが、国王は国家を維持するのに必要な支出によって自己の収入を決める。そしてこの支出が国王に巨額の負債を強いたとき、国王は民衆に対して課税することによってのみ民衆に対する負債を弁済することができる。課税は一般的であってありすぎることはない。なぜなら個別的な課税は、あるいは同じことだが、ある部分からの召し上げはこの部分に打撃を与え、それはただちに他の部分に波及し、どこまでも続くことになるからである。この点で、国家の道理は、社会の利益のために負った負債は社会全体に平等に課されるべし、という格別の正義に依然として合致している。

われわれの諸原理をもっと敷衍するために、先の治世末期の財政状態を思い起こしてみよう。ただし、これから述べる財政運用を担った人たちを非難しようとしてそうするのではない。きわめて厳しい状況の下で、すべてを見通すことは彼らには困難であった。しばしば、人間の慎慮の及ばないほど強力な出来事が不意に生じることさえあった。教訓を得るための吟味であって、批判するためのものではない。われわれはいつだって誰かを批判する意図など持たない。

一七〇八年、財政は、きわめて長期に及んだ不幸な戦争によって、ほとんど絶望的な混乱状態にあった。国王は、財政の担当を願い出た新大臣(1)に対し、次のように述べている。「不可能なことを求めているのではない。もし首尾良くいけば感謝しよう。残念ながらうまくいかないときでも、結果の責任を問うことはないであろう」。
財政に関するいつもの手段が講じられた。官職債の創設、税収見込額の前借り、新旧の税の委譲、これらの財源は当座をしのぐには役に立ったが、しかし地方を疲弊させ、通常の税の徴収をいっそう難しくした。一般的な改鋳によって貨幣［の法定価値］は四分の一だけ引き上げられた。それには二つの主な目的があった。一つは、巨額の貨幣鋳造税によって国王に利益を与えること、もう一つは、貨幣券[2][ビ1]を消滅させることである。貨幣券はしばらくの間は財政を維持することができたが、無分別な使い方をされたため、財政に損失を与えていた。

この法定価値の引き上げは国家の救済となった。それは上の二つの理由によってというよりも、むしろ予想外の第三の理由による。すなわち、国王が差し迫った状況にある人々に債務を返済したことにより、銀行家や請負業者（Entrepreneurs）たちの契約が相互に履行され、そして物産の価格が上昇したことにより、税は以前ほど重い負担ではなくなったからである。

こうした結果は予想外のものであったというのには理由がある。というのは、平和になって最初に行われた措置は、国王の負債には何の考慮も払われずに行われた貨幣の法定価値の引き下げであったからである。当時の国王の負債を、一マルク［銀］が四〇フラン［リーブル］で、年に一億五〇〇〇万リーブルだけであったと考えてみよう。このとき年間の支払いは三五万マルクである。一マルクの法定価値が三〇リーブルに引き下げられたとき、負債は、年間で一五万マルクだけ増加した。そのうえ不幸な出来事や不信用が重なったため、一七一四年、一七一五年、一七一六年には、かつて例をみなかったほどに多くの破産が生じた。税を徴収する困難や消費の欠乏によって国王の収入は半分以上も減少してしまった。一七二〇年になってその支払いが免除された税の滞納のほとんどは、この三年間に生じたものであった。軍隊による強制執行をもってしても、長い間この恐るべき重荷にあえいできた貧しい農業者から滞納分を取り上げることはできなかったのである。

大臣はこのような過ち――彼はそのことはよく分かっていた――を改めるのに必要な策を講じることができたが、国王の死が局面を変えてしまった。

一七一五年一一月に出された摂政期の最初の宣言は、貨幣の法定価値の引き上げは行わない旨、保証するというものであった。しかしこの新大臣［ジョン・ロー］は、間もなくこうした予断の誤りに気がついた。なぜなら、翌月には、三〇フランにすぎなかった一マルク銀を四〇フランに改鋳するよう命じたからである。この引き上げは、特別裁判所[3][ビ2]のせいで生じた不信用にもかかわらず、一七一六年と一七一七年には財政を維持した。銀行[ビ3]が設立されたのはこの頃であった[4]。銀行は価値［銀行券］を増やして、流通と消費を増加させた。一七一八年には人々は一息つきはじめた。しかしこれらの価値は過剰に増やされたため、一七二〇

（1）デマレ（Nicolas Demarets, 1648–1721）のこと。コルベールの甥、一七〇八年にミシェル・シャミヤールの後任として財務総監に就任した（一七一五年まで）。

（2）貨幣券（Billets de Monnoye）　財務総監シャミヤールが発行した国家債務証券の一つ。もともとスペイン継承戦争が始まった一七〇一年に貨幣改鋳が行われたとき、旧正貨の預かり証として発行されたもので、一七〇四年以降は利子付き流動債券となったが、市中相場は低迷し、一七〇六年以降、国家債務証券のうち中期債券（フェルミエ債など）や長期債券（市債など）へ転換された。

年にはその価値は偽りのものとなった。その価値［銀行券］による支払いは、全額が受け取られる場合もあれば、受け取りを拒否される場合もあった、とくに日々の消費においてはそうであった。

　これらの偽りの価値を廃し、摂政期が始まって以来その法定価値が二倍以上にもなっていた貨幣の使用に戻っていなければ、こうした混乱に続いて、もっと大きな害悪が生じていたことであろう。

　コルベール氏と彼を継いだ大臣たちは信用の必要性を承知しており、いつもそれを利用した。しかし彼らは信用の原理を十分に理解していなかった。借入金庫（la Caisse des Emprunts）、貨幣券、ガベル税の約束手形（les Promesses des Gabelles）は偽りの信用であり、国王にあまりに負担の重い高利をもたらすため、最初から締め出されるべきものであった。

　請負業者の手形を含めて、これらの紙券はすべて、きわめて恣意的な様々な種類の手形(ピ4)に取って代わられ、摂政期が始まった頃に一緒にされて、国家証券(ピ5)の名で新たな信用を形成した。それは四パーセントの利子がついたにもかかわらず、最初に受け取った人に［額面］価値の半分しかもたらさなかった。最後に、銀行券が国王にも臣民にも等しく有用な真の信用であるように思われた。しかし、その後の甚だしい濫用が、当然のことながら、国民を尻込みさせてしまった。

　大臣は銀行券から貨幣へ回帰すれば、国王の税収が大幅に減少するのではないかと思えて、心配した。しかしながら、消費は維持され、税の徴収は容易に行われ、官職への支払いも十分であった。この理由をもっぱら次の二つに求めることができる。第一の理由は、以前の様々な価値によって債務者の債務の弁済が行われ、土地の請け戻しが行われたこと、もう一つの理由は、貨幣の法定価値が大量に現存したことである。というのは、これらの価値はこうした状況下では真の信用となるからである。その信用は、濫用が常に懸念される紙券のような代理物の価値ではなく、それ自体が契約上の真の価値を持つから、それだけ有効であった。

(3) 特別裁判所（Chambre de Justice）金融業者の不正、毒殺事件、異端審問などを審理するために臨時に設けられる特別裁判所。コルベールが財務卿のフーケを裁く切り札としたことで知られる。ここでムロンが述べているのは、一七一六年三月にノアイユ公が設けた特別裁判所のことで、ほぼ一年にわたって直接税の徴税官や間接税の徴税請負人を対象に、公金横領や不正利得の追求にあたった。

(4) ローの銀行が設立されたのは、一七一六年五月二日である。

第一七章　物産の高価について

欠乏や独占から生じる物産の高価は一部の人々に打撃が及ぶにすぎない。それは常に治政の過ちに起因するが、この過ちを改めるのは、あるいはむしろそれを未然に防ぐのは容易である。

貨幣の［法定］価値の引き上げによって生じる高価は一般的な高価であり、土地生産物、商品、馬車、労働者の日当など商取引の対象となるものすべてに影響が及ぶ。貨幣はすべてのものの共通の尺度であり、この尺度は、土地生産物との交換であれ商品や馬車との交換であれ同じく用いられるという確かな原理によって、そうなるのである。したがって労働者が小麦やぶどう酒を以前よりも高い値段で購入するとき、同じように彼はみずからの労働をそれに比例して以前よりも高く売る。土地生産物を一種類しか収穫しない人の場合も同じである。なんであれその他の成り行きも、一般的かつ持続的な原因に従って、同じだと考えられる。

法定価値の増大あるいは引き上げは、土地の賃料やあらゆる種類の商品に同じ価値の増大あるいは引き上げをもたらすはずであったし、実際にそうであった。したがって、聖王ルイの時代に賃料が一〇〇リーブル、つまり三八マルク銀であった土地の賃料は、［今では銀の］重量で考えて、およそ一八〇〇リーブルとなるはずである。そして土地や家屋の価格は、貨幣の法定価値の引き上げに対応して、［今では］摂政期以前より四分の一高くなったに違いない。

商業の驚異的な増大によって商業が盛んとなった国の数に比例して交換の担保の必要性が増すことがなかったならば、アメリカの発見以来ヨーロッパに持ち込まれた金銀の量が、法定価値［の引き上げ］とは別に、［高価という］同じ結果をもたらすことがあり得たであろう。そして、われわれの奢侈の必要に応じてヨーロッパ全体でその数が増えた製造品、金メッキ、食器、インド諸国に運ばれる銀、これらのすべてが、漠然としていて正確に見積もることはできないが、金銀の増加を相殺する。

物産の一般的な高価に不平をいう土地所有者は、自分の土地を高すぎる賃料を取って貸していることに不平を言っていることになる。同じくわれわれは、あたかもそれがドイツ人にでも支払われるかのように家賃が高いことへの不満を聞くことがある。

したがって、物産の高価は売り手であり買い手でもある人にとっては無関係である。それは金利生活者や軍人のように買い手でしかない人には有害であるが、債務者や、買い手であるよりはむしろ売り手である人には常に有益である。

フランソワ一世［在位一五一五―一五四七年］の以前には、わが国の国王は王の召使いと若干の軍隊の給料を支払う義務を負っているにすぎなかった。イタリア戦役を維持するために、一五二二年に、一二分の一の利率のパリ市債を初めて設けたのは、フランソワ一世であった。このような債務のその後の成り行きをたどることはここでの主題ではないが、今では実に、国王に二五〇〇万［リーブル］の永久債などが設定されている。

こうして国王は一部の臣民の債務者となった。そして国王はすべての臣民を自分の債務者とすることによってしか債務を返済することはできない。ところで、この［二五〇〇万の］債務は名目上、非常に高額であり、聖王ルイの時代の貨幣価値で計算して弁済しようとすれば、当時の重量と純分を勘案すれば、今日の貨幣で年に約三〇億［リーブル］も必要となる。シャルルマーニュの時代の貨幣価値ならば［今日の貨幣に換算して］一二〇億にもなる。こうして初期の価値に近づくほど国王の債務は大きくなり、名目上の税を支払うことはますます困難になるだろう。

したがって貨幣の法定価値は、豊富に、すなわち人々が労働と物産の販売によって、国家のすべての負担を削減も遅滞もなく弁済するために国王が必要とする税を容易に支払うことができるほどに豊富に存在しなければならない。その結果、王国債券への信頼が生まれ、それによって商業に従事する個人の信頼――この信頼がなければ商業は必ずや停滞してしまう――が生まれるであろう。なぜなら、全体のまとまりのなかですべての事柄が結びついているからである。

これらの法定価値が豊富にある場合にのみ、国王から年金を得ている者は支払いを受けることができる。彼が物産の値下げを求めるならば、彼は自分の利益を十分に理解していないことになる。絶えず年金の減額におびえ、未払い金の支払いが不確実で、結局、元本の半分を失ってしまう事態となるよりは、また彼の他の債務者たちが彼に支払うことのできる額が日々減っていき、ついには支払い不能となるのを知るよりは、いくぶん高い買い物をすることで自分への支払いが確実になる方が、彼にはずっと有利である。

摂政期が始まった頃、消費不足のせいで予定された資金が集まらなかったため、パリ市債の四分の一を返済するために三〇〇〇万［リーブル］もの国家証券が安値で売られたことを誰も知らない。それはどれほど有害な方策であることか、翌年には利子分を入れると三〇〇〇万以上の重い負担をもたらし、さらにはいっそう有害な不信用を招くことになる。

兵士の給料を、パンが一時的に高価となったときに行われるように、一般的かつ持続的な食料の値上がりにいつも釣り合わせることが正当であり必要でさえある。こうした釣り合いに応じて、聖王ルイの時代の兵士の給料は当時の重量単位で一日五ドゥニエであったに違いない。それは今日の約六ソルにあたり、そして聖王ルイの時代の六ソルは今では約四フランにあたるであろう。

われわれが述べてきたすべての事情によって国王はより多くの通貨を受け取るから、こうした給料の増加はたいしたことにはならない。通貨の増加は債務者としての国王と民衆に常に有利である。

第一八章　反論に対する回答

貨幣の貶質（affaiblissement）[1]に反対する何度も繰り返されてきた根拠について、造幣局がブロア地方の三部会でアンリ三世［在位一五七三—一五七五年］に提出した建言を見ればそのすべてが分かる。余すところなく以下に示そう。

一　土地生産物や商品の価格の過度の上昇をもたらす。

二　フランスで買い物をする外国人から受け取る金銀が少なくなる。

三　人々が他の鋳貨のようには価値を引き上げなかったわが国のドゥザン貨[ビ1]やビヨン貨[2][ビ2]のその価値を、外国の商人が高めた。

四　貨幣で地代を受け取る者は彼の地代の価値を受け取ることができない。サンス地代（cens）や貨幣地代を取って自分の地所を貸し付ける契約をした領主も、同様である。

五　国王は損失を被る。なぜなら、国王は自分の収入は［計算単位の］リーブルで受け取るのに、外国人には重量で支払わざるを得ず、また食料品の高騰によって将校や兵士への給料を増やさざるを得ないからである。

（1）affaiblissement は augmentation や haussement と同じ意味で用いられている。改めて当時の貨幣制度の概略を示そう。貨幣には、重量と純分に応じて一定の内在価値を有する様々な実体貨幣（エキュ金貨、ビヨン貨など）と、これら実体貨幣の共通の尺度として王令でその名目価値（法定価値）が定められた計算貨幣（リーブル、ソル、ドゥニエ）があった。金貨や銀貨の重量は一マルクの金や銀からの裁断数によって決まり、この裁断数によって、あるいは重量単位のドゥニエやグラン（ドゥニエの二四分の一）で表示された。純分は、二四カラットを純金、一二ドゥニエを純銀とし、それに対する合金の割合に応じて金貨や銀貨の純分（品位）が示された。ただし、純銀とみなされていたものは、実際には王銀（argent de roi）と呼ばれる二四分の二三の銀と二四分の一の銅との合金であったことに注意を要する。このような貨幣制度に応じて、貨幣の法定価値（貨幣相場）を変更するには二通りの仕方があった。一つは計算貨幣で示される名目価値をそのままにして、実体貨幣の重量や純分を変更するやり方、もう一つは実体貨幣の重量や純分はそのままで計算貨幣による評価を変更するやり方である。前者が旧貨幣とは重量と純分の異なる新貨幣を鋳造する改鋳を意味するのに対して、後者は王令による単なる名目変更を意味する。当時の貨幣には、リーブル、ソル、ドゥニエの価値表示の文字が記されているわけではなかったから、このような名目変更が可能であったのである。ムロンのいう、affaiblissement、augmentation、haussement は法定価値を引き上げる名目変更か、重量や純分を落とす改鋳によって金属の実質量に対して相対的に名目価値を高めることを意味している。便宜的に Affaiblissement は「貶質」、augmentation と haussement は「[貨幣の法定価値の]引き上げ」と訳しているが、意味するところは同じである。このような場合に augmentation（増加）や diminution（減少）という用語を使うのは独特であったようであり、J. スチュアートは「フランス人は第三の方法[鋳貨と計算貨幣との比率を増減させること]を計算貨幣[貨幣の法定価値]の増減と呼ぶ。私はこれを、呼称の引上げとか引下げとかよりも適切な用語だと思うので、ときおりそれを自由に用いるつもりである」（小林昇監訳『経済の原理―第三、第四、第五編』29頁）と述べている。

(2) ビヨン貨（Billon）　銀に対して銅の合金率の高い少額貨幣（低品位銀貨）のこと、なかでも比較的高品位のビヨン貨を白ビヨン貨、低品位のビヨン貨を黒ビヨン貨として区別した。ドゥザン貨（Douzains）は白ビヨン貨の一つ。

状況を改善するために、次のような結論が導き出される。第一に、エキュ金貨の［名目］価値を六八ソルから六〇ソルに引き下げること。第二に、リーブル、ソル、ドゥニエの計算貨幣を廃止して不変の貨幣［エキュ貨］[ビ3]での契約を命じ、そして、以前に結ばれた様々な契約もまたそのような内容に変えることである。

こうした根拠が正当なものだと思われたのであれ、また当局がそれに反論するにはあまりに弱体であったのであれ、およそ建言に合致した布告が発せられた。そしてこの布告は一六〇二年まで履行された。その年、アンリ四世［ブルボン朝初代の国王、在位一五八九―一六一〇年］はその布告を廃止し、通貨上の契約をパリとトゥールで鋳造されたリーブル、ソル、ドゥニエで行うように命じた。[*1][ビ4] 一六六七年にパリ鋳造貨幣とトゥール鋳造貨幣は廃止され、すべての契約をリーブル、ソル、ドゥニエの現在の計算方法で行うことが命じられた。

（＊1） この法令の動機については次章をみよ［この注は第二版で追加された］。

アンリ・プランは貨幣法院[3]の評定官であり、政治的な諸原理よりもむしろ鋳造技法の詳細に通じた著作家であったが、彼は、アンリ四世の財務卿であったシュリー公へのある種の啓発的な助言のなかで、全体としてひどく支離滅裂な同じ理由を用いて、貨幣価値の引き上げほど国家に有害なものはないと何度も繰り返し述べている。この著書[4]をよく吟味する必要がある。編者の序文が教えるところでは、この著書は大臣の命により一七〇九年に再版された。この序文で著者の能力、彼の諸原理の力強さと賢明さが長々と述べ立てられている。しかしその著書は、国王の肝煎りでシャルル七世以来このかたで最大の[*2]貨幣価値の引き上げが行われたとき、まだ売りに出されていなかった。その引き上げは編者を大いに当惑させた。編者がどのようにして切り抜けようとしているか、以下に示そう。彼はいう、「とはいえ、神が特別に統治術を与え給うた国王が、われわれの著者の基本的考えに反することを行ったばかりではないかという反論が向けられることを私は疑わない。それが、時代の様々な事情や国家的理由によって、ときには最も偉大な政治でも最も確実だと思われる規律から逸脱せざるを得ないということに過ぎず、若干の場合には、そこから逸脱する術を心得ていることこそ本当の意味での慎慮であり、賢明さでさえあるとすれば、私はこのような反論に何も答える必要はない。これが真実であることは、かつて存在した最も有名な共和国の例によって確認される。私が言いたいのは、ローマ共和国などの例である」。二つの行文に、すなわちティトス・リウィウス[＊3]とプリニウス[＊4]の行文にその例をみることができる。それらによれば、ローマ人も貨幣価値の引き上げという同じ手段を用いたのであった。国王は賢明にもその［貨幣価値の引き上げが国家に有害であるという］原理が誤っていることを理解しており、すでに何度も首尾良くその原理を退けてきたが、彼は今一度、同じことを繰り返した、という方が理解しやすかったであろう。このような十分にそれに値する真の賞賛の方が、無意味なへつらいよりも好ましいものであった。

（＊2）一二一ページですでに述べたが、一七〇九年に行われた四分の一の法定価値の引き上げのこと。

（3）貨幣法院（la Cours des Monnoyes）国王の名において貨幣に関する王令などを発布し、貨幣の純分、重量、相場などを指示した。

（4）Henri Poulain, *Traité des monnaies*, Paris, 1707.

（＊3）ティトゥス・リウィウス『ローマ建国史』、第三三巻、第三六章、「われわれの金、われわれの銀、われわれの銅貨の残りのすべてを、財務三人委員に預けよう、〔……〕こうした意見が満場一致で採択され、頭領への感謝決議が行われた。元老院を退出して、めいめいが競って自らの金、銀、銅貨を国庫に持参しようとし、我がちに帳簿に最初に自分の名前を記させようとするであろう。この競い合いは激しく、提供されるものを受け取るには三人委員では十分ではないほどであり、それを登録するのに書記たちでは間に合わないほどである。騎士身分の市民は元老院議員の熱情をまね、人民は騎士身分の市民をまねる」。

（＊4）プリニウス『博物誌』第三三巻、第三章〔一三章の誤り?〕、「銅一リーブル〔一二オンス〕の実質の重量は第一次ポエニ戦争の間に減少し、共和国は支出に対応することができなくなった。そこで二オンスのアス貨〔銅貨〕を鋳造することが命じられた。これによって六分の五の利益が生まれ、負債が清算された。〔……〕後に、ハンニバルがファビウス・マクシムスの独裁執政下にあったローマに迫ったときには、一オンスのアス貨が鋳造され、デナリウス銀貨は一六アス、クイナリウス貨は八アス、セステルス貨は四アスに相当すると定められた」。

アンリ・プランに戻ろう。彼は、製造技法に関してみずからの職業から得られたある経験をひどく間違って利用してしまった。その経験とは、ニコラ・ブリオ(5)の造幣プレス機（Le Balancier）(ビ5)やその他の機械に関するものである。

まず、同じ造幣プレス機についてル・ブランが行った説明を見てみよう。「新しい発明は、どんなに有用なものであっても、世の中に受け容れさせようとするとき、反対に出くわすのは驚くに当たらない。貨幣に刻印するのに今日用いられている造幣プレス機を導入しようとしたとき、この機械に対してどれほどの妨害が企てられなかっただろうか。貨幣を槌で鋳造する職人だけでなく、貨幣法院でさえその機械を締め出すためにできることは何でも行った。策動や悪巧みが考え得ることなら何でも用いて、当時、ヨーロッパで最も優れた技術の持ち主であった造幣監督官のニコラ・ブリオの目論見を挫折させようとした。彼は、シャトウ・ヌフ、ボワシス、マリヤックといった諸氏の面前で何度も試してみせた。ブリオは、圧縮プレス機、造幣プレス機、地金切断機（Coupoir）[ビ6]、圧延機（Laminoir）[ビ7]を用いれば、王政が始まって以来用いられてきた槌によるやり方よりは、ずっと完璧に、またより少ない所要時間や費用で貨幣を鋳造することができることを示したけれども、彼の敵の企みがこれらのすべてを凌いだため、彼の提案は拒絶された。彼は、われわれが今日感嘆する事柄に関して、フランスではほとんど保護を見いだせないことに悲嘆して、やむなくイングランドに渡った。そこでは彼の機械はきまって有効に活用され、世界で最も美しい貨幣が彼の方法で製造された」。

（5）ニコラ・ブリオ（Nicolas Briot、生没年不詳）ルイ一三世時代の貨幣の彫刻師。ル・ブランの記述の影響もあって、貨幣鋳造機は彼の発明によるものとされている。ル・ブランがここで記しているように、彼の発明はフランスでは受け入れられなかったため、イングランドに渡って帰化し、チャールズ一世の恩顧を得て、一六三三年に、ロンドン塔にあった造幣局の主席貨幣鋳造官の一人に任ぜられている。

「セギエ大法官がいなければ、おそらくフランスは今でもこの素晴らしい発明を利用できないでいたであろう。その時代の誇りであるこの偉大な人物は、ルイ金貨[ピ8]の鋳造が計画されたとき、鋳造の職工たちがブリオに対して行ったあらゆる言いがかりを無視し、これらの職工たちが手に入れた彼に不利な法令なぞ一顧だにせずに、依然として強い反対はあったものの、異なる法令を出させた。それは以前のものとはまったく正反対であり、フランスにおいてブリオの機械の利用を確かなものにした。その結果として、その後、一六四五年には、槌を用いた貨幣の鋳造方法は禁じられた[6]」。

ニコラ・ブリオは一六一七年に申し出を行ったところ、彼が提案した新たな機器を用いて、国務顧問会議の顧問のボワシス氏とマリヤック氏の前で鋳造を試みるように命じられた。プランはいう、「この諮問会議の場に、私も同席するように命じられた、そこにパリ市の職工や造幣工が呼ばれ、彼らの側に彼らの行政官が付き添い、そして他方には、新式の機器をたった一人で操作して、一日で、二〇人の普通の職工などが作るより多くの製品を作ろうと申し出た造幣監督官のニコラ・ブリオがいた」。

記録によれば、このような奸計のすべてを企てたのはプランであったことが分かる。彼の結論は以下の通り。

「かくして、三人の職工が、二マルク半の［重量の］四分の一エキュ銀貨、三マルク半の一〇ソル硬貨［銅貨］そして二マルク半のエキュ金貨を製造、加工、鋳造するのに五時間とかからなかった、それはブリオがかかった時間に比べてずっと迅速であった。ブリオと二人の職工は、金属を熔解し鋳型に流し込む時間を含めて一二、三時間かけて、一マルク半の一〇ソル硬貨、半マルクの四分の一エキュ銀貨、一マルクのエキュ金貨しか鋳造できなかった。製造にも切断にも三、四倍の時間がかかったことになる」。

結果はこの報告とは正反対のものであった。(ビ9) 報告者のはなはだしい無知、あるいは彼の悪意、おそらくその両方がこれによって分かる。しかしながら、彼は名声を得ており、大臣が貨幣に関する意見書を付託したのは彼に対してであり、彼の意見が貨幣に関して決定的な影響力を持った。

最も優れた知性の持ち主でさえ、このようなインチキな名声（下品な言葉づかいをご容赦いただきたい）に欺かれないようにするのに大いに苦労する。立法者は彼が用いる人物を細心の注意を払って調べなければ、必ずや彼自身がそのような苦労をすることになろう。重々しく勿体ぶった物腰、いつも謎に包まれた手練手管、幾つかの皮相な知識の巧みな誇示、偉ぶった沈黙によって烱眼な人々の目を逃れようとする安直な手管、欲得づくで褒めまくる人――そんな人は大抵の場合、他の人より無知なのに、その発言が評価される――、良くも悪くも類い稀な貪欲によって得られた富や権威、これらの一切が様々な人物を舞台に登場させるのであるが、国家にとって不幸なことに、それらの人物の正体が暴かれるのは遅すぎる。

以上の建言に関してはこれまでの章、とくに前二章で十分に意見を述べたが、しかしなお若干の考察を加えよう、とくにサンス地代や貨幣地代を受け取る領主にかかわる四番目の項目に関して。

この四番目の理由によって、貨幣価値の引き上げに不満をいう人々が明らかになる。すなわち、それは裕福な債権者であって、債務を負った民衆ではなかった。債務を負った民衆には、貨幣の貶質は、彼がより多

（6） Le Blanc, *op.cit.*, pp.385–386.

くの債務を負っているほど有利となる。さらに言えば、一人の債権者に対して一〇〇〇人の債務者がいる、なぜなら、誰かの債権者であって同時に別の誰かの債務者である者は、彼が債権者である人［彼の債務者］が支払い不能になれば、もはや債務者でしかないからである。これに対し、損をする人が債権者でしかないなら、損失はすべて彼一人に限られる。このような［債務の］連鎖は第二、第三、等々、の連鎖へと及んでいく。常に債務者を有利に扱うべし、とする法の準則――それはむしろ国家の準則である――が由来するのは、そこからである。

この準則ははるか昔まで遡ることができるが、それはギリシャ・ローマの諸国家がときに実践した情け容赦のない政策を生み出した。債務の完全な消滅によるあらゆる担保の放免である。もしこれらの諸国家が貨幣の法定価値の真の利用［法定価値の引き上げによる債務者の救済というやり方］を知っていたならば、おそらくこれほど極端な政策を行うことはなかったであろう。

領主が受け取るサンス地代や貨幣地代のほかに現物地代がある。この現物地代が価格の騰貴によってサンス地代や貨幣地代［の減少分］を埋め合わせる。国王から年金を得ている人々に関してわれわれが述べてきたことはすべて、貨幣地代を得ているほかのすべての者にも当てはまる。さらには、領主たちはほとんど誰もが債務者であるから、かれらは［貨幣の贬質によって］いっそう容易に債務を弁済する。［ローの］システムがその証拠である。

［貨幣の贬質によって］フランスで買い物をする外国人から受け取る金銀が少なくなる、という二番目の理由は一番目の理由によって根拠を失う。というのは、物産が値上がりし、その値上がりは物産の共通の尺度

である貨幣［の値上がり］に比例しているはずだから、したがって支払いを行う外国人にとっては、重量と純分の点で同じことだからである。(ビ10) あるいは、もし物産の値上がりがその比例よりも小さいならば、むしろその方が王国にとってはずっと有利となろう。なぜなら国王は貨幣の価値を引き上げることによって、瞬く間に、臣民を豊かにすることができるからである。それによって、買い手は物産の価格の上昇を招くことなく、［手に入れる］法定価値を増やすであろうし、常に同じ額を受け取る売り手もまた、彼らの物産の販売が迅速かつ容易になることから、得るところが少ないわけではないであろう。(ビ11) 以上により、これらの反対がどれほど浅薄であるかが分かる。

三番目の理由は［貨幣の］不釣り合いにかかわる。それは確かにきわめて有害であるが、(ビ12) しかしこの不釣り合いは貨幣価値の引き上げとはまったく無関係である。このような不釣り合いの害悪が、一七二五年四月二七日付けの皇帝の勅令が発せられる以前のフランドル・オートリシエンヌで(7) みられた。

結局、われわれのあらゆる原理を思い起こして言えば、次のような結果となる。

一、法定価値［通貨］は、重量と純分以外のいかなる内在価値をも持たない。

二、法定価値を六〇倍以上に高めても、商業にも財政にも悪影響を及ぼすことはなかったのだから、法定

(7) フランドル・オートリシエンヌ（la Flandre Autrichienne）スペイン継承戦争後のユトレヒト条約（ラシュタットの和約一七一四年）によってスペイン領フランドルはオーストリアのハプスブルグ家に割譲されたが、フランドル・オートリシエンヌとはこの領地のこと。

価値は商業にも財政にも無関係である。

三、法定価値の引き上げは、国王の負債が著しくて、税の法定価値〔税収〕ではそれを弁済するのに十分ではないほどであるときに限って行われるべきである。税〔収〕と通貨は、この基本的手段によってともに増えるに違いない(ビ13)。

四、ただしそのような引き上げは、鋳造費用や、旧貨幣や地金銀と新貨幣との不釣り合いを避けるために、改鋳によらずに、僅かな利得を得て元気づけられる民衆の利益となるように〔名目価値の増加によって〕行われねばならない。なぜなら、民衆には、それによって〔改鋳による貨幣価値の引き上げの場合でも〕税の支払いはいっそう容易になることを見通せるほどの十分な見識がないからである。

五、われわれの細かな様々な知識をこうした諸原理に当てはめて考えることが可能であるとすれば、われわれは、貨幣の法定価値は今では税と釣り合っており、どのような変更も有害でしかありえないと信じる。

第一九章　貨幣に関する様々な考察

貨幣の鋳造費用に関して、金はその価値の約四〇〇分の一、銀は七〇分の一、そして銅は三分の一だけ費用がかかる。こうした［鋳造費用の］違いが、これらの金属の間の内在的な等価関係を全体として完全に断ち切ってしまうが、これらの金属は鋳造後にお互いに価値が評価され、すべてのものの共通の尺度となる。［このとき］ある金属［銅］は実質価値より三分の一も高くなる。

それというのも金銀銅の金属としての用途は、貨幣としてそれらがわれわれにもたらす用途ほど有益ではないからである。なぜなら、金銀銅は、それらを交換の担保とするという一般的協約によって、商業の対象となるものすべての等価物となったからである。一〇〇〇ルイ、一〇〇〇ギニーは、一個のダイヤモンド、一枚の絵画やそのほかの何かの商品――それがもっと高価で売られているとしても――などよりも一〇〇樽のぶどう酒の価格をよく表す。なぜなら、これらの商品の価格に関する協約は、貨幣の価格に関する協約ほど一般的ではないからである。各人が、今すぐ必要ではない、あるいはそれを所有しても利益を期待できないほかのどんな商品を所有することよりも金銀の所有を好むのは、道理にかなっている。

公信用すなわち銀行券は貨幣の代理物にすぎないが、協約によってそれらに貨幣の価値が与えられた。したがって、アムステルダム銀行の預金証書やイングランド銀行券という、それ自体が協約にすぎない貨幣の単なる代理物があらゆる必要品にとって確実な担保を提供し、それを利用する術を知っている国家の最大の富の一つとなる。貨幣と信用の唯一の違いは、貨幣が一般的な協約に基づくのに対して、信用は限定されていることである。しかし信用は、それに確固たる基盤が与えられれば、一般的となりうる。ここに古代には知られていなかったヨーロッパの治政の進歩がある。

非流通手形や契約は、信用というよりもむしろ債券である。なぜなら、それらは請求払いの貨幣の代理物に比べて、手から手へと渡る容易さに欠けるからである。

高利の、あるいは過度に利子の高い有価証券は有害な信用であり、それ自身の高利が信用を破壊する。貨幣の法定価値の引き上げは真の信用をなすものではない。なぜなら、法定価値は不変の重量と純分を表示しないからである。これらの価値［の引き上げ］は名目上、債務者の債務を軽減する働きをする、したがって、それが信用の代わりとなりうるのは常に債権者の損失においてである。

貨幣鋳造税を伴う貨幣の改鋳を行ったとき、新貨幣は旧貨幣と比べて、重量でしか受け取らない外国人には全然信用がない。そこでしばらくの間、手形が古い貨幣ないし新しい貨幣で支払われるのに応じて、二種類の為替が存在することになる。したがって、こうした状況で、政府が為替を維持するためにときに古い貨幣を外国に運ばせたのは道理にかなっている。こうしたやり方は、次に述べる特別買上以上にうまいやり方である。

特別買上とは、改鋳が行われるときに、個人が布告で定められている以上に有利な価格で金銀の素材を貨幣用に提供することを大臣と取り決めた請負契約のことである。したがって、例えばもし国王が一般に「改鋳によって」一〇パーセントの利益を得るとすれば、国王はこの請負人に対してその半分を放棄することになる。

そのようなことが行われるもっともらしい理由は、請負人はその請負契約によって〔金銀の〕素材を外国からもたらすことを余儀なくされ、そうした素材が王国の銀の総量を増やし、かくして改鋳の利益を増やす、というものである。

しかし請負人が素材をもたらすとき、彼らは、外国人にとって必要な商品で支払うか――必要な商品でなければ外国人は彼の債務者〔請負人〕からそれを受け取らないであろう――、古い貨幣か、あるいは為替で支払う。第一の場合、これらの商品が同じく求められ、したがって支払いが行われる〔にすぎない〕のであって、そのことによって何か新たな取引がもたらされるわけではないし、また送られてくる素材によって何か利益がもたらされるわけでもない。第二の場合、改鋳は、〔金銀の素材を手に入れるために〕古い貨幣を送り出すことで得られる〔改鋳による〕利益の半分を失う。なぜなら、特別買上において、〔本来の〕価値に対してその半分を〔請負人に〕譲り渡すからである。第三の場合、為替は常に商品に、あるいは貨幣の差引勘定に行き着くから、常に他の二つの場合のどちらかに帰着する。このことは次章で余すところなく明らかにされるであろう。

一七三五年九月三〇日付けのオランダの『ガゼット』のロンドンに関する記事のなかに次のような記述がある。「この王国から毎年、金か銀で四〇〇万リーブル・スターリングの価値が流出し、この交易は貿易商人に約八万リーブル・スターリングの利益をもたらしていると見積もられる」。銀食器や装身具として用いられた銀の輸出を自由に任せることが特に重要である。なぜなら、それによってこの交易は〔銀食器や装身具を作る〕職人の腕を伸ばし、国王は〔貴金属の〕純分検証印の利益を得ることができるからである。

市民はそれぞれ法の行使において常に些かの自由を失う。しかし法は同時に失ったものを有利に取り戻してくれる。法の網をかいくぐることのできる市民は、みずからは自由で他の人々は〔法的に〕拘束されている状況から同じく有利を得る。したがって偽の塩を罰せられずに売る者は法を犯しているが、その法は彼には有利となる。なぜなら他の人々は法を犯さないからである。個人的利益はほとんどすべての人々を正義と公共的利益を犠牲にするよう導くから、不履行でも容易には罰せられないような法を作らないことが、立法者の賢明さというものである。そうでなければ、不服従が報われることになろう。

そのような多くの例のなかから、貨幣に関する例を選んで、そこから何かほかの知見を引き出してみよう。それは金貨の使用を禁じた一七二〇年三月一一日の王令と、それに先立つ、各人が所持できる額を五〇〇リーブルに定めた二月二七日の布告のことである。これら二つの法の履行は容易に逃れることができたし、厳しい酷い取り調べによってしか不履行を罰することはできなかった。これらの法の不用意さは、ほとんど、それらに従わなくてよいと告げているようなものであった。これらの法は立法当局に発するという点で正当なものであったことは確かだが、しかし誰も絶対にその法に従わないことが明らかであるときには、この正当さは現実性を欠いたものとなる。

国王宣言が示すところによれば、「金貨の使用を禁じるのが適切である理由は、それが物産の価格を引き下げ、公信用を維持し、流通を容易にし、商業を促進するからである」。つまり、流通する地金が少なくなることで、結果的に、公信用、流通、商業が促進されるというのである。それは当時、人々の行動が立脚していた原理、つまり銀行券の新たな価値によって、流通と商業を促進し物産の価格を高めるという原理に完全に反している。そのような宣言が出された本当の理由を言おう。それは五〇〇リーブル以上を所持することを禁じた二月二七日の布告を維持するためであった。金貨でその布告を逃れることは容易だが、［嵩張る］銀貨ではほとんど不可能であった。では、その二月二七日の布告の本当の理由は何だったのだろうか。その前に行われたオペレーションによって信用の落ちた銀行券の信用を回復することが期待されたのである。[1] 金貨の所有者は代わりに銀行券を受け取り、この銀行券は、嵩張って隠すことができない銀貨とともに流通するはずであった。この計画の趣旨には同意できるが、手段は同意できない。

もし金貨の利用を禁止する理由が、銀貨の総量を増やすことによって流通をもっと活発にすること以外にはなかったとすれば、この国王宣言が与える耐え難い強制は大目にみることができるし、金と銀の比率を一対一四か一三に引き下げることができた［であろう］。そうであれば、ヨーロッパの人々が銀を金と交換するためにシナに行く――なぜならシナでは金は［銀一に対して］一〇の比率だから――のと同様に、隣国の

(1) 一七二〇年の年頭に財務総監に就任したばかりのジョン・ローは、インド会社株の株価の高値安定あるいは低落の阻止と王立銀行券の信用の安定化のために、矢継ぎ早に手を打った。二月二七日の布告もその一つであり、王立銀行券の流通と信用の回復のために、すべての個人や団体に五〇〇リーブル以上の正貨や貴金属の所持を禁じ、違反した場合は、財産を没収するか罰金を科すというものであった。三月一一日の布告では、五月一日からの金貨の通用禁止、金貨鋳造の即時停止、エキュ銀貨の法定価値の段階的引き下げなどが宣言された。銀行券の通用性を高めるため、金貨を廃するだけでなく銀貨の流通をも大幅に制限しようとした。

人々が銀を［金と］交換するためにやって来たことであろう。

シャルルマーニュ以来の貨幣の平価について、シャルル五世以来のわが国の国王の収入について、一マルク銀の価値の引き上げについて、誰でも簡単に見られる図表（Cartes）がある。これらの比較は、法定価値の引き上げが必要であったこと、あるいは少なくとも今でもその必要性があることの証拠として役立てることができる。われわれは、アベ・ド・サン＝ピエール氏の『政治論集』[＊1]において報告されているところに従って、国王の収入を一七三三年の収入と比較した例を取り上げよう。彼の計算は正当だと考えられるが、それによれば一六八三年に国王の収入は、一マルクが二八フラン［リーブル］のときに、四二八万マルク銀にのぼった。一七三三年には、一マルクが四九リーブルのときにこの同じ税［収］[＊2]は一億五六〇〇万リーブルにすぎない。ところで、アベ・ド・サン＝ピエール氏がいうには、一六八三年に支払われたマルクの数量［四二八万マルク銀］は、現在では二億［リーブル］以上に匹敵する。したがって国王は法定価値の引き上げによって四五〇〇万の損失を被ったことになる。国王はカピタシオン、［貴金属の］純分検証印、タバコ税の請負額の増加によってその損失を取り戻していることに注意しよう[＊3]。

（＊1）［*Ouvrajes Politique de Mr. L'Abbe de St. Pierre,…*］第八巻［一七三四年］、財務大臣（Ministére des Finances）の項。

（＊2）総徴税請負契約、タイユ税［直接税］、エタ地方［地方三部会を持ち、租税に関して一定の自治権を持つ地方］の諸税。

（＊3）同上、カピタシオンとタバコ税の請負契約からあがる収入には若干の誤りがあるが、結論には影響しない。

もっと確からしく、もっと有効な結果から別の推論が導かれないか検討してみよう。一六八三年以来行われてきたあらゆる支出と公債とによって国家の負担は増加し、今ではそれを弁済するのに年二億を必要としているほどである。ところで一マルク銀が二八フランであれば、この二億を支払うのに七〇〇〇万マルク銀が必要であろう。そして一マルク銀が四九リーブルであるときには四〇〇〇万しか必要ない。したがって人々は、重量で、すなわち実質価値において七分の三少なく支払っていることになる。

貨幣価値の引き上げが不用意な改鋳によって行われなかったわけではない。つまり、引き上げは一時的な多くの不都合を伴わなかったわけではない。その不都合については聖王ルイの貨幣を扱った章で述べた。その章で、われわれは貨幣には手を加えないことを一般的準則として定めた。その準則を、われわれが挙げた例に従って、国王の負債との関連で、あるいは同じことだが、税との関連でもう一度振り返ってみよう。

［貨幣価値の引き上げに関する］基本原則は何か。改鋳によって貨幣鋳造税を手に入れるために行われる貨幣価値の引き上げは有害であること、これである。税にあえぐ農民の負担を軽減するために行われる貨幣価値の引き上げが必要なのである。

文明国においては、負債は戦争や予期せぬ出来事の必然的な結果である。ポルトガルやポーランドは国家的な負債を持たないことからみて、その勢力はもはや大きくはない。イングランドやオランダが現在かかえる負債が彼らの富や商業に悪影響を与えることはなかった。なぜなら、民衆が容易に税を支払うことができるように、イングランドやオランダは信用の流通を盛んにしたからである。これにより、いわば貨幣の量が増え、物産の価格が上昇したのである。このような信用を認めていないわが国の財政は貨幣の価値を引き上げた。それはおそらく差し迫った必要に応じるためにに考え出されたにすぎないが、今では財政は年々のかつ通常の援助を必要としている。平和な時代に、負債を負った国々は収入の一部を元金の返済にあてることで少しずつ返済していく。それは公債の価格を維持するのに確実に効果のあるやり方である。要するに、われわれはヨーロッパの文明国に対し、次のような問題の解決策を示しているのである。

国家の負担の支払いに必要な税が巨額にのぼり、納税者が、軍隊による強制執行にもかかわらず、自分の物産の販売によって税の支払いに必要なものを得られないほどであるとき、立法者は何をなすべきか。

アベ・ド・サン＝ピエール氏の覚書は優れた準則で一杯である、とくに『政治論集』の」第四巻、第五巻、第六巻の諸考察においてそうである。さらには現代の財政に関する歴史的な記述が見られるが、これは大変ためになる。これらの知識は国事に与る人々によってあまりに無視されている。彼らは皆、より輝かしいが、しかしそれほど重要でも有用でもない知識に目を向けている。文芸家についても同じことが言える。彼らのギリシャやラテンに関する学識は、商業や財政に何の助けにもならない。

このようなわれわれの不満を正当化する沢山の例のなかから、政治家であり、文筆家であり、尊敬すべき歴史家である一人の人物の例を挙げるにとどめておこう。それはドゥ・トゥー氏のことである。われわれは、フランソワ一世の治世下の財政管理について、アンリ四世の治世下のそれと比較しつつ彼が下した判断を、以下に報告し検討しよう。

彼はいう、「いつも豪奢で、度重なる戦争を維持したこの君主(*4)が、たくさんの宮殿を建設し、貴重な品々を沢山集めることができたこと、そして、彼の死後、あらゆる負債を弁済した後に、徴収がまだ行われていなかった彼の収入の四分の一のほかに、金庫に四〇万エキュ金貨が残されていたというのは、依然として注目に値することである。しかし、もっと賞賛に値すると思われるのは、今日よりも税はわずかで、必要な支出はもっと大きかったということである。それにもかかわらず王国全土は当時、豊かであった。それに対して、旧来の税額が引き上げられ、新たな税が創設された今日、わが国王は毎日、借金する羽目に追い込まれている。当時の大臣たちの節度と廉潔さを賞賛する一方で、目下の治世下で統治にあたる人々の貪欲と横領を咎めざるをえないのである」（ドゥ・トゥー氏の『歴史』第一巻第三編、一八二ページ[2]）。

（＊4）　フランソワ一世

以上について二点、重要な考察を加えておく必要がある。第一に、序文から分かるように、この書物は一

（2）　Jacques-Auguste de Thou, *Histoire universelle, depuis 1543 jusqu'en 1607*, 1734, t.1, p.182. ドゥ・トゥー（Jacques-Auguste de Thou, 1553–1617）は、アンリ三世、アンリ四世、摂政マリ・ド・メディシスに仕えたフランスの行政官・政治家。ラテン語の詩や、とくに、一五四三年から一六〇七年までの同時代史を綴ったラテン語の著述によってその名を歴史上に印している。『同時代史』（*Historiae sui temporis*）は彼のライフワークとなり、第一部（一五四六—一六〇）が一六〇四年に出版されたのを皮切りに、第二部（一五六〇—七二）が一六〇六年、第三部（一五七二—七四）が一六〇七年、第四部（一五七四—八四）が一六〇八年にそれぞれ出版された。彼は生前、ラテン語からフランス語への翻訳を禁じていたが、一〇〇年以上のちの、一七三四年にようやく仏訳完全版が出版された。ムロンが用いたのも、これであろう。

六〇四年、シュリー公が財務卿であったときに出版された。したがって、汚職を働いたとの非難は、今、目の前に現れたとすればおそらく比肩できる者などいない廉潔で公平無私なこの偉大な政治家に向けられているようにみえる。［しかし］この賢明かつ厳正な大臣なら部下たちの汚職や横領を許さなかったであろう。断固とした態度で高官たちの汚職に立ち向かったのは、［ほかならぬ］彼であった。したがって、この歴史家を弁護して次のことを述べておこう。すなわち、みずからの発言や序文で彼自身がアンリ四世に理解を求めているように(＊5)、彼が執筆したのはアンリ三世の治世のときであったこと、そして、フランソワ一世と彼が執筆した時代の間に、財政は訳の分からない連中の手に委ねられ、この連中はアンリ二世とアンリ三世が浪費するための貨幣を差し出してしまったことである。内戦や、王国内にわれわれの費用で雇われる外国人の軍隊がいるといった一切の混乱を、それに加えよう。財政を再建するためには、シュリー公の不屈の熱意によって、外国から一億［リーブル］を引き出し、合法的な債務を支払い、その他の債務を削減するなどのことが、同じく行われる必要があったのだ。シュリー公は民衆の負担を軽減するという高潔な目論見をもって、常に国王を補佐したのである。

（＊5）「私［ドゥ・トゥーのこと］が仕事をしたのは、個々人の野心が内戦などを維持するのを苦々しい思いで目撃した、そんな時代であった」[de Thou, *op.cit.*, p.311]。

第二に、ドゥ・トゥー氏は、フランソワ一世［の時代］にかなり近かったが、フランソワ一世が非常に節約的であった晩年、すなわち増税が行われずに財政が維持された時期にしか注意を向けなかった。売官制が導入されたのは、彼の治世下であったし(＊6)、タイユは二倍になり、一二リーブルの一マルク銀は一四リーブル一〇ソルに引き上げられた。一二分の一の利率のパリ市債(*7)が初めて設けられたのもこの時代である。

(*6) シャルル七世の下で、タイユ税の初めての徴収[額]は一八〇万リーブル、ルイ一一世のときは四七四万リーブル、シャルル三世のときは五八三万、ルイ一二世のときは七六五万、フランソワ一世のときは一五七三万リーブルであった。シュリーの『覚書』第二巻、五八〇ページ。

(*7) 二〇万リーブルの市債である。

ドゥ・トゥー氏が財政に関してどれほど間違った考えを持っていたか、われわれは彼の発言それ自体によって知ることができよう。アンリ四世の死後、摂政[ルイ一三世の母后マリ・ド・メディシス]は、以前から約束されていて、彼が十分にそれに値したパリの高等法院長の地位を[与えなかったことを]いわば埋め合わせるために、彼を財政顧問会議の顧問(Conseiller)に任命した。彼はこれについて次のように述べている、「ほかのどんな仕事にも私が信用されていないとしても、なぜ財務行政が私に委ねられたのであろうか。してみると、私は、お金を数えて生涯を過ごし、このつまらない仕事をしながら死んでいくことになりそうだ。幼少の頃から文学研究で育まれ、宮廷の人々が冗談っぽく「フィロゾーフ」(名誉ある言葉だ)と呼んできたこのドゥ・トゥーが、高齢の身で、司法官の気高い職から金銭の恥ずべき運用へと仕事を移らねばならないとは、一体、信じられるであろうか。私が置かれた状況はかくのごとくで、他の人には報奨であり大きな名誉とみなされることが、私を辱め、私の値打ちを下げることにしか役に立たない」。彼はそれでもこの仕事を引き受けた。(序文に掲載されたドゥ・トゥー氏の手紙、一六頁(3))

彼は、立法と歳入、大臣と会計係とを同列に考えている。この君主の幼少期、財務行政はひどいものであったが、［財務顧問の］ドゥ・トゥー氏なら、みずからの助言によって、民衆を苦しめた汚職に立ち向かうことができたであろうに。われわれはほかにも、この重要な政府の部門［財政］を歳入と歳出の単なる管理にすぎないと考えるのは、この部門のことを知らないことだと言っておこう。

一六〇二年にアンリ四世は、一五七七年に前の国王の布告によって禁止されたリーブル・トゥルノアでの契約を復活させた(4)。その復活の理由は次の通りだが、それは前章で述べた禁止の理由に比べると、著しく矛盾している。「以下の点――それはわれわれの意に適うところであるが――について了解を求めたい。すなわち、一五七七年の王令によって定められたエキュ金貨での勘定は、あらゆる種類の鋳貨の過剰流通を阻止するのに当時は有効であると考えられたが、その後、経験によって大いに有害であることが知られてきており、さらに今日ではあらゆる物に認められる過剰な出費の、またあらゆる物の値上がりの原因の一つと言われていることから、本王令の公布日から以降は、そのようなエキュ金貨での勘定はもはや行なわれないであろう、われわれは理に適った考察を繰り返した結果、エキュ金貨での勘定を認めず、これを禁止することとしたのである――ただし、将来にわたってあらゆる証書、契約、わが臣民と外国人との間の取引において、当該のエキュ金貨での勘定には二度と触れないということではないが。エキュ金貨での勘定に代わって、われわれはリーブルでの勘定をふたたび用いることにした。今後はあらゆる契約、約束、債務、口頭のまたは文書上の取引契約、貸与、裁判の証書、［後見人が審査のために行う］計算書の提示、そしてどんなものであれ、他のすべての証書は、リーブルで当該の勘定を行うものとし、すべての公証人に対し他の勘定での受け取りを禁止し、違反したとき証書は無効とする(5)」。

エキュ金貨での勘定、つまり重量や純分通りの勘定が浪費や値上がりの原因となることはありえないし、リーブル・トゥルノアを用いることでそのような浪費や値上がりを収拾できたわけではない。リーブル・トゥルノアが［ふたたび］使われるようになったのは［法定価値の］引き上げを可能にするためにほかならない。顧問会議は、スペインが同盟を維持するために、新たに発見されたアメリカの鉱山から産出された銀の一部をフランスに運んだこと、そしてこの銀の過剰が、貨幣の法定価値――それはこの治世の間、約二〇分の一しか引き上げられなかった――とは関係なく、支出を増やし、物産の価格を高めたに違いないことに関心を向けなかった。ル・ブランが考えるようには、［リーブル・トゥルノアの使用を禁じた］この布告がエキュ金貨の高騰を招いたわけでも、通貨の混乱を引き起したわけでもなかったのである。彼は［実際には］その

（3） de Thou, *op.cit.*, pp.xvi–xvii.

（4） アンリ三世は、当時、物価騰貴の主因と目されていた貨幣相場の上昇あるいは不安定を解消するために、一五七七年に王令を発して、リーブル・ソル・ドゥニエの計算貨幣を廃止して、エキュ金貨を基準とする実体貨幣体制へ移行すること、さらに一部を除いて外国貨幣を使用禁止にするなどの大胆な貨幣制度改革を行った。エキュ金貨の重量（二ドゥニエ一五グラン）と純分（二三カラット）を基準に他の鋳貨をこれと関連づけ、現実の計算に用いるというものである。リーブルによる計算は禁止されたが、エキュ金貨とそれ以外の貨幣との関係を示すために便宜的にソルの呼称が残された（これにより実体貨幣としてのソルと計算貨幣としてのソルの混同を招いた）。アンリ四世は二五年後の一六〇二年九月三〇日の王令によって、リーブルによる計算を復活し、同時にエキュ金貨の法定価値を六〇ソルから六五ソルに引き上げた。

（5） Le Blanc, *op.cit.*, p.373.

すぐ後でそれらの本当の理由を次のように述べている。「誰もが次の点で、すなわち外国の貨幣の流通を禁止しなければならないこと、そして外国の貨幣が流入するかぎり、［物価の］高騰を阻止することは決してできないことで意見が一致していた」(6)。ここに、固定観念によって彼がいかに偽りの理由と本当の理由とを混同してしまったかが示されている。本当の理由から言えば、［リーブル・トゥルノアの再使用という］救済措置は必要ではなかったのである。

（6） Le Blanc, *op.cit.*, p.375.

第二〇章　為替について

為替は、貨幣を、その支払いを指定した手形によってある場所から別の場所に届ける方法である。

為替の平価は、その手形と交換に与えられるのと同じ重量、同じ純分の貨幣をその支払地で受け取ることにある。

したがって、現在、パリで与えられた三リーブル・トゥルノアと交換にオランダで五四ドゥニエ・ド・グロ、あるいはロンドンで三〇ドゥニエ・スターリングを受け取る人は、彼が与えたのと同じ額を受け取っている。もし彼が五四ドゥニエ・ド・グロ、あるいは三〇ドゥニエ・スターリングより少ない額を受け取れば、彼は損をするし、それより多く受け取れば得をすることになる。

ある物産の高価が生じるのは、この物産の供給者よりも需要者の方が多い場合である。小麦は市場に存在する量が需要される量よりも少ないとき、値段が高くなる。

為替手形の振出人よりもその需要者の方が多いとき、手形は高価となり、その需要者は手形によって受け取る以上の貨幣を与えることになる。それは［需要者には］不利な為替である。振出人の方が多いとき、需要者は手形によって指定された場所で受け取るよりも少ない重量を与える。この為替は有利である。

したがって［需要者に］有利な為替は、為替手形の供給が需要を上回ることからもたらされる。ところで、貿易商人がある国で手形を振り出すのは、彼がそこに資金を持っているからにほかならない。したがって手形の供給の方が需要よりも多いとすれば、手形を振り出すところで資金を持っている貿易商人の方が、そこで債務を支払う必要のある貿易商人よりも数が多いということである。したがって、［この場合］手形が振り出される国は債務を負うことになる。このことから、為替が原因で、ある国が債務者になったり債権者になったりするのではなくて、為替は単にその国がそのどちらであるかを示すにすぎないと結論づけることは容易である。

しかしながら、この原則には一時的な例外がありうる。裁判所［による訴追］の恐れ、王立銀行券の［額面価値の］引き下げ、査証のような異常な状況によって生じる不信用の場合である。なぜなら、このとき人々は急いで資金を外国に移すよう迫られるからである。こうしてある国に債務を負っているわけでもないのに、為替［相場］は手形の大量の需要によって一挙に低下する。だが、為替［相場］は間もなく大きな有利を伴って回復する。なぜなら手形が送られ、手形が安全に運び込まれた相手国は、それによっていっそう多くの債務を抱えることになるからである。

われわれが受け取るよりも多くの物産をわれわれから受け取らない国はないのに、為替が、他のあらゆる諸国に対して必ずしもフランスに有利にならないのは、通常の交易とは別の原因が何かあるからであろう[ピ1]。先の治世のもとでオランダ人との為替がほとんどいつもわれわれに不利であったとすれば、それはオランダ人が国王の収税請負人や請負業者に対して行った高利での貸し付けのせいである——これらの収税請負人や請負業者はいつもオランダ人の債務者であった。さらに交易をお互いに保護し合っているために、わが国の物産の価格が低落した。外国人は色々な様式の通行証を手に入れないとそれらの物産を求めにやってくることができなかったのである。

このように、上述の事情の一つによって、為替がオランダに対してわが国に不利であるとしてみよう。このとき為替相場を維持するために為替市場を操作するのは無効あるいは有害である。立法者は、常に有益な、正貨のオランダへの輸送のためでないかぎり、為替に介入してはならない。

為替を維持するために市場を操作すべきではないこと、また正貨を輸送させるべきこと、これらの二つの提案に対して異論が唱えられるであろう。前者は、将来をまったく見通すことができない若干の貿易商人によって、後者は、為替の原理も交易の原理も知らずに貨幣を外国に輸送するのはフランスの損失であると信じる人々によってである。われわれはその両者に返答しよう。

為替市場の操作を行うことができるのは、需要者に有利な〔為替〕手形を提供する場合だけである。それが為替相場を維持する唯一の方法であるが、しかしそれは国民を債務から解放するどころか、反対に、手形の法定平価を超える分だけ国民は債務を負うことになろう。常に貸借バランスに戻らなければならない。結果をみれば、もっとよくそのことが明らかとなるだろうが、いずれにせよ、為替市場の操作は利益を期待する相場師のすることであって、原理を完全に理解している大臣のなすべきことではない。

第二の提案について、為替が不利となるのはわれわれが債務者である場合だけであり、支払いを済ませるまでは不利が続くことを思い起こす必要がある。ところで、支払いを手形で行うことはできない。なぜなら手形は負債の新たな継続であるか、あるいはむしろ受取人から振出人への負債の移転にすぎないからである。支払いを商品で行うこともできない。なぜならこの仮定において商品は求められていないからである。こうして負債の支払いが済むまでは為替は不利であり続ける。したがって貨幣を輸送して清算するのは早いほどよい。〔フランスからオランダへ負債の清算のための〕貨幣の輸送中に、オランダが清算に十分な物産をわれわれから手に入れるとしても、〔今度は〕オランダは送られてくるすべての貨幣分だけ債務者となり、それを〔物産の代金として〕フランスに送り返さざるをえないことになろう。そうでなければ為替はオランダの不利であり続けるだろう。二国間の交易バランスは、商品か貨幣でしか清算できないことは明らかである。もし一方がその土地が肥沃なおかげで常に〔他方よりも〕より多くの商品を提供するとすれば、他方は必ずや貨幣で〔差額を〕支払う必要がある。諸国は皆、フランスから〔自国が提供するよりも〕より多くの物産を受け取っているが、これらの諸国は、したがって差額を支払わざるをえない。これは、それらの諸国が通常スペインに対して行っていることである。スペインはそれらの諸国から消費に必要なあらゆる商品を受け取り、〔交換に与えるべき〕商品や物産としては、自国にほとんど金や銀しか持たないから、金銀によって清算が行われることになる。

大部分の人が有害だと考えた外国への貨幣の輸送に関して、もう一言述べておこう。彼らは、それは贈り物だとでも考えているのだろうか。交易バランスが不均等であれば、われわれは貨幣を輸送する以外のやり方で清算することはできない。交易バランスが均等であれば、〔貿易外収支を考慮すれば〕外国はわが国の債務者、わが国の従属国となる。そして〔そのとき〕為替は常にわれわれに有利であろう。こうした〔貨幣輸送は有害だとする〕偏見を打破するためには、その馬鹿馬鹿しさを示すだけで十分であるように思えるが、しかしそうした偏見は依然として打破されてはいない。(*1)

（＊1）こうした偏見は前世紀の初めの頃、非常に根強かったので、われわれの商品との交換［物々交換］による以外は外国との交易を認めないとする提案がなされたほどであった。そのようなやり方は交易を破壊してしまうか、あるいは少なくとも野蛮な時代の原始的な交易へと退行させることになる。

仲介による為替とは、カディス、ロンドン、ハンブルグなどを経由してオランダに送金する場合のように、ある国へ送金するのに中継国を経由させるやり方であるが、それは常に同じ原理に基づいている。交易の最大の災いである破綻や破産に関するルイ一四世の王令[ビ2]は、これ以上望めないほどに完璧なものである。それを定めた立法者の賢明さが賞賛されればされるほど、その王令の施行における弛みがそれだけ懸念されるというものである。

高利に関する決疑論者[1]の意見を交易にまで拡大すべきではない。交易は公権力以外の法を知らず、この公権力は常に宗教に従う。為替の割引価格は、手形に伴うリスク、つまり［不渡手形の振出人への］返送のリスクがあるため、任意である。

（1）決議論者（casuistes）決議論とはカソリック神学の用語で、宗教や道徳の規範を具体的な行為や良心の問題に適用する方法のこと。行きすぎると、類型化された事例によってすべてを判断する立法的厳格主義に陥ったり、自分の判断の正当化のために疑わしい区分を増大させたりといった転倒が生じる。この点を捉えて、一般には、原理を機械的に適用したにすぎない空疎な議論であることを意味する。この場合、決議論者は、そのような空疎な議論を弄ぶ人の謂で用いられる。

第二一章　打歩について

打歩（agio）[*1]というのは、もともと通用貨幣と銀行貨幣ないし債券との差額を意味する一般的な銀行の用語である。打歩［利鞘］の取引は、他の取引と同じ成り行きをたどる。つまり豊富は貨幣や債券の価値を低め、需要はその価値を高める。この言葉から、公的債券の取引を行う人々に対してフランスで憎々しげに言われる相場師（agioteur）という言葉が生まれた。投機売買（agiotage）は、借入金庫［債］[1]の最初の不信用のときに始まり、債券［の種類］が増加するにつれて盛んに行われるようになり、わが国の銀行のオペレーションによって頂点に達した。投機売買の歴史は、様々な国家債券[2]を設けたり廃止したりした布告や法令をみれば、容易に知ることができる。興味をそそられるところである。

（＊1）　援助（Aide）を意味するヴェネチアの言葉

貨幣の所有者は、軽率でないかぎり、どのような利益も期待できず、不払いの恐れがある無価値な国家債券と貨幣とを交換することはできない。したがって国家債券がこの上なく廉潔な貿易商人に差し出されたとしても、彼は平価での受け取りを拒否するであろうが、これは何ら正義に反するものではない。もし、それがリスクを若干上回る何らかの利益を伴って彼に差し出されたとすれば、彼はどうすべきだろうか。

彼はそれを拒否するに違いない。なぜなら、平価で受け取るのは軽率というほかないが、利益を得て受け取れば相場師の汚名を着せられ、しばしば責め立てられるからである。こうして、支払いが遅れがちで不確実だとわれわれがみなす国家債券の所持者は、慈善以外の救済［手持ち債券を売却して利益を得ること］を求めるのは当然なのに、それもかなわず、その傍らで餓死してしまうだろう。ここに投機売買に対する偏見のもっとも大きな不都合の一つがある。

この取引は低調でリスクが大きいほど、ますます秘密裏に行われるようになる。その結果、その取引を行う人々がより多くの儲けを要求すればするほど、国家債券の不信用はますます大きくなっていく。相場師は自分に対して行われる捜査や、これらの国家債券に対して行われる［不要と判断された債券の］排除［のリスク］を思い起こす。遠洋航海といえども、これほどリスクは大きくない。

幾らかの財産を築いた慎重で幸運な相場師にしか捜査の手が及ばないことを今一度考えてみよう。彼らの罪は彼らの仕事にあるのではなく、むしろ彼らの富にあった。彼らにとって選択肢は、破滅するリスクを負

（1）借入金庫［債］（Caisse des Emprunts）コルベールによって設立され（一六七三年から一六八三年まで）、その死とともにいったん廃止されるが、財務総監シャミヤールによって一七〇二年にふたたび設立された。六パーセントから八パーセントの利付き金庫債が大量に発行され、国庫運営に供されたが、信用基盤は脆弱でその償還はほとんど行われず、一七一五年末には流通残高は一億四七六〇万リーブルにも達した。

（2）国家債券（papiers）財務総監シャミヤールがスペイン継承戦争の戦費調達などの目的で発行した国家債務証券で、貨幣券（billets de monnaie）、フェルミエ債（billets des fermiers généraux）、ルスヴール債（billets des receveurs généraux）、戦争臨時債（billets de l'extraordinaire des guerres）などがある。上述の借入金庫債もその一つ。国家債券は過剰発行されたため、その市中相場は下落し、不信用を招いた。

うか、名誉を失うリスクを負うかのどちらかである。国家債券の排除に当たっては、罪がないものが罪深いものと間違って判断された。なぜなら、法には、諸種の国家債券を十分に見分けることなどできないからである。

しばしばこれらの大量の債券を［市中の流通から］取り除くために、また大抵の場合、貨幣を手に入れるために、官職債や市債が設けられ、貨幣の改鋳が命じられ、借り入れが行われたが、これらの一切のオペレーションにおいて、受け取りの一部はこの信用の落ちた債券で行われた(3)。債券はこれにより僅かばかりの一時的な利益をもたらした。このとき、貨幣の所有者は国家のためにも自分のためにもその貨幣を有効に用いる方法を見いだし、当然ながら、人気のある債券の一部を買った。債券しか持たない人も同様に貨幣で要求された額だけ、それを売ったに違いない。このような相互の取引には、どこからみてもほかの物産の取引と同じく罪はない。

特任官僚(4)に、一緒に投機売買をした人々について尋ねられたある有名な相場師は、高位聖職者、大諸侯そして行政官の名を挙げたと言われる。名前を挙げられたからと言って、彼らが侮辱されたわけではなかった。彼らはいつ何時でも、必要に応じて売買を行わねばならなかったのだから。相場師が責め立てられたが、罰せられはしなかった。というのは、やむなくお金を払って追及を逃れても、そのことで罰せられはしないからである。

ここで相場師の弁護をしようというわけではないが、彼らの犯罪的な操作は国家債券の不用意さを補おうとして、やりすぎたというにすぎない。だがある取引が独占を招いたからといって、それを禁止する理由にはならない。改められれば十分である。このとき相場師は他の仲買人の、あるいは少なくとも古物を商う商人の仲間入りを果たすことであろう。

銀行が設立されていた時代の投機売買は、その原因と結果においてきわめて異常であり、かつて例がないほどであった。［もっとも］同じ時代のイングランドの投機売買の方が、より賢明で罪がなかった、というわけでもない。

市債やタイユ税の［請負］契約、株、手形（Billets de Place）は必然的に他の様々な取引にかかわる。つまり公証人は様々な契約を商い、株式仲買人は株や手形を商うのであるが、公債をめぐる取引も同じことである。そこに一種の正当な打歩が生じるが、それは国家債券と貨幣の交換を容易にするから、常に有益である。政府が賢明で見識があれば、有害な投機売買の原因となる公的不信用の災禍などもはや心配するには及ばない。

（3）シャミヤールの後を継いだ財務総監デマレは、一七〇八年に官職債や市債の設定、政府の借り入れ（政府への貸し付け）などに当たって国家債券を用いることを認めた。これにより国家債券の市中相場の回復がみられたとされる。

（4）特任官僚（Commissaires）世襲が許された保有官僚（officier）と違って、国王が自由な任命権を持つ役人。

第二二章　交易バランスについて

本章のおもな目的は、立法者はいかにして交易バランスを知りうるか、そしてこれを知り得たとして、バランスが有利であればそれを維持するために、あるいは［不利であれば］それをわが国の有利に変えるために立法者はいかに行動すべきかを検討することである。この検討を通じて、交易に関して、本書の他の章では扱うことができなかったいくつかの問題を論じることができよう。

まず、どのような商品が輸入され、輸出されているかが分かれば、同時に、輸出相手国や輸入相手国との関係が有利か不利かが分かるに違いないように思える。しかしこうした知識は不完全である。なぜなら輸入される商品の品目が分かっても、その価格を知ることはできないからである。というのは、貿易商人に価格を申告するように強いて求めるのは商取引に対する危うい詮索ということになろうし、そしてその申告を確認するのは不可能だからである。

交易について知識を提供してくれるのは為替である。それも一時的、数日間の為替ではなく、一年間の為替の全体である。もし二つの島の仮説の場合のように、二国が彼ら同士の交易しか行っていないとすれば、一方の側の為替の優位は交易におけるその国の優位を示すだろう。しかし多くの交易国の間では、ある国があるところから利益を得ても、別のところでその利益を失うこともある。そして数多くの様々な為替に伴う鞘取り売買のあらゆる迂回路を捕捉するのは不可能である。しかし、われわれは経験上、そのような迂回路はすべてその国で最も盛んに取引が行われる大規模な取引所に通じていることを知っている。したがって一年間の為替の総額が、アムステルダム、ロンドン、カディスに対してフランスの方が有利であったとき、バランスはわが国に有利であったことを確認しうるのである。パリとアムステルダムは交易が盛んなヨーロッパの一般銀行のようなものだから、これら二つの都市の間の為替相場を知りさえすれば十分であろう。ロンドンとアムステルダムはフランスに対して為替は不利であっても、しかしながら交易全体は有利となりうる。なぜなら、ロンドンやアムステルダムは、貨幣でしか清算できないポルトガルやスペイン相手に帳尻を合わせるからである。

為替の利益は交易の利益に比例するに違いない。あるいはその不利益は国家の債務に比例するに違いない。ある年の交易が有利であり、為替は二パーセントの利益を生み出すものとしてみよう。もし同じ利益が次年度以降も続けば、その結果、為替相場は常に上昇し続けるはずであるが、しかしながら、交易の同じ利益が続くとしても為替相場のこのような上昇は決して起こらない。なぜなら、貿易商人は危険や輸送費用を上回る有利が為替から得られる場合しか、為替で支払うことをしないからである。したがって、為替相場がこの水準を越えて騰貴する（hausser）[*1]ことはありえない。というのはその水準を越えるとき、貿易商人は貨幣を輸送する方を選ぶからである。

（＊1）　為替用語

輸入品の検査、前年までとの様々な比較、さらにその他の簡単な観察によって、為替が交易バランスの不調を示しているとすれば、立法者は調子の悪い部分はどこかを調べ、それを回復させる手段を追求する。それが輸出入局の主たる仕事の一つである。

為替が隣国のそれに対して優位にあるといっても〔交易〕バランスが良好であるとはかぎらず、交易が不調あるいは不十分な場合もありうる。つまり、わが国は受け取るよりもずっと多くの商品を隣国諸国に送ることができるのに、全体として交易がきわめて低調で、わが国には余分品が残され、しかも若干の必要品に不足するほどである場合である、このとき、このような事態は交易とは無関係の諸原因によって生じる。例えば、ヨーロッパのすべての列強がお互いに連携してわが国を排除しようとして行う戦争の間、そのような事態が生じる可能性があった。しかしそれらの国々は多くの重要な品々に不足することになったから、戦争で優勢に立っていたオランダ人は、わが国の素晴らしい土地が肥沃であるがゆえに彼らには必要であった交易を、わが国に要請した。

先の幾つかの戦争の間に、わが国の交易の利益が、外国に対する負債による損失によって相殺されるという事態がしばしば生じた。その頃は一般に高利であり、交易バランスの諸条件はほとんど知られていなかった。必要とされたのはもっぱら、無用な、あるいは有害な官職〔債〕の創設に対して、前貸し――その一部は偽りの価値〔様々な国家債券〕で支払われた――の申し出であった。そのような前貸しには、元請け（en dehors）で三ソル[*2]または下請け（en dedans）で二ソル[*3]の利益、そして何らかの補償金が伴っていた[1]。いつでも貨幣を必要とした大臣は、このような有害な前貸しを受け容れた。そして銀行や信用や、わが国にないものを色々持ち合わせる諸外国は、〔官職債を請け負う〕収税請負人（Traitants）の事業に資金を提供した。収税請負人は外国からどのような価格で貨幣を手に入れようと、それ以上に利益を得ることができたのである。

（＊2）債務者は二〇ソルに対して三ソルを負っていることを意味する金融用語。

（＊3）前貸しについて、〔官職債を請け負う〕収税請負人にこの〔二〇ソルに対して〕三ソルないし二ソルを支払うのは国王である。

このとき、その交易が自己資金よりも信用に基づいている貿易商人の財源はどうなっただろうか。彼は自分の利益では〔国王が収税請負人に支払うのと同じ〕一〇パーセント〔二〇ソルに対して二ソル〕の利子を支払うことなどできないことを知っているから、低利を求め、外国からそれを手に入れる、しばしば彼の商品はそこに預けられ、売れるのを待つことになる。この担保によって保証された外国は、銀行からの信用に基づいてもっと安価で貸し付ける。こうして資金も危険もなく、この外国は交易がその国に与えるのと同じくら

（1）官職債（charges）売官職を対象とした債券であり、司法、行政、財務などの実務が伴った固定債券のこと。法的には不動産として規定されるが、一般的には分割、譲渡（相続）、賃貸、交換が認められており、金融商品の一種と考えることができる。国庫の赤字を補填するための特別事業（公信用）として、市債と並んで中心的な役割を担った。官職債の供給は、Traitantsを介した請負契約（Traités）によって行われることが多かった。Traitantsが受け取る手数料には上位者と下請けとで違いがあり、ここでムロンが言っているのは、上位者の手数料は二〇ソルに対して三ソル（一五パーセント）、下請け業者の場合は二ソル（一〇パーセント）であることを意味している。なおTraitantsは上記のように官職債の創設などの国庫の赤字補填を目的とした政府の特別事業を請け負う特別事業請負業者であるが、エード（飲料消費税）やガベル（塩税）などの間接税を請け負うFermiers（徴税請負人）、タイユ税やカピタシオンなどの直接税を請け負うReceveurs（収税人）、さらには、より一般的に政府の公共事業などの請負業者を意味するEntrepreneur（請負業者）と区別して、収税請負人と訳している。

い、あるいはそれ以上の利益を平然とわれわれ相手に獲得するのである。これによってわれわれはその国に従属することになる。

われわれは、社会を維持する上で利子が必要であるということと、道徳上の厳格さとを調停するという厄介な仕事を神学者に任せている。われわれの目的は、利子が許される状況の下で、利子がわが国において外国ほど高くはないことが交易バランスにとってどれほど重要であるかを示すことである。なぜなら最も安く貨幣を手に入れることのできる貿易商人は、競争相手に対して常に有利に売ることができるからである。

利子はヨーロッパにおいて貨幣量が増加するに応じて低下した。利子あるいは貨幣の価格は、商品の価格と同様に、常に需要に対する［貨幣の］相対的な豊富さに依存する。したがって、宣戦の布告や、現金の何らかの減少によって貨幣が高価になるとき、それは貨幣の総量が減少したからではなく、貨幣の持ち主が、貨幣需要がいっそう大きくなると予測したからである。というのは、戦時において、国王は貨幣にもっと高い価格をつけ、それを需要するだろうし、［何かの事情で］現金が減少した場合には、変わらぬ現金需要が貨幣全体への需要を高めるからである。

貨幣の独占が何か他の物産の独占と少なくとも同じくらい有害で罪深いことを証明するのは難しくない。というのは、われわれの簡明な原理から出発し、銀の採掘を行っているある島が他の島と競合関係にあると考えれば、そのことは明らかだからである。すなわち、他の島同士も競合関係にあり、他の島の一つがそこで産する物産の一部を隠し、より少ない物産によって同じ量の別の島の様々な物産を手に入れようとすることは許されないであろうが、同様に銀を採掘する島がその一部を隠し、より少ない銀と交換に他の島の同じ量の物産を手に入れようとすることは許されない。他の島はお互いに努めて対等な関係に向かい、あらゆる種類の独占を阻止する権利を有する。このような権利は現在の商取引においてはなおのこと正当である。今では貨幣は、他の物産が持たないその権能である一般的な担保として、よりいっそう必要となったのだから。しかしながら、このような観念的な正義の原理は実際にはあり得ない。なぜなら貨幣の独占は、穏やかな市民にとってはあまりにも過酷な取り調べでもしなければ、見つけ出すのは困難だからである。

貨幣の所有者が貿易商人に貸し付けを行うときになにがしかの報酬を受け取ることを禁じるとか、貨幣の所有者が、交易が許容しうる以上の高い利子でしか貿易商人への貸し付けを望まないというのは、二つの極端な場合であって、どちらも交易を破壊する。しかし、担保も抵当もなしに貨幣を貸し付けることにはいつも危険が伴うし、(*4) 貨幣の所有者はいつでも何か別のよい使い方ができるというのに、(*5) なぜ貨幣からなにがしかの報酬を手に入れることが許されないのであろうか。なぜ［借り入れをするときに］下らない気詰まりな敬意を払う必要があるのだろうか。同じく、なぜフランスでは商業の盛んな隣国諸国におけるほど利子が低くないのだろうか。わが国はそれらの諸国と同じだけの、またもっと多くの貨幣量を有してはいないだろうか。わが国の流通はそれら諸国と同じほどに活発ではあり得ないだろうか。そして公的債券は信用に値する真実の価値を得るべきではないだろうか。そうなれば貨幣の独占は消滅するだろう。というのは、高利が姿を現すのは公的不信用が生じる場合だけだからである。

(*4) 現実の損害［あるいは積極的損害］(Demnum emergens)。
(*5) 逸失利益［あるいは消極的損害］(Lucrum cessans)。

貨幣の欠乏を銀食器の鋳造によって補おうと考えるのは大きな間違いである。貨幣の一般的な総量はそれによって僅かに増えるが、増えた分など残りの分とともにたちまちどこかに消え失せてしまう。このような貨幣の欠乏の原因は貨幣量の不足にあるのではなくて、貨幣を使用することへの不信にある。高利をやめさせ、信用を回復しよう。そうすれば、こうした人々は銀食器を造幣局に持ち込むどころか、新たな銀食器を作らせるであろうし、銀貨はどこにでも豊富に見られるようになるであろう。

貨幣の値打ちが高まる不幸な時代には、農産物の価格は同じ比率で低下し、したがってそれらを生み出す土地の価格も同じように低下する。土地所有者はぎりぎりの暮らしを余儀なくされ、税を十分に支払うこともできない。債務者は値段の下がった物産を売ってももはや利子を支払うことはできない、彼は高利の重圧に負けて、債権者のために耕していたにすぎなかった彼の土地を放棄する、そしてこの債権者は、様々なやり方でその土地の価値が貶められ、何年も未耕地のまま放置されたあとで、安値でその土地を手に入れる。ところで、貨幣の総量はその通常の価値において土地の価値の一〇分の一にも相当しない。土地は真実の富であり、骨の折れる交易によっても、その一部だけを、しかも大変な苦労の末にようやく補うことができるにすぎない。貨幣の価値は容易に他のものに代えることができる。また貨幣が高価なとき、流通しているのは貨幣の一部だけである。土地の高価を犠牲にして貨幣の高価を維持するのは、一〇〇〇人に対して一人を特別扱いすることであり、市民、農業者、職人に対して高利貸しを特別扱いすることである。それは高利貸しを豊かにするために、国家のそれ以外の人々を犠牲にすることである、高利貸し以外の人々は貨幣の盛んな流通が彼らを生き生きと活動させるかぎりでしか精彩を放たない。結局、貨幣の高価を維持するのは国内商業を破壊し、外国貿易を放棄することである。

海運保険は多くの場合、交易バランスに算入しなければならない。その利益を計算することは難しいことではない。というのは、難破した船舶の数と、同じ航海で無事に港に着いた船舶の数を評価するによって、この取引の損失が分かるからである。差し引き計算をするだけでよい。だが、このような確認を待つまでもなく、保険は利益があがると断言できる。オランダ人は彼らの国が生まれたときに保険を設けた。イングランド人は保険をあらゆる種類のリスクに拡大した。これらの両国はあらゆる他の諸国の船舶に保険による保障を与えている。

保険の利益に関して道理と経験は一致している。貿易商人が船に荷を積むのは、もっぱら幸運な航海の見込みがあるからであるが、しかしそれでも彼は敢えて巨額の資金を危険にさらすようなことはしない。彼は保険業者に頼るが、保険業者も同様に自分に有利な何かの見込みがないと、これらのリスクを引き受けることを望まないし、そうするはずもない。保険は、保険業者、被保険者そして交易に有利な働きをする。この保険の働きが公的債券の仲買人に及ぶとき、それは、状況に応じて信用に有利となることもあれば、有害となることもありうる。わが国のインド会社の株に対するプライム[*6]は、［いわば］禁じられた保険である。なぜなら、それは自然的な可能性よりもむしろ［人間の］道徳的な可能性を対象にしたからである。インド会社の株の成功が船舶の幸運な帰還［という自然的な可能性］に依存するのであれば、そのようなプライムを復活させるのが有効であろう。

（＊6）プライム（Prime）とは、保険業者が、みずからが冒すリスクと引き換えに受け取る保険の価格分の利益のことである。

イングランド人は家屋の火災を対象とする保険会社を持っている。その点で言えば、彼らは、船舶の所有者がみずからの保存にいっそう注意するようにするために、常に利益の一〇分の一を取っておくべきことを定めたわが国の法令第一九条項(＊7)を遵守していることになる。イングランド人は同様に航海者の生命に対して保険による保障を与えている(＊8)、それはわが国の法令やオランダの法令では禁止されている。このような違いは検討に値するほどの重要性を持たない。

（＊7）　一七三〇年三月七日の布告。

（＊8）　海運法令、保険編［をみよ］。

一六八六年五月の布告によって、パリ市に、保険と、並はずれた冒険的事業に携わる一般会社が設立された。その後、会社の定款が作られ、翌六月六日の顧問会議の法令により認可された。［しかし］この布告は実施されなかった、あるいは何も痕跡が残っていないほどわずかな期間しか実施されなかった。わが国の港には十分な数の保険業者がいたことや、あるいはオランダ人がもっと安価で保険を引き受けていたという事情もあったが、何より、わが国の交易は当時、十分なものではなく、こうした会社設立の費用を維持することができなかったためだと考えられる。これらの理由は、わが国の海運交易が持続的に増大したこと、また他国と同じくらいに安価で保険を引き受けるのに必要な財源を交易の富が提供することができるようになったことによって、今ではもう当てはまらない。したがってわれわれはこの会社の復活によって、こうした会社がもたらす上述の利益を手に入れることができる。

あるイングランド人の著者が交易バランスについて論じたときに[(2)]、賢明にも、交易バランスを知る手段よりもそのバランスを有利にする手段を研究する方がよいと述べている。彼が提案する手段の大部分は交易行政にかかわっている。われわれの意図により適合的なその手段のいくつかを挙げよう。だがその前にイングランド人は持たないが、われわれは完璧な形で手にしている二つの手段があることをみておかねばならない。[(*9)]一つは彼が債務の譲渡と呼んでいるもので、わが国の指図人払いの手形のことであり、その取引が容易になれば流通は大いに活発になる。もう一つは、彼が商人裁判所（Cour de Marchands）と呼んでいるわが国の商事裁判所（Juridiction Consulaire）であり、その賢明な法はあらゆる立法のモデルとして役立つに違いなかろう。

（*9） イングランド人の著者は、これらの二つの手段のそれぞれについて一章を当てた。イングランド人の銀行が、譲渡可能な約束手形の欠如をいくらか補うことができようが、しかし商事裁判所の欠如を補うものを考えるのは難しい。通常の裁判の手続きに従えば、交易は必ずや大きな損失を被るこ

（2） イングランド人の著者とは、『新交易論』（*A New Discourse of Trade*, 1693、杉山忠平訳『新交易論』東京大学出版会、一九六七年）を著したジョサイア・チャイルド（Josiah Child, 1630–1699）のことである。チャイルドは一六七三年から東インド会社の理事、そして一六八一年には総裁に就任。『新交易論』は、市民革命以後のイギリスを代表する経済文献の一つであり、そこでチャイルドは、貿易と海運の増大、低金利、就労人口の増大、自由と保護の両面政策などによる国内産業の振興策を論じた。ムロンのみならず、一七五四年にこれを仏訳出版したヴァンサン・ド・グルネなど、一八世紀のフランスの論者に大きな影響を与えた。

とになる。国家において商業が盛んになればなるほど商事裁判所はますます必要となる。

次に、イングランド人の著者が他のあらゆる手段を集約した［交易を盛んにするための］四つの主要な手段をあげておく。

一　交易に携わる人の増加。

二　交易の資本の増加。

三　交易を容易かつ必要にすること。

四　わが国と交易する相手国にも利益になること。

第一の手段には貧民の救済が含まれる。その結果、彼らは無為に過ごすことはありえないし、貧困ゆえに自分の国を出て行かざるを得なくなることもない。住民の流入はいっそう容易でかつ自由となる。

第二の手段に債務の譲渡を認める法が含まれる。さらに祝祭日の数を減らすための法律が含まれる、なぜなら、これらの祝祭日に製造される商品の量だけ資本が増えるからである。

第三の手段には、ふたたび債務の譲渡、商人裁判所、税関の検査費用が含まれる。

第四の手段には、諸国との通商条約を十分に協議すること、外国に対し豊富にかつ忠実に物資を提供することが含まれる。

低金利があらゆる問題の根本であり、このイングランド人の著書の最大の関心事であるが、これについては、われわれの意図に関係するかぎりで様々な機会に既に論じたから、これ以上、敷衍しないことにしよう。

交易バランスの目的は、交換の担保としての金銀の総量を増加させることである。こうした担保の増加の結果として、高利によってしばしば停滞させられ、あるいは破滅させられてきた交易のあらゆる事業が助長される。その結果、交易はいっそう拡大し、常にバランスの有利が維持される。要するに、かつては、外国産の商品の需要は外国におけるわが国の商品に対する需要ほどは大きくなかったから、住民は必要なもの［交換の担保］を手に入れていたということである。

首都と地方との間で常になくてはならないのが国内のバランスであり、これこそ最も重要なバランスである。この点について、よく知られてはいるが十分な関心を得てはいないいくつかの詳細に立ち入ろう(3)。首都はあらゆる富が集まる中心である。王家の支出のほかに、領主や年金受給者が土地や年金や政府の俸給からの収入を首都で支出する。首都の住民は、四〇〇〇万リーブルの市債、六、七百万リーブルの株の配当金、裁判の担保を受け取る、そして訴訟人、国王の徴税請負人、収税人、収税請負人にかかる費用は、首都においてすべて彼らの収入となる。これほど多くの年々の出費を負担しているのは地方である。

（3）　ムロンは以下で、首都や都市に住む富者の消費に主導される都市と農村の経済循環（「国内のバランス」）を論じているが、ここに、地主、都市の企業家、借地農の三者の機能的な経済循環を、都市と農村との空間的な循環に置き換えて論じたカンティロンの影響が滲み出ているように思われる。ムロンはジョン・ローを介してカンティロンと知人であったと推測されるが、以上のことは、一七三〇年前後に書かれたと推定されるカンティロンの『商業一般の性質に関する試論』（*Essai sur la nature du commerce en général*, 1755）の手稿をムロンが目にした可能性をうかがわせる。

税は常に共通の尺度としての貨幣で見積もられ支払われるが、しかし税を支払うのは最終的には常に物産である。そうでなければ、最初の年に貨幣を使い切ってしまった地方は翌年に税を支払うことができなくなるであろう。したがって立法者は税を定めるとき、各地方の税額を、これらの物産の豊富さと、それらが売れる見込みに基づいて決めるべきである。その見込みは、次第に、首都に、また政府の様々な活動に依存することとなる。

地方が、タイユ税、塩税、一〇分の一税などの年々の支払い分を補充すべき貨幣を手に入れるのは、主に首都の消費からである。税が増えれば増えるほど、様々な事業や徴収などから得られた利益を用いて、ますます大きな消費が必要となる。首都に金儲けの手段が数多くあるとき、奢侈が常にいかに有利であるかがここに示されている。リヨンの金糸の織物、ブルゴーニュやシャンパーニュのぶどう酒、ノルマンディーやメーヌの鶏、ペリゴールのヤマウズラとトリュフがこれらの地方の租税を支払う。無知な庶民はこれらの馬鹿げた支出に腹を立てる。そして政治家は、それらの支出を、それほど悪くはない原因の望ましい結果であると考えるのである。

首都の成長は、住民に支払われるラント、年金、給金、国王の徴税請負人や収税人の利得、これらの総額に依存する。国家の富を判断しなければならないのは、このような富によってではない。もし租税の額と土地生産物の売れ行きとがバランスを欠くことになれば、そうした彼らの収入も長続きしないであろう。住民二〇に対して、農業者(*10)がおよそ一六、職人が二、聖職者、裁判官、軍人が一、そして貿易商人、金融業者、資産家が一の割合でいる。この点で、立法者は人間のバランスに配慮しなければならない。なぜなら立法者が設けられたのは、彼らを皆、その職業に応じて幸福にするためだからである。農業者はその他の人々よりもいっそう注意に値する。というのは、農業者は他の誰よりも数が多く、しかもその労働はいっそう重要だからである。しかし彼の幸福は他の人々と同じ種類のものではない。彼は勤勉な労働によって幸福に値するに違いない。立法者は、公正な課税と売れ行きとが釣合を保つことによって、農業者が彼の辛い骨折りの成果を安心して享受できるようにしなければならない。身分が卑しいとされているからといって、こうした人々を顧みないのは、野蛮で危険な不正義である。なぜならこのとき、人間と商業とのこの基本的バランスの均衡が断ち切られてしまうからである。農業者は意気阻喪して自分の職業を拒むようになるであろう。食糧は少しずつ不足するようになり、税の支払いは不十分となり、社会の他の人々も同じ不幸に見舞われることになろう。それは、久しく貧しさに慣れた農業者にとってよりも、首都の住民にとっていっそう耐え難いものであろう。ある市民がかくも大勢の人々が貧窮にあるのを目の当たりにするとき、それは彼にとってなんと恐るべき光景であることか。しかし、彼らの不幸を止め、あるいは防ぐことのできる容易な手段があることを彼が承知しているとすれば、それはなんと情けない恨み言であることか。

（＊10）　ブドウ栽培者や耕作者。

われわれには考えも及ばず、わが国の統治の穏やかさからほど遠い恐るべき準則がある。それは、民衆は貧しければ貧しいほどいっそう従順である、という準則である。(4) そのようなことを言わせたのは心の冷酷さであって、政治ではない。そして国王への忠誠や愛情に揺るぎのないフランスの民衆以外の民衆に関して言えることである。しかし、あらゆる種類の統治において恐れるべきものがあるとすれば、それは貧困によって絶望へと駆り立てられ、もはや失うものを何も持たない民衆の存在である。

大衆の貧困を利用する金持ちはわずかな賃金で賃金労働者を働かせる。何かの幸運な成り行きによって豊富が回復し、より大勢の市民が、職人たちに仕事を与えるのに必要なものや、農業者から物産を買うのに必要なものを手に入れるとして、このとき、以前と同じ価格で働いたり売ったりすることへの拒否を、この金持ちは傲慢あるいは反抗などと呼べるだろうか。労働者の富は、家族を養うのに必要なものを彼に与えてくれる確実な仕事にある。彼は精一杯の蓄えを行っても、新たな仕事がなければ、その蓄えは彼を養うのに一週間ともたないであろう。彼らが結構な食事を取るのは至極当然のことであって、だからといって彼らを妬むことなどできようか。穏和な国王となったアンリ四世の望みは農村に豊富をもたらすことであった。この慈悲深い君主は言った。私の願いは、私の王国の農民がおのおの毎週日曜日に、雌鶏のポトフを食するに必要なものを手に入れることである、と。これは豊かな感受性に発する気高い言い回しである。

（4）　ムロンが批判しているのは、労働者に対する伝統的な固定観念ないしそれに基づく低賃金論であり、労働者は容易に怠惰と快楽に傾き、直接の必要に迫られたときにしか労働に従事しないから、労働者には境遇の改善は有害であり、低賃金こそ望ましいとする見方である。ここでのムロンの鉾先は、直接にはマンデヴィル（『蜂の寓話』*The Fable of the Bees : or, Private Vices, Publick Benefits*, 1714）の低賃金論に向けられているようにも思われる。

第二三章　公信用について

先の戦争の間、スペインはメキシコとペルーからいつも通り租税を受け取った。そしてフランスは南海から莫大な金額を手に入れた。これらの交戦国（ヨーロッパのあらゆる文明国）はようやくにして講和を結んだとき、貨幣を使い切っていた。では、これらの巨額の貨幣はどうなったのだろうか――その喪失こそが国家と人民を貧窮に陥れたのであったが。行政の誤りが全般にみられたが、わが国と同じくひどい状況の敵国や隣国諸国は、［この苦境を脱する］手段をわが国ほど持ってはいなかった。

すべてが停滞し、すべてが金や銀のただ中で苦しんでいた。というのは、何よりも重要な信用が失われたからである。富は、土地生産物、製造業の勤労、そして交換の担保に存する。最初の二つは動かしようがないが、三番目はいつも任意である。なぜそれを不足したままにしておくのだろうか。

信用の基礎は公衆の暗黙の合意（conventions）に基づく保証である。これがあれば、貨幣とその等価物は潤沢となる、そして消滅寸前の有価証券が貨幣の等価物となる[1]。

さらに次のことを繰り返し述べておこう。大規模な生産が行われていて、国家を破壊する革命が起こることなど心配する必要のない国は、信用と流通がその必要と釣り合いを保っているときには、平時であれ戦時であれ、豊かで強力である。時期によって物産の消費量は異なるものではない、では、いっそう大規模な消費に何の意味があるのだろうか、それは、土地が豊富に物産を産するときには好都合この上ないのである。

通常の支出が増えれば、必ずや物産の消費と価格に影響が及ぶ。軍人は収入と俸給を前もって使ってしまう。したがって戦時に利益を得るのは、高利貸し、徴税請負人、国王の請負業者だけである。流通が活発であれば、すなわち交換の担保が十分なだけ存在すれば必ずや高利はなくなる。そして人々は十分な見識を身につけるから、主権者と臣民との合法的な協約によって獲得された富を忌々しいものとみなすようなことはもはやなくなる。富を獲得する手段や所有権が正当化されるのは、この至高の立法権力によってである。われわれの契約はこの立法権力を通じてはじめてその価値と効力を持つようになるにすぎない。したがって徴税請負人や請負業者の勤労や賢明な仕事ぶりは、貿易商人やほかの職業の人々の仕事ぶりと同じくらい必要でかつ有用である。〔彼らに〕不正が見られるときに、その不正を改めさせ処罰するのは、また、彼らの労働は信用の新たな領域を作りうるが、その労働の果実を安心して彼らが享受できるようにするのは、最高権力者〔国王〕の仕事である。

国家の債務は右手から左手に渡る債務であり、国家が必要な食糧を持ち、それをふんだんに与えることができるならば、債務によって国家が弱体化することはないであろう。

一七三一年、ある国は負債のお陰でいっそう繁栄したことを証明しようとする論考がイングランド人の手で出版された。[*1] その論考が依拠したのはグレート・ブリテンの例である。グレート・ブリテンの巨額の債務

(1)　このパラグラフは初版では章末に置かれ、最後の「貨幣の等価物となる」のあとに、さらに「それはどれほど容易なことであろうに……」の一文が置かれている。

が、その活発な流通を通じて、現在の強大な力をもたらしたというのである。彼は、ほとんど今日のそれと変わらない数々の債務を列挙している。銀行《ビ1》に対して一一〇〇万、インド会社に対して三〇〇万、南海会社に対して三一〇〇万、満期の時期が異なる年金が約四百万。合計で四九〇〇万スターリングであり、わが国の貨幣で一一億リーブルにもなる。しかも、この王国［の規模］はフランスの三分の一でしかない。

大勢の人々の富をなしている南海会社の株に関して、この会社の成功を危ぶむ株の所持者たちを落ち着かせるために先頃行われた措置によって、資本金の四分の三が切り離され［年金公債に転換され］、会社に関係する株はもはや四分の一しか残されていない。ところで、この四分の一の部分はすぐにその価値が下がり、今では二五ないし三〇パーセントも下がっているが、一方、ほかの四分の三の［年金公債に転換された］部分はそれに充用される税から年々収入が生じ、三、四パーセントの利益を生み出している。したがって、この部分の流通がこの会社の最大の功績をなしている。実際、七億リーブルもの流通が生まれており、これに比べれば、いつなんどき敵地となるかも知れない外国のいくつかの海外支店に限定された交易など、取るに足らないものである。

（＊1）その抜粋が当時の『ガゼット』紙に出ている。

上述の論考の著者は、際限のないほどの額の負債が有利であるとは、言いたくても言えるものではない。常軌を逸した債務は支持できないであろうが、彼は債務の限度を設けていない。その限度を考えてみる前に、次のようなある種のパラドックスを検討すべきであろう。そこに至る道筋は次の通り。

パリ市役所に割り当てられた市債は有利であるかどうか、つまりその結果、どのような善あるいは害悪が生じるか、そして、この市債やインド会社株を貨幣で償還することが、これらのあらゆる証券のより活発な流通にもまして望ましいかどうかを知ることが問題である。それは政治的考察の対象であり、信用の諸原理、首都の栄華、諸地方の出費による首都の富、この種の収入に伴う無為などに基づいて明らかにすることができる。

もし市債に特別利益（faveur）が与えられるとすれば、それは最初に所有した者の市債に与えられるのが正義に適っている。しかしこの特別利益は売るときに失われてしまう。なぜならそれは買い手である第二の所有者のものとなるが、この買い手は厳しい条件でしか支払わないからである。もし売り渡される市債に特別利益が伴っていたならば、最初の所有者はそれを売るときに特別利益を得ていたであろう、したがってもっと高い値段で売っていたであろう。これにより一般的かつ相互的な損失の均等がもたらされる。そこから、販売を促すためには、所有者の富を増やさねばならない、という一般原則を引き出すことができる。

偶然から生まれた貨幣券は(*2)、この信用は高利にもかかわらず財政を堅固に支えるのではないかと、敵国を恐れさせた。個々人はその貨幣券を受け取るが、国王はその受け取りを拒否する旨、命じられたとき、敵国の人々は安堵した(2)。逆のことを提案する者がいたとしたら、その人は常軌を逸していると見なされたことだろう。しかしながら、それこそが貨幣券の信用を維持する唯一の方法であった。なぜなら国王が貨幣券を受

(2)　初版では、このパラグラフのここまでの部分は、「貨幣券の時代に、個々人はその貨幣券を受け取るが、国王はそれを拒否する旨、命じられた」となっている。

け取っていたならば、貨幣券は、必ずや、国王に戻すために国王自身から購入されねばならず、個々人は［国王からの購入と国王への支払いという］この別の用途によって保証されて、お互いに自由に貨幣券を利用したであろうからである。実際はどうであったか。貨幣券は廃止され、この信用は失われざるを得なかった。

（＊2）　貨幣券の歴史はここでの主題ではない。

銀行が支払いを停止したとき様々な著作が出版されたが、そのなかの一冊で、「良い銀行は決して支払わない銀行である」と述べられていた。この原理は当を得たものであり、揺るぎない真実であるが、状況がそれを冗談に変えてしまった。アムステルダム銀行（ビ2）は決して支払わない。なぜならその銀行には有利な利用法があるからである。その利用法とは、あたかも、少額の貨幣に対してルイ金貨が支払われることはありえないにしても、ルイ金貨の方は、［少額の］貨幣に対して利益を伴ってあらゆる利用の場面で受け取られるようなものである——なぜ利益を伴うのかと言えば、このとき［少額の］貨幣がルイ金貨［との交換］を求めに行くからである。したがって、インドの商品やその他の商品の支払いにおいて、アムステルダム銀行の預金証書が流通貨幣よりも五パーセント高い［価値を持つ］ものとして受け取られるとき、この銀行は決して償還することがないのである。なぜなら、その証券の所有者は、望むときにいつでも貨幣よりも三、四パーセント多く［の価値］を受け取ることができるからである。ベニスでは若干の為替手形、油、水銀は銀行券でのみ支払われ、これに反する取り決めが行われることなどありえない。そして為替において、流通貨幣のデュカートに二〇パーセント上乗せされた銀行のデュカート（un Ducat de Banque）が用いられる。こうした例によってこの一般原理は正当化される。

アムステルダム銀行が預金証書を扱うのは当然のことであった。なぜなら、アムステルダムは多くの商品を受け取るが、そこではほとんど消費しないからである。アムステルダムは大部分の商品を海上経由で受け取り、同じく海上経由で送り出す。ロンドンは自国の産物を消費するから、ロンドンの銀行は請求払いの手形を扱うのが当然である。アムステルダムの銀行に不信用が生じたときには、すべてが失われ、おそらく回復する見込みはない。なぜなら、アムステルダムを支えた外国貿易が途絶してしまうからである。ロンドンは銀行が損失を被った後でも立ち直るであろうが、自国になんでも見いだすことのできる国に比べれば立ち直りは難しいであろう。

アムステルダムは、賢明にも、銀行以外の負債の信用よりも銀行を維持する方を選んだ。銀行以外の負債はその一部が棒引きされたのである。しかし、他の信用を損なったのは軽率ではなかっただろうか。どちらも維持すべきではなかっただろうか。公平な観察者であれば、それを見て、共和国の負債といえどもほかの負債以上に安全確実だというわけではないという結論を下すであろう。様々な政府がどのような目論見からそうしたのか、[今後]その評価がなされることを期待しつつ、[今は]一〇〇年、二〇〇年にわたって続いてきた様々な経験に照らして考えることができよう。広範囲にわたる、この重要な問題は、われわれの主題からあまりにかけ離れているし、またわれわれの知性にとってはあまりに難しい問題である。

銀行を始めたのは共和国であり、それは今でもそのまま存続している。ベニス銀行[ビ3]が最初であり、唯一のものであった。その銀行の資本金が五〇〇万デュカート[*3]であることはよく知られている。アムステルダム銀行は規模が最大で最も有名である。この銀行の資本金は三、四億フローリン[*4]だと考えられている。ハンブルグ銀行(ビ4)は特異な銀行であり、市民以外はその銀行に資金を所有することが許されていない。これらの銀行の詳細については数々の書物に書かれている通りである。

（＊3） 約二〇〇〇万リーブル。

（＊4） 八、九億リーブル。

共和国の富と権勢はこうした信用のおかげである。それらの共和国とナポリ、シチリアなどの肥沃な国々(ビ5)とを比較してみればわかる。これらの国々は［肥沃にもかかわらず］流通の欠如によって住民は常に貧窮の状態にあるのだから。

フランスの銀行は非常に慎重かつ賢明なやり方で始まり、いうなれば、衰弱した国家に生命を与えた。次の寓話によってフランスの銀行の歴史を知ることができる。

台湾島の住民はどんぐりを利用することをほとんどやめていた。そんなときにバラモンのエルナイは自然が与えてくれた恵みを住民に手に入れさせようと企てた。彼がそのために利用したのは娘のパニマである。パニマはとても美しく、とても大事に育てられ、あらゆる秘術を教え込まれた。しかし彼女の愛想の良さが、これまでみられなかった微妙な空気――それを喜ばない人もいた――を、この野蛮な国に与えた。しかしながら、多くの困難を乗り越えて、このバラモンは彼女を台湾人の王子、オーランコと結婚させた。

その地位が揺るぎないものとなったとき、パニマは魔法の言葉をいくつか書き留めた。そうするとたちまち強力な城塞がそびえ立ち、土地はあらゆる種類の果実を生み出した。彼女が施した恩恵はそれだけにとどまらなかった。彼女は結婚によってリンダという名の娘をもうけていた。彼女はリンダに自分が知っている秘術の一部を教え込んだ。リンダは新たなまじないを行った。すると世界中の富が潤沢にもたらされた。台湾には動物の皮にぎっしりと書き込まれた呪文による古来の魔術があった。この魔術は大抵の住民にはきわめて高くついた。パニマはその魔術をおそらく十分には尊重せず、それをやめさせ、自分の秘術をそれに代えようとした。彼女は皆に利益があることだと訴えたが無駄であった。これが彼女の敵を糾合させる合図となった。敵たちは城塞のなかにいた彼女を攻撃した。パニマ自身がみずからの破滅に手を貸すようなことがなければ、敵たちの努力は無駄に終わっていたであろうに。

彼女は輝かしい成功に酔いしれ、みずからが抱くあらゆる幻想に激しく身を委ねてしまったのだ。これはもはや恐るべき軽はずみというほかない。それが彼女を全国民にとって憎むべき存在にしてしまったのだから。オーランコは、彼女と離婚し彼女を追放する以外に自分の権威を保つことはできないと考えた。

娘のリンダは共謀の疑いをかけられ、投獄された。オーランコはリンダの無実が分かってから彼女に自由を与えた。オーランコは、その美貌が彼を魅了し、軽率な振る舞いに及ばないように彼の願ったパニマを、おそらく呼び戻してさえいたであろう。しかし、［オーランコの］死が……(3)。

寓話を用いずに話そう。少なくとも正確に話をして、単純な事実を明らかにしておこう、ショックを受けた公衆は、事実は［単純どころか］この上なく奥深い政治や悪意によって包み隠されていると信じたのだが。

（3）この章の以下の文はすべてこの第二版で追加されたものである。初版では、この後、一段落（本章の注（1）を参照）をはさんで、「結論」へと至る。

おそらく、これ以上ないほどの異常な出来事でも、それに正当な評価を下すならば、その原因はもはや高尚なものではなくなるだろう。われわれは、システムを目の当たりにした人々に理解してもらえるように、注意深く、その事実を述べよう。そうでない人に分かってもらうには、一巻の書物をもってしても十分ではなかろう。

大臣［ジョン・ロー］について最も有益な教訓を得ようとするのなら、先の国王が亡くなったときの王国の不幸な惨状とそれをもたらした原因を思い起こしてみることである。莫大な債務、およそ三年分の収入が前もって使われ、主計官は軍隊に支払うのに必要なものを持たなかった。それだけではないし、それらが最も大きな害悪であったというわけでもなかった。土地の大部分は耕作されず、国王の不信用が一般的な不信用を引き起こし、交易はほとんど必要な水準にまで達してはいなかった。その結果、通常の徴税額の半分も期待できなかった。

オルレアン公フィリップは、国家を救う唯一の手段として提案された破産を拒否して後、特別裁判所の設置を試みた(4)。そこに大きな財源を期待してのことだったが、しかしそれは不信用を持続させ、税収をさらに減らすのに役立ったにすぎなかった。彼は銀行に、不可欠な支出を維持するのに必要な財源を見いだすことができれば［それでよい］と考えていた。というのは、彼は創案者［ロー］が約束したような大きな成功などほとんど期待していなかったからである。しかしながら、あらゆる期待を上回る大きな成功がもたらされた。二年もしないうちに、徴税、交易、流通などのすべてが活気づけられ、繁栄した。個人によって設立された銀行は、一七一九年の初めに王立銀行となった。

銀行の設立と同時に西方貿易会社が設立された。これはまもなくインド会社に統合され、その名前で呼ばれることになった。会社の株は当初は国家債券［による表示］で五〇〇リーブルにしか値しなかったが、[*5][5] この会社には様々な特権が与えられていたため、さらには取引所の熱狂によって著しく騰貴し、ついには、会社が総括徴税請負契約を落札して後、［会社の業績への期待が高まって］一七一九年の終わりには九〇〇〇リーブルにまで上昇した。この時点が、信用が最大に達し、そしてこの計画が衰退に向かう運命的な画期であった。衰退は公衆がそれに荷担するに応じてその度合いを増していった。

（*5） 国家債券は四分の三価値が低下していた。

同じ年の八月二七日の布告によって、国王はインド会社から三パーセントの利子で一二億リーブルもの巨額の貸しあげ金を受け取り、それをおもに都市に割り当てられた市債契約の償還に当てた。それによってこの市債は当然の成り行きとして銀行券や株に変わった。[6] 株には利益配分型（les intéressées）と年金型［ラン

（4） 摂政のオルレアン公のもとで財政顧問会議を任されたノアイユ公は、一七一六年に「特別裁判所」を設置し、徴税請負業者や臨時税請負業者らに公金横領などの不正がなかったかどうかを厳しく詮議した。莫大な罰金を徴収して財政収入の一助とする狙いがあったが、不信が増幅されたこともあり、実質的には僅かな収入しかもたらさなかった。

（5） 西方貿易会社は一七一七年九月五日に認可設立され、額面五〇〇リーブル（計二〇万株）の株式の払い込みには、四分の三程度も額面を割り込むほど実質価値が低下していた流動国家債券で行うことが定められていた。

（6） インド会社は国庫への貸付金を調達するために株式を大量に追加発行したが、償還された王立銀行券が株の購入に向けられたから、結果的に、個々人が所有していた公債が株や銀行券に変わったにすぎないことになる。

ティエ株］（les　rentiéres）の二種類があった。前者は増えたり減ったりする会社の利益の成り行きに従った。後者の収入は三パーセントに固定されていた。名称と支払い方法の変更が、羊皮紙に書かれた自分の証書や自分の支払い担当者に慣れていた市債契約の所有者に大いに不安を与えた。このとき、彼［ロー］は、国王が持っていた株を続けて売却することにより、インド会社への国王の負債を返済させるという計画に踏み込んだ。

インド会社株のこのような驚くべき騰貴（hausse）（＊6）をもたらした原因は、銀行通貨［王立銀行券］の増加にあった。［インド会社の］収入は、譲渡されたタバコ徴税請負からの収入、貨幣鋳造や徴税の請負契約からの収益、そして始まったばかりの交易に頼るほかなかったから、巨額の資本金に見合っただけの収入をもたらすことはできなかった。銀行は受け取った貨幣と引き換えに銀行通貨を与えたが、この通貨は、二パーセントの年利で銀行が行った融資によって、さらに四億五〇〇〇万リーブル増加した。この融資に際して銀行は、支払いの担保として、当初、二五〇〇リーブルと評価された株を受け取ったのである。

（＊6）　取引所の専門用語

大臣に進言した人々の大部分はみずからの資産を株で所有しており、その資産は空想上の価値で言えば莫大であった。彼らは、法外な値段で土地を買ったため、あるいは銀行から融資を受けていたため、債務者であった。株価の僅かな下落（baisse）（＊7）でも、彼らの貪欲を悲嘆にくれさせた。彼らが、呈示払いで銀行において売買される株を九〇〇〇リーブルに固定するよう提案したのも、一つにはこうした事情があったからである。銀行によって行われた融資がこの有害なオペレーションの決定的な原因となったのも、おそらく同じ事情からである。これらの融資は王権の支えがあって始められたわけではなかったから、株価が暴落して借り手が支払いに必要な資金をもはや持たなくなれば、銀行は四億五〇〇〇万リーブルもの実際の価値と引き換えに、無価値の株を引き受けたことになり、銀行は公衆に対してその実際の価値の分だけ債務を負うことになったであろう。

（＊7） 取引所の専門用語

大臣の友人のなかには、公共の利益のためにみずからの利益を犠牲にして、取引所の成り行きに従う株を放棄し、銀行を支援するように助言した者もいたことは事実である。銀行は当時、資金も豊富で、軽率にも貸し出された銀行券に応ずることさえできたであろう。しかし空想上の価値に有頂天になって、大きな利益を生み出す株の方が銀行券の確実さよりも好まれると思いこんだ。実際、布告[7]の翌日に、株の売却が購入を上回ったことを［株を手に入れることができると期待して］人々は歓迎した。［しかし］その後はすっかり様子が変わった。銀行は売り手の求めに応じることができなくなった。おそらく陰謀が企てられたのだ。なぜなら嫉妬深い連中は、公衆の幸福を顧みずに、どんな大臣であれ必ずやその大臣の更迭を求めるものだからである。

（7） 一七二〇年二月二二日のインド会社役員会の決定により、王立銀行券重視の方針が打ち出され、株式取引所の閉鎖と株価の放任政策が実施されたが、これにより株価は急速に下落した。この状況を受けて方針は変更され、三月五日の布告で、取引所の再開とインド会社の株価を市中相場よりも高い九〇〇〇リーブルに固定することが告げられた。ここでいう「布告」はこの三月五日の布告のことであろう。これ以降、インド会社株を高値に維持するための買いオペレーションの実施に伴って銀行券の発行高が急増することになる。

る。

とにかく銀行において銀行券が尽きることはあり得なかった。なぜなら銀行は求めに応じて銀行券を発行したからである。しかし銀行は、これらの銀行券が交換を求める貨幣がすぐに尽きることを知った。五〇〇リーブル以上所持することが厳しく禁止されたにもかかわらず、銀行券の総額は一九億リーブルに達した。

大臣は良い意図しか持っていなかった。彼の偉大な魂はたじろぐことはなかったし、彼の機知縦横な才気は彼にいつも新たな策を授けたが、その策は、輝かしい成功を得てからというもの彼がもはや考慮に入れなかった国民性からみて、しばしば大胆にすぎ、あまりに節度を欠いていた。彼は貨幣の法定価値が支払われることはもはや不可能であるとみて、債務者や、差し押さえられた土地の全般的な解放を促すために、貨幣の法定価値をさらに引き上げようと考えた。それこそ政治家にふさわしい目的であるが、しかし、そのようなことを考え出した者には必ずや災いが降りかかる(＊8)。このような銀行通貨の危険な過剰が長続きするはずはなかった。大臣は、銀行通貨を、その年の終わりまで毎月続けて減らすことによって半分まで減らし、相互に兌換可能な株、銀行券、貨幣の間の正確な釣合を保とうとした。それが一七二〇年五月二一日の有名な布告の理由である。その布告において、おそらく現実的ではあるが、しかしあまりにも抽象的な計算に基づいて、公衆に、貨幣の法定価値の半分を失っても何も失わず、残った分がより大きな力を獲得するから、これによって必要品や余分品をもっと豊富に手に入れることができる、と説得しようとした。

（＊8）プルタルコスの『英雄伝』〔スパルタ王〕アギスの項を見よ。

この布告は公衆を刺激し、そこかしこから不満の叫びが摂政に襲いかかった。摂政は遺憾ながら大臣の解任に同意した。しかし信用と信頼は完全に失われてしまった。このときから万事がもっぱら偶然によって導かれているように思えた。ある日、設けられたものが、翌日には破棄された。銀行券と貨幣との不釣り合いは、引き続き混乱の原因となっていた。この混乱は、一七二〇年一二月一日、〔銀行券を廃止して〕貨幣のみに回帰することによってようやく終わった。ほどなくして査証が命じられ、これらのオペレーションが生み出した国家債務証券〔の価値〕は切り下げられた。そしてインド会社は国王の特任官僚の管理下に置かれることになったのである。

成功と失敗に学んだ摂政は、インド会社を再建した後、賢明な限界内に制限された新たな信用を計画したが、死がこの偉大な目論見を潰えさせた。われわれは考察をこの時期にとどめておこう。

第二四章　政治算術について

すべては計算に帰着させることができる。それはまったく道徳的な事柄にまで及ぶ。立法者、大臣、個人は、それによってある提案、ある企てなどを拒否するか、または受け入れるかを決める最も重要な見通しを〔そこに〕みいだすことができる。

われわれはここでは、ほとんど専ら自然学に関係する計算と、道徳〔に関する事柄〕を大抵それに基づいて立法当局が決定する、そのような計算のみを論じよう。誰でも理解できる簡単な計算もあれば、組み合わせがいくつもあって計算の対象が曖昧模糊としているため、繊細かつ深遠な研究が必要な計算もある。誰でも凡庸な数学者となりうるが、数学の最高の高みにまで達することができる者は稀である。店舗を構えるあらゆる商人は誰であれ購入に見合った価格で売ることができる。大貿易商人は、鞘取り売買、遠隔輸送、海洋事業について計算を行う。財政において、最も下級の官吏でも歳入と歳出の計算ができる。彼は一方を増やして他方を減らさねばならないことを知っており、税を課すか歳出を削減するかのどちらかを、しかし選択の余地なくその両方を勧める。税を課せば民衆に打撃を与え、歳出を削減すれば不信用を招くであろう。歳入と歳出の種類を知っているだけでは、何も知らないに等しい。あるいはせいぜいのところ、それは読み方を知っているというにすぎない。取るに足らない統治術といえども、そのようなレベルからはほど遠いところにある。

対象があまり複雑でないときには、習慣によって非常に素早く計算が行われ、計算を行ったことに気がつかないほどである。日常の業務で行われているのもこれであって、外見上は〔計算という〕決定的な諸原理に留意しているようにはまったくみえない。しかし立法の対象においては、最も才能豊かな人でさえ、彼が同時に把握せざるをえない多くの様々な対象のあらゆる部面をみいだしうるためには、多大な労苦をもってするほかない。彼は、人間の計算、労働者の数、労働の価値、労働者を増やし活用する手段、これらが織りなす多様な可能性に基づいて、みずから決定しなければならない。道徳もまた、何らかの仕方でそこに絡んでくる。人々の関心と才能を、交易、信用、土地の耕作などに向けねばならない。この意味で、最良の計算家が最良の立法者となる。

イングランド人のウィリアム・ペティ卿が国力や交易政策を計算しようとした最初の人であった。『政治算術』という題の彼の著書は彼の死後、一六九一年に出版された。この著書から得られる利点は、そこに土地、人間、海運のそれぞれの価値の計算の仕方をみいだせることである。ただし、彼はほとんどいつも間違った推測から始めており、彼の著書は何か真実を論証するためというよりは、むしろフランスの国力に対するイングランドの国力の優位性を示すために書かれているように思える。そのことはいくつかの章のタイトルによって判断できるであろう。第三章のタイトル、「フランスには自然的かつ永久的な障害があるため、現在あるいは将来にわたって、イングランド人やオランダ人以上に、海上において強力ではありないこと」。第四章「イングランドの人民およびイングランド王国は、自然的に、富と力の点で、フランス王国のそれらとほとんど同じほど大きいこと」。そしてこの第四章のなかで、「フランス国王は一三〇〇万の臣民しか持たぬのに、イングランド国王は一〇〇〇万を持つ。またフランス国王は二六万人もの聖職者を抱えるが、イングランド国王が抱える聖職者は二万人である。だがイングランド国王は四万人もの船乗りを持つが、フランス国王は一万人しか持たない」。

同じ頃に行われた総徴税区の人口調査(＊1)によれば、フランスの人口は一九〇〇万以上であった。しかし、われわれの意図は政治の論争に立ち入ることでもないし、他国に対するわが国の優位性を論じることでもない。われわれが望むことは、本書の第一章に従って、民衆の幸福に最も役に立つと思われることを提言することである。われわれの計算が対象とするのもそれである。すなわち小麦ないしそれに相当する穀物、住民の数、十分な量の交換の担保についてである。ほかでもないその点について、他国民が持ちうる多くの救済策をわれわれは持ち合わせていないのである。もしわれわれが道を拓くならば、あるいは、もしこれらの三つの対象に関する政治算術の知識へと至ることのできる道を指し示すならば、われわれは多くのことをなし得ると考える。ペティ氏の著書については、われわれの目論見と関係するかぎりで言及するにとどめよう。

（＊1） ヴァーバン氏の『一〇分の一税』［Sébastien Le Prestre, Seigneur de Vauban, *Projet D'une Dixme Royale*, 1707］をみよ［ヴォーバン（一六三三―一七〇七年）は、ルイ一四世時代の著名な築城家、軍略家で、ボワギルベールとともに税制改革を唱えてコルベール主義を批判した経済思想家として知られる］。

収穫の計算に、消費の手段あるいは有利な販売の手段に関する計算を加えなければならない。

人間の計算に、彼らが労働によってもたらすものの計算を加えなければならない。

貨幣の法定価値の計算に、貿易商人の現在の信用と、ありうる将来の信用とを加えなければならない。

各地方で収穫される穀物の量と各地方の消費に必要な量を知ることは難しくないが、その公式を示しても読者を無用に疲れさせることになろう。小麦を論じた章やその他の章でわれわれが述べた一切のことから、飢饉の時であれ豊作の時であれ、地方から地方への輸送の自由こそが優れた管理の基礎であると結論づけるのは、同様に難しいことではない。輸送の自由には輸送の容易さが伴わねばならない。そして輸送の容易さは、街道、河川、運河に依存する。したがって、良き財政において、すなわち商業に従う財政において、通行税は廃止されなければならない。

河川を航行できるようにし、運河や街道を建設するために、一〇〇〇人の人手と一〇〇〇頭の馬が一〇年間にわたって用いられるとき、その後、そのような労働のお陰で二〇〇人の人手と二〇〇頭の馬が節約できるようになれば、その結果、同じ量の穀物を輸送するのに二〇〇人の人手と二〇〇頭の馬の分だけ少なくてすむようになるから、このとき国家は二〇〇人の人手と二〇〇頭の馬を手に入れることになる。運河が建設される以前には必要な輸送に用いられていたこれらの人手や馬は、今や他の有益な用途に用いられるであろう。ただし、一〇〇〇人の人手と一〇〇〇頭の馬の一〇年間分の労働の価値をそこから割り引かねばならない。この価値はその地方自体への課税に等しいと言えるが、〔公共事業の経費を調達するための〕このような課税は、多くの場合、不利ではない。なぜなら、もしその地方がそのとき過剰な農産物をかかえていたとすれば、新たな労働者がその過剰分を消費するからである。人民の実利（utilité）のために用いられ、公平に割り当てられる課税はなんであれ大きな有利をもたらす。

豊富に産するが、そこからの輸送が困難な地方にとっては、このような事業は絶対に必要である。そのことをわれわれは何度も述べたし、機会があるたびに何度でも述べよう。穀物の低価格は貧しい者にも金持ちにも同じく有害である。穀物の低価格のせいで、農業者は税金や借地料を支払うことができなくなる。貧しい者はパンを買うのに必要なものを持たない、なぜなら金持ちがパンを買うのに必要なものしか持たず、労働者に支払うのに必要なものを持たないからである。ところで、［ここでいう］本当に貧しい者とは一体、誰のことだろうか。それは処罰に値する大勢の怠け者や物乞いのことだろうか。本当に貧しい者とは土地の耕作者や労働者のことであり、彼らは他の人々を全部合わせたよりも一〇倍もその数が多く、一〇〇〇倍も保護に値する。なぜなら一切を維持するのは彼らだからである。こうした違いの分からない立法者は、擲弾兵よりも軍隊付きの従僕を好む将軍のようなものである。

製造業は原料に富んだ地域で形成されるに違いない。この原料の重量が大きく、価値が小さいときはとくにそうである。しかしながら、考慮すべき別の重要な事情がある。というのは、原料は、同じ土地が与えてはくれない数多くの副次的な要素を常に必要とするからである。また、ときとして労働の収入は、労働者に必要な食糧の高価格を支えきれないだろう。そして、しばしば輸送費用のために、製品はその輸送先であまりに高価格になるだろう。これらのあらゆる困難は、製造業に必要なものや製品の輸送を同じく容易にする運河によって取り除かれる。これらの製品の多くは、それ自体は無価値の素材に大きな価値を与える。値打ちのない土をパイプやコップやガラスに変えるのは、新たな富を創造することである。ザクセンは既にシナと活発な磁器交易を行っている。わが国には錫鉱山はないが、幸いなことに、わが国のファイヤンス焼き［錫釉陶器］は、その代わりとなっている。

ペティ卿の著書の第六章[1]に、運河の効用と輸送の容易さに関する彼の計算例が見られる。そのタイトルは次の通り、「小国でわずかな人民しかいなくても、その位置、交易、治政のいかんによっては、富と力においても、きわめて多数の人民や広大な領土に匹敵しうること。水運で輸送する簡便さに加えて、商品を積み込む際の便宜が、疑いもなく、こうした真実を立証する」。

このような真実に証拠は必要ない。それは、われわれの諸原理において明らかにした一種の公理である。ペティは同じ章で次のように付け加えている。「オランダやジーランド〔低地諸邦の南西海岸地方〕では、都市や、なんであれ交易や製造などの仕事を行う場所は、河川や湖や運河のように船を運ぶ水面から一マイル以上も離れていることはめったにない。水上輸送の費用は一般に陸上輸送の費用の一五分の一から二〇分の一にすぎないと見積もられている。こうした理由で、かりにこの国にフランスと同じだけの商取引が行われているとして、オランダ人は、フランスの大部分の場所で要する支出の一五分の一四だけ少ない支出で自分たちの商品を売りに行かせることができるであろう[2]」。

こうした計算から、彼はオランダやジーランドの土地からの収入はフランスの土地からの収入の七分の一から八分の一であると結論づけるべきではない。そのような彼の主張にはなんの証拠もない。それはリチャード・ウェルトン卿のいっそう無定見な主張によってさらに信用できないものとなる。ウェルトン卿は

(1) 第一章の誤り、大内・松川訳『政治算術』岩波書店、二一九頁。

(2) 大内・松川訳、四四–四五頁。

フランスの収入に関する作者不詳のいくつかの図表（Cartes）に基づいて、それを一五〇〇万スターリング、そしてオランダとジーランドの土地からの収入を一〇〇〇万スターリングと評価し、同時にフランスの土地は八〇倍も広いと指摘している。ところで、フランスの土地は、少なくともそれらの土地と同じくらい肥沃である。したがって、輸送費用によって肥沃さを埋め合わすほかないが［肥沃さに違いがないなら輸送費用の違いを強調するほかないが］、その地で消費される地域の物産に関しては、輸送費はかからないし、わが国の沿岸諸地方やあるいは航行可能な河川を持つ諸地方の物産に関しても輸送費はたいしたものではない。したがって、輸送費用が負担になるのは、海港から離れているため、また輸送が困難なため、物産が豊富なのに豊かではないいくつかの内陸地方に限られる。

もし王国において通常の年に穀物の五分の一が余るとすれば[*2]、その結果、五分の一だけ多くの人々がそこで生活することができる。したがって二〇〇〇万の住民は、二四〇〇まで増加しうる。この四〇〇万の住民は、彼らの労働によって、また土地の開墾によって穀物の量をさらに増やすであろうから、その結果として住民はもっと増加しうる。

（＊2）［穀物が］三分の一過剰であると考える人もいる。［自然に恵まれたフランスは、余剰を潤沢に生産しうるという自負心は、シュリーに典型的に見られるように、一六、一七世紀のフランスの論者にほぼ共通する認識であった。ボワギルベールはこの伝統に即して、「通常の年度にフランスでは、小麦は通常の消費に必要であるよりも半分多く生産される。……国内用に三分の二もあれば十分なのである」（Boisguilbert, “Traité de la nature, culture, commerce et intérêt des grains, 1704”, INED, *Pierre de Boisguilbert ou la naissance de*

ように思える。］

l'économie politique, 1966, t.2, p.855）と述べている。ムロンがここで触れているのはボワギルベールのことの

怠惰な人々、つまり身分上、働かずに消費する人々を容認するような治政の欠陥がありうる。そうした人々や彼らに仕える人々を数に入れてはならない。彼らと同じ階層に徴税業務に携わる人々を含めよう、彼らはもっと少なくてもよい。

地上の住民の数、地上の各地域が有する住民の数、各地域がみずからの地所で養うことができる分、人口増加の進展、ペストや地震や征服者や内戦によって生じた人口減少、これらに関して一般的な人口調査や推測が行われている。それは哲学的な研究にふさわしい耳目を集めやすい事柄ではあるが、しかしそれは立法者にとってはあまりに不明瞭であるから、立法者は自分の国に、つまり彼が気遣ったり、希望を抱いたりすることのできる地域に関心をとどめるべきである。

立法者の人口調査はそうした観点から行われねばならない。われわれが既に述べたヴォーバン元帥の調査によれば、フランスの人口は一九〇九万四二四六人であった。パリの総徴税区の人口は一七〇〇年に八五万六九三八人、パリだけだと一六九四年に七二万人であった。そしてコルベール氏の時代に行われた調査では、パリの人口は八〇万人であった。首都の人口を比べてみるとき、総徴税区の人口におそらく若干の誤りがあるが、われわれはもっと大きな違いに目を向けよう。

コルベール氏のこの調査によれば、パリでは通常の年度に一万九〇〇〇人が死亡し、二万人が生まれた。したがってパリの人口は八〇〇に対して一の割合で増加する。特別の出来事を別にすれば、パリの人口を二

倍にするためには八〇〇年かかることになろう。ところで、同じく人口は八〇万だと思われているロンドンの最近の計算によれば、通常の出生は一万八〇〇〇人にとどかず、死者は二万六〇〇〇人(*3)、二万五〇〇〇人(*4)、二万三〇〇〇人(*5)にのぼる。一七二九年一月二九日のフランスの新聞がロンドンについて伝えるところでは、一七二八年にロンドンで生まれたのは一万三八五二人、そして死亡は二万七八一〇人である。

（＊3）　一七三〇年は二万六七六一人。

（＊4）　一七三一年は二万五二六一人。

（＊5）　一七三二年は二万三三五八人。それぞれ一七三二年一月八日、一七三三年一月四日、一七三三年一月六日付けのオランダとロンドンの新聞を見よ。

ここにもう一つ、シレジアの首都ブレスラウの住民に関して一六九一年に行われた、異なる興味深い調査がある。それはロンドンのアカデミーの機関誌(*6)で報告された。住民の数は三万四〇〇〇人で、一〇〇の分類から成っていた。最初の分類は生後一日から一歳までの子供、次が一歳から二歳まで、以下同じく一〇〇歳まで続く。

（＊6）　日付は思い出せないが、それは同じく『メルキュール・ド・フランス』でも報告された。

当時、ブレスラウでは通常の年度に一二三八人の子供が生まれ、一一七四人の子供が死んだ。したがって一年あたりの人口増加は三万四〇〇〇人に対して六四人であり、コルベール氏の調査と比べて半分だけ多くなる。つまり［ブレスラウと人口増加率が同じだとすると］八〇万人に対して一〇〇〇人の増加ではなく、一五〇〇人の増加でなければならないであろう。パリの最近の調査(*7)では、死者の数は出生者の数にほとんど等しい。しかし、このことと、ロンドンの人口調査――それによれば出生数よりも死者の数の方が三分の一あるいは四分の一上回っている――とで、どのように折り合いをつけることができるだろうか。この大きな差を、そこで死亡する大勢の地方出身者や外国人のせいにすることはできない。なぜならその分は［パリの側でも］長い航海の途上で死ぬ水夫の数や、植民地に送られる人々によって相殺されるからである。われわれ以上に学識の深い人々の解明に期待したいのは、この点である。

（＊7） これらの年々の調査はマリエット［当時の書籍印刷販売商］の店で売られている。

ブレスラウで生まれる一二三八人のうち、三四八人が生まれた年に死亡する。一二三八人の半分は一八歳まで生きない。よく知られた計算によれば、人間の平均寿命はたかだか二〇歳にすぎない。すなわち、より長生きする人々とより若くして死亡する人々とを相殺していけば、全体として各人［の寿命］は二〇歳にしかならないであろう。イングランドの人口調査では、それぞれの死亡がジャンル分けされている。フランスでも同じような一般的な調査を行うことが重要だと思われる。というのは、体の衰弱をもたらす共通の諸原因が、とくに農村におけるそれが分かれば、そのような衰弱を減ずることは不可能ではないからである。終身年金やトンチン年金(3)は、こうした調査に基づいて決められねばならない。

各人の労働の価値を計算することができる。多様なあらゆる労働について、一人の労働者が国家にもたら

（3） トンチン年金　共同出資者が死亡するごとに、その年金を受け取る権利が生存者に委譲されていく年金制度。一七世紀イタリアのロレンツォ・トンチの考案による。

すものを評価する共通の価値を設定することができる。ペティ卿は、実際に有益なやり方というよりは、むしろ観念的とも思えるやり方でそれを提案している。彼はイングランドの人口を六〇〇万人、(*8)住民は各々七リーブル・スターリングを支出するから、その結果、年支出は四二〇〇万にのぼると考えている。彼はまた、土地の収入は八〇〇万にしかならず、官職や聖職録からの収入は一〇〇〇万(4)であると考えている。残りは毎年二六〇〇万であるが、これは勤労によって稼がれるに違いない。そこから一人の人間の価値を評価するために、彼は平均寿命を二〇歳だと考え、二六〇〇万の利益に人間の寿命である二〇をかける、そうすると収入は五億二〇〇〇万となる。彼はこの収入を住民の数の六〇〇万で割り、商の八〇リーブル・スターリングを各住民の価値としている。彼はまた、有名な火災の後でロンドンの建造物の再建に従事した労働を国家の利益とみなし、その利益を、そのような労働が他の商取引をまったく損なうことなく、四年間にわたって、年一〇〇万スターリングに達したと評価している。もしそれを国家の真の利益というならば、放火犯に褒美を与えねばならないであろう。だが、ペティ卿が気づいていない、もっと重要な別の種類の利益があった。なぜなら、そのような労働が他の商取引を損なうことがなかったのであれば、そのことは職を持たない大勢の労働者がいたことの証拠となるからである。彼らはこの新たな仕事によって有益な市民および消費者となる代わりに、貧困と無為のため祖国を捨てざるをえないか、あるいは犯罪に引き込まれていたであろう。公共事業は、運河や街道によって商業を促進するか、あるいは外国人を引き寄せるかぎりでのみ、国家の利益とみなされるべきである。

（＊8）　スコットランドとアイルランドは入らない。

ペティ卿がイングランドとオランダに関してこの章で述べていることは、要するに、産業活動を活発にするために常に土地の耕作を犠牲にすることである。これらの二国の富はもっぱら土地を放棄したお陰であるように見える。土地の耕作を産業活動と商業の堅実な基礎であると考えるわれわれからすれば、われわれが基本的富を築くのは土地の耕作によってである。そしてわれわれは、輸出に役立つものを、これらの富を増やす価値を持つものと考える。なぜなら、消費や（他の商業よりもずっと重要な）国内商業にかかわるものが、人々の現実の厚生をなすからである。この点をもっと敷衍しよう。

農業者やぶどう栽培者は家族を十分に養えるだけのものを稼ぐ。そのことは、国に対して彼の家族が増えるという利益をもたらすものと、もっぱら評価されねばならない。そのことは、立法者に対しては、彼が幸せにする最大多数の家族の幸福という点から評価されねばならない。労働を売ることは、農業者やぶどう栽培者に容易に生活の糧をもたらしたが、それは同時に［農業者やぶどう栽培者以外の］様々な労働者をも養った。これらの労働者たちは他の住民たちの生活に安楽をもたらし、しばしば外国から有利な物産を持ち帰った。だが、これらのその他の労働者は農業者よりも高い俸給を得ているからといって、彼らの労働の方が好

（4） ペティの原文では数値に不整合があり、計算が合わないため、ムロンは、ペティが八〇〇万としているところを一〇〇〇万に修正したが、どういうわけか、そのあとに続く二六〇〇万と五億二〇〇〇万はそのままにしたため、収入総額を住民の数で割った値（八〇リーブル・スターリング）と辻褄が合わなくなっている。正しくはそれぞれ二四〇〇万と四億八〇〇〇万である（ペティ『政治算術』岩波文庫、六三頁）。

ましいということにはならない。二〇人の水夫がシナからお茶や屏風を持ち帰る。その利益は二〇人の農業者のそれよりも大きいが、しかしその利益はあまり確実ではない。また彼らが持ち帰るものは、評価は小さくとも必要だと考えられるものが満たされた後で初めてもたらされるべき余分なものである。

対比によって、われわれの判断の結果を理解してもらおう。建物を建てる建築家は土台や壁を固めることから始めるに違いない。そうでなければ、彼はどんな優れた構想も立てられない。この目標が達せられれば、彼の想像力は、どんなものでも美しく飾るために自由に動き回る。同じように、立法者は人民の生活の糧を保証したあとで、あらゆる種類の産業活動に門戸を開かねばならない。なかでも海上交易が異論の余地なく第一位を占めるに違いない。というのは、それはわが国の交易バランスを増やすからである、国家の真の利益はそこにある。さらにわれわれの島の仮説を思い起こそう。われわれは、小麦の島を常に最も重要なものと考えないであろうか。また、その島の衰退は、他の島の衰退以上に懸念すべきではないだろうか。

したがって、わが国では農業は商業の第一の対象でなければならない。農業がなおざりにされれば、必ずや取り返しのつかない損失を被るに違いない。大地は不断の辛い耕作によってのみその力を発揮し、その恩恵を与えてくれる。恵みを与えることを大地によって拒否された人々は、長く辛い航海の危険を冒してそれらを受け取りに行かねばならない。農業を称えて、ローマ人は執政官を犂から引っぱり出したとか(5)、シナの皇帝は農耕をみて後継者を選び、みずからも耕したなどというのは、大抵の場合、当を得ない個人的な嗜好を示すにすぎない陳腐な言い方である。農業者を最もよく元気づけるのは、新たな税を課されることもなく、無事に収穫が行われ、首尾良く売りさばけることへの期待である。さらに、ときには農業者への援助が必要となる。次の話はこの援助について述べたものである。

「(あるマンダリンがいうには) 申し分のないマンダリン［中国清朝の高級官吏］は[*9]、春にすべての農村を訪れ、抜かりのない農業者に何か栄誉を与えて称え、土地をなおざりにする農業者に罰を与える。彼は土地を耕作することができない人々に援助を与える。もしその農業者が自分の畑を耕すための牛を手に入れるのに必要なものを持たなければ、また畑に播種するための穀物が不足していれば、彼に必要なお金を貸し、そして穀物を与える。収穫が行われる秋には、彼は利子など取らずに、前貸しした分を受け取ることに甘んじる。このようなやり方によって、民衆は慈悲深い官吏を持ったことを喜び、農業者は労を惜しまない。田園はみるからに心地よい光景となる。村落では、男、女、子供は皆、喜びであふれている。至るところで人々はそのマンダリンに感謝を捧げる」。

(＊9) M de S 著『シナ人の統治と道徳に関する一般的見解』［Étienne de Silhouette, *Idée générale du Gouvernement & de la Morale des Chinois*, 1731, p.22］。

人間の最大の損失は農村で生じる。そこでは粗悪な食糧、援助の欠如や貧困が彼らを死に至らしめ、おそらく伝染病を引き起こす。

(5) 執政官 (Dictateurs) は複数形で示されているが、一人は共和政ローマ前期の伝説的人物、ルキウス・クィンクティウス・キンキナトゥス (紀元前六世紀) を指していると思われる。小さな農場を営んでいたキンキナトゥスはローマの危機に際して独裁官に任命され、瞬く間に敵を打ち破ると、再び農作業に戻った。

ヨーロッパの文明国の間で、伝染病、家畜の大量死、害虫の発生といった、どこにでも及ぶ災禍についてお互いに教え合うために、アカデミー同士で連絡しあうことができるであろう。同様に各国は、経験だけで治療する偽医者の治療法、いわゆる民間薬なるものを調べる検査官のアカデミーを設けることができよう。それらのすべての治療法は、ときとして非常に人気があり、またしばしば軽蔑され、そして常に疑わしいままに無視され放置されている。医者の助けを得られない農民は、司祭に助けられてこうした治療法を行うことになろう。さらに、よく知られた治療法で用いられる薬物、例えば、ガルス(6)、ラ・モット将軍の液(7)などに関する心に植えつけられた誰でも知っている知識を加えよう。誰でも知っているということは、これらの薬物の利用を安上がりにするであろうし（なぜなら、値打ちをもたらすのは、秘密性だからである）、化学の新発見によるそれらの改良を可能にするであろう。人間の保護に努めるというのは人間の数を増やすことにほかならない。しかし、このことは常に、聖書の次のような非難を招かないように、人間を幸福にするという立派な動機に基づいていなければならない。「あなたがたは人間の数を増やしたにしても、彼らの幸福を増したわけではなかった(*10)」という非難である。立法者の栄光を算術的に表現するものは、彼が幸福にした人間の数であり、その数は、彼が障害を乗り越えるほどに増える。

（*10）『イザヤ書』第九章、第三節、Multiplicasti gentem, et non magnificasti latitiam.

貨幣の流通についてはは何度も述べてきたが、同じことの繰り返しとなるリスクを気にせずに、もう一度それについて述べよう。この問題は商業にとってきわめて重要であり、色々な側面からそれを論じても、論じたりないほどであろう。

立法者が人民全体に眼を広げないとき、苦しんでいる人々は必ずや他の人々を引きずり込む。そしてそれはあたかも伝染病の場合のように、次々に広がっていく。害悪の進行は連続的であり、ときとして緩慢である。しかし立法者がただ自分の回りの状況や首都の壮麗さに目を奪われて、諸地方をなおざりにし、そして破滅的な高利を払えば容易に手に入る貨幣の援助を真の富だとみなすときには、害悪や高利の進行は急速となる。なぜなら、真の流通と真の富は、諸々の地方における消費と、小売りの商いのために貨幣を小口に分配することに依存しているからである。租税を支払うことができるのは、こうした消費である。立法者はそこに眼を向けるべきであり、首都の大規模な流通は地方の小規模な流通に比例することをしっかりと理解しなければならない。消費が富を作る国はなんと幸福であり、この上なく幸福であることか(8)。

地方の収税吏はそれぞれ、徴収した貨幣を、彼らが受け取ったのと同じ鋳貨で常に金庫に所持していなければならないという徴税方法が定められた。それは徴収をいっそう確実にし、改鋳の際の、あるいは貨幣価値の引き上げや引き下げの際の不正な利得を防ぐのに賢明なやり方である。しかしそれは流通や小売りの商

---

(6) ガルス（le Garus）胃病に用いられたエリキシル剤（主薬と香料などをアルコールに溶かした薬剤）

(7) ラ・モット将軍の液（les Goutes du Général la Mothe）ラ・モットが調合した練金薬液の一つで、黄金の薬液と白色の薬液の二種類あり、様々な治療薬として用いられた。

(8) ここに見られる経済諸要素の相互依存の認識に基づく害悪の伝播への着目は、ボワギルベールの影響によるものであろうが、首都と地方の循環的流通の視点についてはカンティロンの影響をうかがわせる。津田内匠訳『商業試論』（名古屋大学出版、一九九二年）の第二部第三章「貨幣の流通について」をみよ。

いにはきわめて有害である。なぜなら、貨幣はこの［金庫に納まっている］間、そしてそれが運ばれる間、死んでいるからである。

もし収税吏がみずからの職務において自由で、単に決められた期限内に支払うことを義務づけられているだけであって、支払いを行うまでの間、それで信用を創出したり、あるいは油、木綿、その他の地方の物産の小商いを助けたりするために貸し付けを行うことができれば、そのとき、こうした流通は徴税を容易にするであろうし、国王の収入は官職の値打ちや十分な徴税請負額のおかげで確実なものとなろう。

このことをもっと分かりやすくするため、ルアンの総徴税区において、エヴルーの徴税区の収税吏が徴税を厳格に執り行い、納税義務のある者に指定された日に支払わせ、徴税による貨幣を三ヶ月間手元に置いてからルアンまで運ぶものと想定してみよう。彼が徴収する額は［年に］四〇万リーブルだと考えよう。そうすると一〇万リーブルが常に無活動の状態に置かれる。この貨幣はおそらくこの徴税区の貨幣の半分以上に相当する。残りの貨幣では住民たちの日々の必要にほとんど応えることができない。こうして流通も商業も無に帰す。一方、ヴェルノンの収税吏は良き会計係であり、必要なときにしか徴税せず、送金は為替手形——彼は自分の徴税区の商人にその価値分を支払う——によって行う。このやり方によって貨幣はすべて持続的な流通の場にとどまる。常に豊かで、商業が盛んなこの徴税区は容易に税を支払うであろうが、エヴルーの徴税区は、相変わらず遅延ゆえの［徴税］費用に悩まされるであろう。もっと進んで、ルアンやボルドーなどから［首都に］運び込まれる貨幣について、またその他について、(*11) 同じような推論をしてみよう。

（*11）収税吏の利得に関して。

地方からパリへ運ばれる貨幣は、若干の遅れを伴うが、物産の販売を通じて地方に戻る。その貨幣が金庫や運ばれる道中や財務官の手元にあるときには、それは存在していないも同然である。金庫から金庫へ移動する一〇万フランはまったく流通していない。パリのラント取得者に支払われた一〇万フランは一〇〇〇人に分配され、この一〇〇〇人がそれらを消費に用い、それで負債を支払い、それによって自分のお店のために新たな信用を手に入れる。大きな金額の流通は、それが少額の流通をもたらす場合にのみ有効であるにすぎない。

商業には一定量の通貨が必要である。二人の収税吏の例のように、同じ量の貨幣でも、一方の徴税区では潤沢なのに、他方では不足するときに、必要な量をどのように決めることができるだろうか。［必要な］貨幣の総量は行政次第であるに違いない。貨幣の総量を流通させ、公債に対する信頼によってお互いの信頼を確かなものにし、最後に、労働者が安楽に暮らしていくのに必要な労働の価格に応じて、こうした通貨［の量］を決めるのは、行政なのである。

われわれが銀行について述べたことが、貨幣の法定価値の不足や過剰の危険性を明らかにしうる。政治体はしばしば人体にたとえられてきた。血液が人体を活気づけ、貨幣が政治体を活気づける。もし血液が不足するか、運動を停止すれば、体は衰弱して仮死状態に陥る。もし血液が過剰であるか、その運動が過度であれば、猛烈な熱が彼を死に至らしめる。貨幣や、何らかの交換の担保が過剰な場合もまた、この担保が不足する場合よりもなおいっそう有害であろう。もし担保が不足すれば、公信用がその代わりとなりうるであろう。しかし、もし貨幣が石ころや鉄のようにありふれたものになれば、それは際限なく与えられるから、もはや物産の共通の尺度とはなりえないであろう。それほどありふれてはいない別の担保に戻らねばならないであろう。そして、これについて一般的協約が成立するのを待ちつつ——必要が速やかにその協約を成立させるだろうが——、始源の時代に行われていたように、あるいは未開人が行うように、商業はふたたび物々交換から始まることになろう。

例えば、ペティ卿は彼の著書の最後の章に、「イングランド人は世界全体の交易を行うのに十分かつ適当な資金を持っている」というタイトルをつけている。そのことを証明しようとして、彼はいう。「この商業世界から輸出され、全世界に配られるすべての商品は四五〇〇万スターリングで買うことができること、また取引が行われるすべての地域で用いられる船団の価値は一五〇〇万スターリング以上にはならないこと、したがって、借り入れを全然行わずに世界の交易を維持し、それを繁栄させるのに、六〇〇〇万スターリングもあれば十分であろう」。

彼は続いて、貿易商人の信用が少なくとも半分に及ぶことを付け加えている。したがって、世界の交易には三〇〇〇万スターリングの流通貨幣で十分である。当時、その国は銀行も南海会社も持たなかったことに注意しなければならない。最後に、ペティは第二段落を次のような言葉で締めくくっている、「商業世界全体のすべての交易を掌握することは、イングランド国王の臣民には不可能ではないどころか、容易でさえあろう(9)」。

さて、このような現実離れした計算の結果はどのようなものとなりえようか。彼は国家間の競争をまったく考慮していないのではなかろうか。銀行だけで四億フローリン［の資金を持つ］と評価されるオランダもまたすべての交易に乗り出すことができる。みずからの富と可能なかぎりの信用を用いて同じ目論見を遂げようとしない海運国など、ほとんどない。フランスは二つの海に面しているという立地のおかげで、イングランドに比べて、レヴァント地方への航海に関して半分以上の行程を短縮できるし、遠洋航海の行程に関しても大いにこれを短縮できる。フランスが保有する貨幣量はイングランドのそれよりもはるかに多いし、信用は適切な意図によって制限されているにすぎない。最後にフランスはイングランドよりも物産に富んでおり、人口も多い。したがって、フランスはこのようなすべての交易を要求する権利をよりいっそう有しているであろう。しかしフランスは、このようなつまらない常軌を逸した野心を持つどころか、常に、各商業国に割り当てられた限度内に甘んじることを望んでいる。フランスは、余った物産を、それを手に入れたいと望む諸国に送り届け、諸国の土地がフランスの住民が用いるために生産するものを受け取る。このような相互の交易は等しくあらゆる国民の幸福に貢献するだろう。

（9）大内・松川訳『政治算術』岩波文庫、一四四-一四六頁（ただし訳文は異なる）。

第二五章　システムについて

お互いに関係し合う数々の命題——その帰結は真実や世評を確かなものにする——の集まりをシステムと呼ぶ。この言葉は、「プトレマイオスのシステム」「コペルニクスのシステム」のように学派に由来するが、一般化されて何にでも適用されるようになった。ニコル氏の論説は道徳のシステムであり、リシュリュー卿の遺言は統治のシステムであり、ヴォーバン元帥はみずからの王国一〇分の一税案[1]をいつもシステムと呼んでいる。そして摂政期の銀行の大規模なオペレーションに対し、この名称が与えられた。

諸国民は自分のことをよく知らない。自分自身に、また旧来の慣例に閉じこもるあまり、しばしばすぐ手の届くところにある新たな法によって不正を改めることをなおざりにしている。新旧の帝国の進歩と衰退を吟味し、その原因の一切を洞察することは、この上なく素晴らしい研究であり、しかも最もなおざりにされてきた研究である。国家は良き法を持ってはじめて維持できる。もし国家が悪しき法を持てば、あるいはなくてならない法を持たなければ、その国は弱体化し、自壊することになる。そうした不可欠の法を見抜くことができれば、なすべきことを知らせ、立法者の能力を起こりうるあらゆる状況に及ぼすことができるであろう。この種の研究はそれ自体、漠然としているが、必ずや系統的な秩序を示すところまで行き着かねばならない。それだけが公正な精神の持ち主を満足させ、彼に決断を下させることができる。われわれは系統的秩序の重要性を理解し始めたところである。それはアベ・ド・サン＝ピエール氏の献身的努力によるものである。

ある賢明なアラブ人が、子供たちに学ぶことを勧めながら、錬金術や天文学や論駁術を学ぶことを禁じた。要するに、彼らに道徳と政治を学ばせて、有用な市民にしたいと願ったからである。フランス国民に軽佻浮薄だという非難が浴びせられるのは、もっぱらこうした道徳や政治に関する研究をなおざりにしてきたせいである。なぜなら哲学や文学の面では、われわれを凌ぐような国民などいないと断言できるからである。

統治の一般的なシステムを提言できるのは、政府のあらゆる部署で働いた人物に限られる。このとき、細々とした事柄を彼に期待すべきではない。彼はそのようなことをほとんどいつも無視し、信頼のおける部下に任せねばならなかった。もし彼が些細なことに気をとめていたなら、大きな事柄をうまく統治できなかったであろう。経験からよく学んで基本的準則をまとめ上げることができれば、彼にはそれで十分である。そうした準則は、彼が言えば、強い説得力を持つであろう。そしてその準則の及ぶところを見抜くことができるのは、深い思慮によってのみである。

(1) ピエール・ニコル (Pierre Nicole, 1625–1695) フランスのジャンセニストで、アントワーヌ・アルノーの協力者としてカソリック内部における（とくにイエズス会との）論争に加わったほか、パスカルの『パンセ』に影響を受け、『道徳論集』(*Essai de morale*, 1671–1678) を順次世に出した。これは大きな成功を収め、ニコルが死んだときシリーズの第一巻はすでに七版を数えていた。一八世紀を通じてフランスにおける道徳的論考のモデルとなったと言われる。

一般的システムは様々な部門からなり、各〔担当〕大臣は主要な目的〔の達成〕へと彼を導く数々の諸原理に即して行動する。外交のシステム、商業のシステム、財政のシステムなどがあり、そして各部門は、さらに系統的な下位システムからなる。わが国の植民地交易を拡大するためのシステム、国王の諸税を簡略化するためのシステム、公信用を確立するためのシステム、などがありうる。これらの下位システムには細部にわたってありとあらゆる事柄が求められるから、ときとして、一般的システムと同様に遂行するのが困難である。

財政の諸システムこそは、抗うことができないほどに魅力的なやり方で想像力に訴えかけてくる。それらにより人員や費用が大幅に節約され、国内商業のあらゆる桎梏が取り除かれるであろう。しかし事情に通じていた多くの立法者が、これらの大きな利点に気がつかなかったわけではない。したがって彼らがそれらのシステムを採用しなかったとすれば、実行が大変困難なためであったのではないかと考えるべきである。これについて最も興味深い例を示そう。まず塩に関するリシュリュー卿の例から始めよう。(＊1) 次にあげる彼の言説は、塩〔税〕について彼がどれほど強い印象を受けたかを示している。「私の時代の色々な財務監督官のなかには、国庫に関することにこの上なく精通した者たちがいた。彼らは塩田の塩にかかる税だけで、スペイン国王のインドに匹敵するようにした。そして〔このような法外な塩税を〕人民の安寧、国家の立て直し、そして国家の富裕の真の基礎とみなして、この秘密を守った」。

（＊1）『政治的遺言』〔*Testament Politique du Cardinal duc Richelieu, Premier Ministre de Finance sous le Règne de Louis XIII*, seconde partie, 1719, pp.164–165、ムロンがどの版を用いているかは不明である、一七一九年の

〔アムステルダム版（増補改訂第七版とある）の当該ページを示しておく〕

こうした言説をすべて十分に吟味するため、われわれは若干、詳細に立ち入ろう。王国には、裁判所や司教区の下位区分のように、財政の下位区分がある。五大徴税請負管区――われわれはこれらの管区の徴税請負契約による税関事務所に関しては既に述べた――の各地方は、同じく大塩税地域(2)と呼ばれる。なぜならそこでは塩は最も高い値段で、一ミノ容器に入れられた重量一〇〇リーブルの塩が五〇フラン以上で売られるからである。ラングドック、プロヴァンス、ドーフィネは小塩税地域(3)と呼ばれる。そこでは塩税は約半分である。ギュイエンヌ(4)などのいくつかの征服地ははるかに少ない税しか払わない。(*2) ブルターニュやベアルヌはまったく支払わない。各地方（des Pays）にはさらに沢山の細かな違いがあり、それだけ管理上の障害の原因となっているが、そのような事細かなことまで述べるのは無用というものだろう。

（*2） 一ミノあたりほとんど一〇〇ソルにすぎない。

こうした説明からすれば、隣接する地方よりも塩が高値のあらゆる地方の国境に沿って、監視所を設けなければならない。したがってブルターニュの周りの諸地方には、塩の流入を防ぐための監視所がいっぱいあ

（2） 大塩税地域　大西洋塩田より供給される地区、高い公定価格による一定量の塩の購入が義務づけられていた。

（3） 小塩税地域　地中海塩田より供給される地区、公定価格も低かった。

（4） ギュイエンヌ　フランス南西部の地方、とくに一三～一五世紀にイングランド王に属していた時代にアキテーヌ公国に与えられた名称。

る。ラングドックはギュイエンヌから身を守らねばならず、ギュイエンヌはベアルヌから身を守る。ピカルディはフランドルに対して、シャンパーニュやブルゴーニュはロレーヌやフランシュ・コンテに対して、等々、である。人民の多大な出費で養われる大勢の見張りが必要であるし、塩商人を偽る者たちとの戦いに明け暮れることになる。

したがって、塩について、王国のあらゆる地方で税を平等にし、塩田で直接に徴税管理する方式に一元化し、国王みずからがその塩田の所有者となり徴税請負人となるという提言が行われた。一ミノの価格は、住民の数や住民おのおのが一年間に消費するはずの塩の量に基づいて、あらゆる支出に十分であるように決められる。こうした課税方式がうまくいけば、ほかの税はすべて廃止され、監視所や税関事務所にかかるほとんどすべての費用が要らなくなるであろう。リシュリュー卿が考えていたのもこうした方式であった。おそらく個人的な他の事情によって彼が忙殺されることがなければ、疑いなく、国家の富裕をもたらすはずであると彼が信じたこの方式に着手していたはずである。当時、彼はそれに伴う様々な困難を承知していたであろう。特権によって、あるいは［併合時の］特権付与条約によってガベル（塩税）を免除された地方もあれば、それを買い取った地方もある。彼らに［ガベル以外の］他の税の廃止を申し出ても無駄であろう、彼らはガベルという言葉を聞いただけで震え上がり、この新たな方式を自分たちの特権への侵害としか、さらには［新たな］課税としか見なさなかった。リシュリュー卿はみずからの計画に固執し続けるだけの確信は持ちあわせてはいなかったのであろう。人民を幸福にするには、ときには人民の意向に背くことも必要なのだが。

あらゆる税を小麦に負わせるためのシステムとして、単に製粉所で徴税管理するか、あるいは製粉業者自身に税を請け負わせることができよう。製粉業者はほかの製粉税と同様にその税を徴収することになろう。二〇〇〇万の人間がおのおののパンを毎日一リーブル以上食べ、一リーブルに対して二リヤール[5]の税を支払えば、毎日五〇万リーブル以上が〔国に〕与えられるであろう。それは国家の年間のあらゆる支出を賄うのに十分な額である。しかし飢饉によって小麦価格がほんの少し上昇しただけで、無知な民衆はその原因を税のせいにするであろう。したがって、小麦価格が常に固定されているような小麦の国家管理を確立する必要がある、そしてそれは不可能ではないであろう。〔この税システムに関しては〕他にも数多くの困難がある。二リヤールもの増税は行き過ぎであろうし、あるいは少なくとも貨幣よりも物産が潤沢な地方に対してはあまりに不公平であろう。また通常のパンがライ麦やインド麦で作られる地方に関しては、多くの調査研究を重ねる必要がある。したがって、われわれは、これらの様々なあらゆる提言に賛成するか、あるいは反対することができるだけの十分な知識を有しているなどと思わずに、それらの提言を説明するだけにとどめよう。われわれは単にそれらの提言が検討に値すると考えているにすぎない。とはいえ、われわれは、恣意に任された税システムはなんであれ欠陥があることを敢えて述べておこう。

ヴォーバン元帥は現物一〇分の一税の創設という、よく知られたシステムを考案した。彼は最も正確な地図を用いてフランスの国土を測量した。彼は一平方里〔四平方キロメートル〕の範囲内で様々な試みを行い、

（5） リヤール銅貨、三ドゥニエに相当。

おおいに確からしい沢山の計算を行って、総括的な一〇分の一税で国家の一切の必要をほとんど賄うことができると見積もっている。

軍事で培われたこのような才能ある人物が、広範にわたる財政の詳細に軍事以上に熱心に取り組むとき、この仕事によって自らを貶めたなどと誰が考えることができようか。このような仕事を誰が敢えて責めようとするであろうか。この例から得られる教訓はまだある。彼のシステムは、最初は受け容れられなかったが、次には試され、しばらくして一部が採用された。次いで最終的には拒絶されたが、しかし別の形でふたたび受け容れられた。後になって彼のシステムの不都合な部分がおそらく修正されたのであろう。こうして、みずからの提言が最初は受け容れられなかったとしても、その人は意気阻喪してはならない。その人は欠陥が明らかとなった部分を改良するためにさらに努めねばならないし、ヴォーバン元帥と同じだと恥じてはならない。

大胆な性格の立法者が、これらのシステムの考案者が述べるような、こうした偉大な真実に心動かされるとき、そのシステムの不都合はもはや目に入らず、じっくり準備をする余裕をみずからに与えないであろう。彼は特権も前例も顧みずに性急にことをなして、この民衆の救済策をあらゆる部面に適用するだろう。意図は間違っていないから効果が現れるであろう。しかしながら、彼は失敗するだろう。そしておそらく彼の失敗は、一世紀もの間、もっと賢明な計画の成功を遅らせることになろう。

同じことが、小心なほどに慎重でほとんど洞察力を持たない立法者に提言されるとき、彼は完全にそれを拒絶し、新しいやり方に伴う危険よりも旧来からの悪弊を選ぶべきである、というであろう。長い間、われわれはこのような流儀で生きてきた。ほかの流儀をとればどうなるかは知らないのである。

偉大な人物はこれらの両極端の中庸を選ぶ。彼のもとでは、国家の政策がそのような曖昧な形で適用されることはない。彼は時代の状況を比較する。彼は自分が白紙状態の上で仕事をしているわけではないことをよく承知している。彼は悪弊と偏見の力を知っており、同じく法の力を知っている。彼は賢明にも、公共善、様々な困難、利点、そしてリスクを慎重に判断してから着手し、果敢に実行し、苦しめられていた負担が軽減されたのを知って驚く民衆の、遅ればせながらの賞賛とともに、成功を収める。

クローヴィスやヒルデベルトの統治、あるいはシャルルマーニュやユーグ・カペーの財政を復興しようと企てるような計画は馬鹿げていよう。現在の統治を引き受け、それを改善するように努めねばならない。考察は、現在受け容れられている様々な観念からあまり乖離してはならず、一歩一歩前に進むべきであり、飛躍しすぎてはならず、深く根を下ろした前例と正面からぶつかってはならず、そして最後に、常に主権者やその大臣たちへの尊重を伴っていなければならない。欠陥のある法は、軍事力を使ったトルコ式の不正なり方によってではなく、より先見性のある新たな法によって改められねばならない。『教会史』[*3]のなかで次のように述べられている、「皇帝ガレリウス[6]は、物乞いとみなせる者をすべて集めさせ、船に乗せ、ことごとく海に放り出させた」。このような王令の動機に立ち入るまでもなく、そのようなことはわれわれの習俗

(6) ローマ皇帝ガレリウス(二五〇年頃―三一一年、皇帝に在位したのは三〇五年―三一一年)はキリスト教徒を迫害したことで知られる、ただし後には寛容令を発布した。

からみれば野蛮であり、あらゆる人を憤慨させるであろう。さらに言えば、肉体的に彼らを罰するよう提言する人の意見が聞き入れられることもないであろう。したがって、物乞いを撲滅しようという目論見に関して言えば、彼らを公共の仕事に従事させるとか、骨の折れる製造の仕事のために彼らを収容するとかの提言がなされるべきである。それによって、わが国の習俗の穏やかさと、治政に求められる厳格さとが両立しうる。

（＊3）アベ・フリューリ氏、第二巻、五三二頁［Claude Fleury, *Histore ecclesiastique*, t.2, contenant le troisème siècle, 1722］。

戦争が政府による国内の諸活動を停止させるようなことがあってはならない。国境線への軍隊の配備が、ベッリにおける製造所のスムーズな創設や、ポワトーにおける運河の建設と両立できないわけではない。これらの新たな労働者は各地方において税の取り立てを容易にするであろう。良き治政はより多くの人間とより多くの収穫をもたらすのである。財政を正せば、富と信用が増す。立法者は優れた働き手をしっかりと選べば、みずからは仕事に追われることももはやなくなるであろう。

基幹部分を損なうのではないかと懸念せずに改革できる財政諸部門がある。恣意的なタイユの場合がそれであり、タイユを釣り合いの取れたものにするためにタイユを扱う部局を設けることについては、既に述べた通りである。わが国の法にとって不名誉なことに、勤勉な人物の一生をもってしても、エード諸税や入国税を十分に管理する術を学ぶにはほとんど十分ではないといわれている。そのようなことは信じがたいように思えるが、しかし、ジャック・ジャッカン氏による『エード諸税の実際と王令との照合』と題する著書の緒言を読めば納得できるであろう。以下にジャック・ジャッカンが述べるところをいくつか紹介しよう。[7]「しかし私はこの大事な苦労の多い仕事にはほとんど関わったことはなかった。……したがって、私はこれらの最初の困難に立ち向かい、それに打ち勝った。私は予想していた他の一切の困難に立ち向かったと自負していただけに、なおのこと果敢にそれらの困難に挑んだのである。なにしろ前に進めば進むほど、他の困難よりもっと大きな困難さえもそこに見いだしたのだから。この王令のあらゆる条項のなかに、税の出所に関してであれ、なされるべきその行使や実施に関してであれ、きわめて大きな困難を、上述のようにときに克服しがたい困難をもたらさないような条項は、ほとんど一つもないことは確実であった。[……] したがって、この仕事は二つのきわめて重要な事柄に集約されると言うことができる。すなわち、税の出所、つまり消費やその増加を十分に確認し、この王令に含まれる条項――相互に矛盾しているように思える条項でさえ沢山ある――に関してなすべき行使や適用を十分に理解することである。それら二つの事柄はきわめて重要かつ必要なことであり、それについての完全な知識がなければ、陛下の徴税請負制、おもにエード諸税の徴税請負制を十分に管理し維持することなどおそらくできないであろう。なにしろ同じ一つの飲料に対して様々な税が徴収され、それらの徴収に関して異なる様々な規則が守られる有様なのだから」。他の部分も

（7） Jacques Jacquin, *Conférences de l'Ordonnance de Louis XIV. roy de France et de Navarre, sur le fait des Entrées, ay-des & autres droits, pour le ressort de la Cour des Aydes de Paris*, Pris, 1703. この書の Dessein et Avertissement de l'auteur からとびとびに引用されている（なお、この「著者の意図と緒言」にはページ番号はつけられていない）。

同じように興味深い。

四行からなる一つの賢明な規則によって完全にやめさせることができるような管理技法（science）など、なんと詰まらない技法であることか。だが、それは徴税請負人がつける難癖の数々によってしか知ることはできず、不幸な未納者を見捨てる、なんと有害な技法であることか。不幸な未納者たちの大部分は読むことができず、貪欲な収税請負人によって求められる手続きや、［未納者に］差し迫った必要があるときに認められている手続きの凄まじいほどの多さにすっかり参ってしまう。そのようなときに、［収税請負人が］何か金儲けになることはないかと、何も調べようとはしないなどとは考えられもしなかった。

この［複雑怪奇な］課税を単純な税に変えるのに、このおかしな管理を思いつくのに必要なほどの能力は要らない。ジャック・ジャッカン氏はこの上ない善意の気持ちから、このようなおかしな管理を立法者の正当かつ賢明な努力として賞賛するのである。しかしながら、［このような税制の下では］ぶどう酒の国内取引は失われ、ぶどうの木は土地所有者には重荷になる。土地所有者はその土地が他の生産物に適しているかどうか確信を持てないまま、ぶどうの木を苦労して引き抜くことになる。

財政における手腕は、かつては、もっぱら現実の必要のために貨幣をみつけ出す能力にたけていることにあった。手段の選択はどうでもよかったし、商業［への影響］を考慮に入れるべきではないか、などとは考えられもしなかった。その後、収入と支出の種類が次第に増えていった。このような収入と支出の種類［の増加］は耐え難い管理上の手続きを減らすよりもむしろ増やすことになった。最後に、真っ当な理性と経験から、良き財政の基礎は、人民を、税を支払うのに必要な豊かな状態に維持することであり、商業を損なうことはこの豊かさを生み出すものを損なうことであることを学んだ。

しかし、以前からのやり方のなかには、相互の交換を容易にするのを妨げるものが数多くありうるから、有益なやり方に変えるためには、たった一つの研究からは得られない広範な知識が必要である。真実が立法者の目を開かせるのは、しばしば相矛盾した様々な著述によってである。立法者はすべてのラインがそこに至る真ん中にいて、選択し実行するための洞察力を持ってさえいればそれでよいであろう。

亡き国王の治世末期において、きわめて有害な結果をもたらした貨幣の法定価値の引き下げは、もし賢明な意見書が、貨幣の真の価値について、また国王や個々人がお互いに債務を負っている状況のもとで法定価値を引き下げることの危険性について顧問会議に教えていたならば、命じられなかったであろう。［このときの］法令(＊4)の理由は以下の通りである。「陛下は、戦時中に鋳貨や素材の価値を引き上げるように促された理由が、今日、陛下とヨーロッパの大部分の君主および国家との間に結ばれたばかりの和平によって消滅し、交易の利益や臣民の有利のために、当該鋳貨を、諸外国で流通している相場に応じて(＊5)、できるかぎり元に戻すことが絶対に必要であるとお考えになり、今こそ、それらを正当な価格に近づけ(＊6)、今後は必要な水準まで引き下げられた価値を刻印すべきであると思料された。だが陛下は、この引き下げをそれほど目につかないものにするために、何回かに分けてそれを実施し、そうすることで臣民が損失を避けられるようにしようとお考えになった。このような引き下げと引き下げの間に、臣民の利益あるいは臣民の商業にとって適切な［鋳貨の］利用が行われることになる」。貨幣は内在価値を有するというこのような考え方は、大勢の優れた知性を持った人々に今でも見られるし、立派な著作のなかにさえ見られる。

（＊4）　一七一三年九月三〇日。
（＊5）　諸外国は、鋳貨を、各国で任意のその呼称など気にせずに重量と純分でしか受け取らない。オランダ人はフローリンまたはリーブル・ド・グロで、イングランド人はリーブル・スターリングで、ベネツィア人はデュカで計算する、など。
（＊6）　聖王ルイの時代、貨幣価値は一マルク五二ソルであった。シャルル七世の時代は九フラン、アンリ四世の時代は二〇フラン、リシュリュー卿の時代は二〇フランから二六フラン、コルベール氏の時代は二七フラン、そして現在は五〇フランである。

シナの皇帝が、王令によって、臣民に統治についての意見を求め、自由に意見を述べるように勧め、主権者の行動に関して彼らが敢えて咎めた事柄をしばしば役立てたのは、立派なことだ。臣民が信頼して意見を述べ、これによって臣民が公衆の幸福に貢献したのは、良いことである。シナ人が賢明な規則を沢山もっているのは、おそらくこれらの麗しい王令が生み出す諸々の建言のおかげである。もし、われわれがこうした意見の必要性を立証するために、その証拠を［シナの政治を賞賛する］美辞麗句のなかに求めるならば、大いに褒めそやされるシナの治政はそうした意見のおかげであるということになろうが、しかしわれわれはこのように言えるほどシナの治政を好意的にみるわけにはいかない。この点について、少しだけ脇道に逸れても許されるであろう、それは必ずしもわれわれの主題に無関係ではないのだから。

意見書を受け取る立法者は、なるほど立派な教育を受けているであろうが、しかし彼がその意見書をなんとしても有効に役立てるためには、意見書を受け取る人やそれらを提出する人々は、旧来の慣行がどんなに常軌を逸していようと、またどんなに有害であろうと、それに反することはなんでも頑なに拒否するような広く行き渡った偏見から自由でなければならない。

シナ人は死体に対して宗教的な尊厳の念を抱いており、人体の解剖は許されていない。したがって解剖から得られるあらゆる貴重な成果は失われる。

シナ人には父権に限度がなく、嬰児の遺棄や嬰児殺しでさえ許されている。デュアルド神父［の報告］を引用しよう。(＊7)「人口の多さが不幸な出来事を数多く生み出している。彼らは、あまりに貧しいため、子供たちに必要な食事を与えることができなくて、路上に遺棄する。これらの無実の幼子は、生まれ落ちたほとんどその瞬間にいわば死刑を宣告されるのだ」。もっとひどいことがある。「なぜならシナ人は大家族を養うことができなくて、娘が生まれるとすぐに、水を満たした盥で娘を窒息させるよう産婆を促す、このようなことが時々起こっているのだから」。

（＊7） 第二巻、一九頁。［Jean Baptiste du Halde, *Description géographique, historique, chronologique,politique et physique de l'empire de la Chine et la Tartarie chinoise*, Paris : P.G. Lemerecier, 1735, 4vols の第二巻、ただし、一九頁は七三頁の間違いだと思われる。デュアルド神父（1674–1743）はイエズス会に属し、中国に派遣された宣教師の報告書などに基づいて中国の歴史、文化、社会に関する包括的な著書を著した］。

このような著しい悪弊は治政の基本原理に反するばかりか、人間の根源的な感情に反する。ローマ国家の創設時においては、残忍さゆえに父権は拡大し、父親に子供を殺すことを許すほどであった。しかし習俗が和らげられ理性がより開明的となるやただちに、こうした父権に正当な制限が設けられた。わが国の法は、父親が存命であろうと死んだ後であろうと、子供たちがいつでもみずからの出生の権利を要求することを認めている。子供たちを殺す権限と、過酷な状況にもかかわらず必ずや子供たちを認知することとの隔たりは大きい。

嬰児遺棄や嬰児殺しの動機は民衆の貧困にある。シナは世界で最も肥沃で豊かな地域の一つであり、耕されていない土地は一つもないとほかでいわれているにもかかわらず、そうなのである。そのような話は曖昧で、次のような話と矛盾する。つまり民衆の貧困は土地が耕されず、怠惰な者がいるせいであるという話である。さらに豊富というのは、(*8) 物産が必要な量を上回っているときに限って適用されるべき相対的な言葉である。住民の食糧に当てられる物産よりも住民の数の方がずっと多いときには、それは絶えざる欠乏状態である。そして、もし豊富が存在するのに、食糧の不都合な配分によって住民の一部が貧困状態にあるとするならば、それはきわめて大きな治政の欠陥であり、シナの政府の名誉を傷つけるであろう。

(＊8) シナがかくも恵まれた豊富さを享受しているかどうかは、一三五頁［を見よ］。［上掲のデュアルド神父の *Description* の第二巻だと思われるが、一三五頁ではなく、一三八頁以降の「シナを支配する豊富さについて」の記述を指すと思われる］。

したがって、十分に耕された彼らの土地が大勢の住民の食糧を賄うことができないのなら、四千年来、植民地［の開拓］に思い至るほどの洞察力を持った人物が現れなかったことが不思議である。自国の土地の不毛さに不満を抱いた北方の蛮人は、かつて、よりよい土地を探し求めた。人口過剰のシナは、その近くに、六〇〇〇里も離れたヨーロッパ人が大規模な植民を行った島々を見つけていたであろう。そこには、彼らの人口の過剰という重荷を有効に取り除くのに必要なものがあった。一方、わが国の政治は常に人口の増大を追い求めねばならない。同じ著者の言説にみられる次のようなシナ人の状態は、われわれには当てはまらない。「帝国全土において無用な土地など一つも存在しないように、男であれ女であれ、どれほど歳をとっていても、耳が聞こえないとか目がみえないとかの不具合がどれほどあっても、生計を容易には立てられないような人は誰もいない」。(＊9) これによってわれわれは、なぜ彼らが植民者を送らなかったのかが分かる。では、なぜ彼らは豊饒さとこのような資源を持ちながら、子供を遺棄したり殺したりせざるを得ないほど貧困でありうるのか、その理由は分からない。頻発する飢饉、そのことは、彼らの治政や、かくも良質で十分に耕された土地といかにして折り合うことができるのだろうか。この国民とオランダ人はなんと対照的なことか。オランダ人は不毛な土地にあってあらゆるものを豊富に享受し、絶えず人口を増やしている。

(＊9) 第二巻七三頁、「職人の巧みさについて」[上掲のデュアルド神父の *Description* の第二巻、正しくは「職人の巧みさと細民の勤勉さについて」の項]。

シナでは貧しい住民が大勢いることから、また嬰児殺しが許されていることから、われわれは敢えて言おう。シナ人は四〇〇〇年にもわたる平和な君主政治をうまく役立てなかったと。わが国の数学者の宣教師がみるところ、幾世紀もの間、彼らの主要な研究対象であった幾何学や天文学に関して、無知だとは言わないまでも、彼らはわれわれよりもかなり劣っているだけになおのことそう言えるであろう。さらに、彼らは海運を持たないこと、そしてわれわれが彼らとの交易に何らかの利点をみいださなかったならば、彼らはいかなる外国貿易をも持たなかったであろう、ということを付け加えておこう。彼らが享受している平和は彼らの政治のおかげではなくて、状況の偶然による。彼らは身を守る術をほとんど知らなくて、タタール人が現れて彼らを征服してしまったほどである。これらのことは、シナ人の幸福や彼らの治政の素晴らしさを称える夥しい美辞麗句に対して水を差すのに十分であろう。他国民をすべて無視し軽蔑することを誉れにするほどに、自分自身とその慣行を非常に高く評価する国民のもとで、治政はどのようにして改善されるであろうか。われわれが何か利益を得られるような例を彼らの慣行に見いだせるだろうか。父権は専制的な残忍さを示している。三年間の服喪は、そのために大臣が大事な職務を放棄せざるを得ないとすれば、馬鹿げている。彼らの財政についてわれわれが知っている僅かな知識によれば、彼らは、支払いが滞りがちな税の未納者のところに駐屯部隊の貧しい連中を派遣する。それはわが国における軍隊による強制執行に相当する。彼らは交易にきわめて無知であり、交易においてペテン師であることをモットーとしている。［そもそも］孔子の道徳と同じくらいに立派だが、同じくらい尊重されない道徳を身につけた敬虔な立法者や哲学者がいない国などあるだろうか。このような道徳に従って振る舞うような国があるだろうか。

モスクワの人々は約二〇年前から、ヨーロッパの他の文明国の英知を利用し、彼らの広大な君主国がこれまで続いてきた間に成し遂げたよりもはるかに大きな進歩を遂げた。

意見書は二つの重要な条件を満たしていないと有効ではありえない。一つは、意見書を生み出す思索に実践の経験が伴っていることである。石工には建築家の知識は必要ない。自分の腕前が分かっていればそれで十分である。しかし建築家は石工の仕事の仕方に通じていなければならない。そうでないと彼の建築計画はしばしば空想的なものとなろう。もう一つの条件は、個人的利益が意見書の内容を左右しないことである。

治政、財政そして商業の進歩を大いに阻害した最近のオペレーションの原因をそこに求めることができる。富の蓄積は、立派な見識を持った優れた才能と必ずしも両立しないわけではないが、しかし大きな財産をため込む人々が、どんなやり方であれ富をもたらすことのできる知識以外の知識に関心を持つことはほとんどありえない。そして立法者が、金に目のない人々のところに見いだす財源は、大抵、彼らにはそれほど高くついたわけではないのに立法者にはかなり高く売りつける貨幣ということになろう。

意見書を公にすることがこれらの二つの条件の代わりとなりうる。公にすることで少なくとも、意見書の悪しき効果を防ぎ、立法者にそれが利用するに値するかどうかを知らしめることができる。ある有名な団体［イエズス会］は、その著述を公にする前にそれらを印刷し、印刷されたものを吟味するための内部用の印刷機を持っていたと言われる。印刷によって草稿を覆っている一種のヴェールが取り除かれ、読者はよりよく判断できるようになると思われる。どれほどの草稿が印刷によってその見せかけのメリットを失ったことだろう。しかし印刷の真の効果は、公開性にある。作品はあらゆる人々の批評に委ねられ、その結果、いくらか間違った批判が行われるに違いないとしても、分別のある人々が現れて、意見書の良いところと悪いところを明らかにし、両者を識別するであろう。

交易と治政は国家の秘密事項ではない、そればかりか財政運用でさえ秘密ではありえない。借り入れや課税は公布される法令によって行われ、その管理方式は皆に明らかにされる。意見書は秘密にすべきことを暴いたりはしない。既知の事柄について考察を行う。したがって、この点で、書き表され印刷されうる内容はすべて、事実に関しては何も教えてくれないし、考察に関しては、それはヴォーバン元帥の『王国一〇分の一税〔案〕』のように、無駄に終わり、却下されるだけということもありうる。さらには、シナ人の死体に対する馬鹿げた尊重を道徳に当て嵌めて考えてみよう。もしわれわれが昔の悪しき運用を同じように尊重し、それらを分析し批判することが許されないのであれば、わが国の治政は進歩しないであろうし、シナにおける解剖学と同じ運命を辿ることになろう。

あるスルタン〔オスマントルコ皇帝〕が大臣たちに言った、「お前たちはなにもかも考えられるわけではない、考える者たちのやる気を失わせてはならない、この上ない空想的な計画のなかにしばしば役に立つ内容が含まれている。下らない嫉妬のせいで、他の者が考えたことをお前たちが却下するようなことがあってはならない。良いことを見抜き、それを実行することこそ、それを考えつくこと以上にずっと立派なことなのだ」。

第二六章　結論

立法の諸部門のなかには、立法者が、この上ない優れた知性をもってしても決して成功を確信できない部門がある。国境を守備し、あるいは敵の軍隊を攻撃するために軍隊を派遣するとき、最も手腕に優れた将軍を選び、兵士たちが十分な訓練を受け、必要な物資をふんだんに与えられるかどうかは、彼次第である。［しかし］悪天候、突然の恐怖、将軍たちの手腕の競い合い、他の数多くの偶然が結果を不確実にする。フェリペ二世は、イングランドと戦うための彼の艦隊の多くが嵐によって潰えたときに、「自分は風と戦うために艦隊を派遣したわけではなかった」と述べている。ここで彼は賢明な政治家として語ってはいない。賢明な政治家であるなら、さらにその先を見通し、また新たな打開策――フェリペにはそれが必要であった――を準備しておくべきであったのだ。

優れた才能によって、立法者がこの上なく重要な交渉の結果、彼の国にも隣国諸国にも同じく有利な条約を締結したとしても、この条約の信頼性は何ら保証されていない。勢力を増した、あるいは間違った助言を受けた条約の当事国が条約に違反することがありうるからである。

したがって、立法者が彼の賢明さとは無縁の事態が生じるのを防ぎ、あるいはそのような事態を切り抜けるべく確実な歩みを進めることができるのは、内政に関する場合だけである。そしてわれわれの主題に限定して言えば、立法者は飢饉や過度の小麦の豊富に対して民衆を常に安心させることができる。彼は同じく、次のような方法で住民の数を増やすことができる。植民地への植民を進めることで不都合にも母国の人口を減らすことがないようにすること、その報酬が確実な勤労を刺激するところの自由によってあらゆる種類の交易を促進すること、貧しい隣国の人々に未耕地を割り当てるかあるいは楽な仕事を提供して彼らを招き寄せることがそれである。最後に、徴税がもはや軍隊による強制執行に拠らずには行うことができないとすれば、それは通貨［の量］が税に釣り合っていないからである。立法者は、国民の今日の気質に最も合ったやり方でそれを増やさなければならない。なぜなら、そうすることで成功はいっそう速やかで容易なものとなるからである。

こうして、もっと軽減することのできる負担にしばしば押しつぶされ、苦しんでいる人々は、負担を軽くしてくれた配慮の行き届いた立法者のことをいつまでも称えるであろう。立法者の真の栄誉は人々の幸福にある。

同様にこの栄誉の一部は部下たちのものである。彼らの第一の義務は、神慮がその下で彼らに生を与えたところの主権に従うことである。しかし彼らにはこの主権に由来するものを吟味することが許されている。このとき、このような吟味は従順な服従と不可分であろうし、また彼らは、一見不正に見えるものがときに国家の正義に適っており、合法的であり、立法者が秘密を守らねばならなかったその諸動機に鑑みれば、必要でさえあることを理解するであろう。

こうした根本的な真実を決して見失うことなく、理性と得られた知識を最も高尚で最も立派に利用する仕方というのは、それらの理性や知識を治政全般――公衆のこの上ない幸福はこれにかかっている――に用いることである。このような重要な問題に関する熟考、討議、著述が新たな考えを生み出し、しばしば、そのときまで知られていなかった面から対象を照らし出す。同じことが大勢の人々によって繰り返し述べられることで、次第に力を得ていき、立法者の決断を促すことができる。立法者の良き意図は、必ずしも、偏見ばかりの状況に立ち向かうことができるだけの十分な勇気によって支えられるとは限らないのである。ここに［本書を著した］著者の動機がある。

著者はいくつかの問題についてはあまり詳しく述べなかったが、それというのも、ただ単に問題の所在に気づいてもらうという著者の目論見にとっては、それで十分だと考えたからである。治政と財政の根本が示された、そこから敷衍することは容易である。そして有能な人々をそのような仕事に引き込んだとすれば、本書の目的の一つが達成されることになろう。

もし本書に有害な基本原則が含まれているならば、公共の利益のためにそれを知らせていただきたい。著者は感謝しつつそれを放棄しよう。

終わり

ビンドンの訳者序文

商業から生じる利益は非常によく理解されているので、ヨーロッパのすべての国が商業の進歩をその顧問会議の主要な目的にし、臣民の間の商取引と産業活動を促進するために、政策と統治に関するいくつかの旧来の準則を捨て去っているようにさえ思われる。

フランスの先の偉大な君主の基本的考え方は、国内での絶対的権力を完全なものにし、戦争によって彼の支配権を拡張するというものであった。彼は長い年月にわたって戦時下にあったが、結果は過ぎるほどに上首尾であった。しかし、彼は生き長らえて、自分の栄誉が衰えるのを見た。彼には、ヨーロッパを隷属させようという自分の目論見が実行不可能であると確信させられるに十分な理由があった。

これらの途方もない目論見が進行中であったとき、王の野心を誉めそやして拍車をかけるために書かれた様々な論説のなかから、『フランスの政治』（C侯爵P.H.氏によって書かれたもので、その本の翻訳は一六八〇年にロンドンで出版された）［Paul Hay, Marquis of Châtelet, *The Politicks of France*］という題名の小論が現れた。偉大な精神と賢明さをもって書かれた本で、その中で著者は王の専制的権力を確立するため、海上での商業を独占するため、フランス王政の力を近隣諸国に拡張するための多くの規則を定めている。しかし、これらの大いなる企ては、主に、商業とは両立不可能だと常に考えられていた軍事力によって成し遂げられるはずであった。だが、この論説は、イングランドの、そしておそらく他の諸国の多くの国民を警戒させた。その中で言及されているいくつかの目論見がその本の出版後に実行に移され、他の目論見も試みられたように見えたとき、そしてその本の著者が王の秘密を公表した人物としてバスティーユに閉じ込められたことが伝えられたときには、とくにそうであった（英語版の序文を参照せよ）。

国王ルイ一四世はその果てしない野心を十分に満足させるために遂行された戦争に絶えず従事したが、平和の技法が彼の治世の間、完全に無視されたわけではない。コルベール氏の内閣は以下のような点で永遠に名を馳せるであろう。公的歳入の管理に彼が導入した良き規律、海軍の素晴らしい改善、国営工場の設立、貿易会社の創設、植民地の奨励、外国貿易や国内交易に関連して制定された多くの卓越した法令、国家行政組織に関連した多くの他の事柄。このようなことは、彼らの君主の全軍事的功績がなしえたよりもより堅固なフランス国家の将来的栄華の基礎を築いた。しかし、これらの改善は当時、国民の気質や政体に対立するものと思われ、それゆえ、それらにもたらされた突然の進歩には無理があり、長続きしないと見なされた。だが、経験はわれわれにそれらの根拠の不確かな考えを捨て去るに十分な理由を与えた。というのは、フランスがマニュファクチュア、貿易、航海で大いに改善され、植民地は日ごとに増加しており、インド会社はより強大になっているのは明らかだからである。われわれが先の戦争における勝利を、フランスと適切な通商条約を結ぶことによって賢明に利用していれば、おそらくこのような事態の進展は阻止されていたであろう。

元に戻そうとしてもわれわれの力が及ばないことについて嘆いても無駄である。もしわれわれが、国民の幸福が大いに依存している商業と治政の改善において他国に勝ることができないとすれば、慎重になされるべきことはただ、他の諸国家と歩調を合わせて進むよう努力することである。

国王ルイ一四世の時代には、大部分のフランスの政治家が軍事的行為により君主国を強化する計画を練り上げようと考えをめぐらしたのに対し、今では、あたかも国民の気質が変わって、専制的政府の過酷さが和らいだように見える。というのは、フランスの著述家達は平和の技法の改善に役立つ諸原理を教え込もうと努力しているからだ。

この種の多くの著作の中で、以下に登場する論説は注目に値するように思われる。それは商業の一般的計画を含んでいる。このような類の主題について考えをめぐらすことは有益であり、わが国の改善に資するであろう。以下の翻訳を著したのもそのような理由からである。

本書の著者によって主張されている諸原理はすべての諸国で普遍的に当てはまるだろう。農業と他の必要で有用な産業の改善、住民の増加、そして物の交換の共通尺度、つまり貨幣とその代理物を、十分な量、社会に確保すること、これらは、治政や商業を偶然任せにはしないすべての国において主要な関心事となっていることは確かである。

本書の著者が非常に適切に商業の基盤と呼んでいる、産業活動上の最も重要な品でさえ、アイルランド国民にどれほど不足しているかは、この王国での穀物の頻繁な、というより恒常的な不足から十分明らかである。この不足ゆえに、他国から年間少なくとも一〇万ポンド分の穀物を輸入する必要が生じている。これは全輸出額が年間一一〇万ポンドを大して上回らない一国にとってあまりにも大きい損失である。著者はこの不足は「常に治政における誤りから生じるのであり、この誤りは容易に矯正され、より正確に言えば容易に防止されるものである」ことを示している。

穀物の収穫高が国民の必要に応えるに十分すぎるほど確保されているか、もしくは賢明な経営によって確保されうる大国では、公的な穀物倉は不都合であることが、以下の論説で十分に説明されている。こうした計画で気を紛らしてもほとんど効果がない。このような計画は、国民が浪費する自由を少しでも共有している国ではなおのこと危うい。より適切だと思われるのは、非常に頻繁にわれわれが脅かされている飢饉の窮状からわれわれ自身を守る容易で自然な手段を見出すべく努力することである。

穀物が不足している王国内の地域に他の地域の余剰から穀物を供給する方法が著者によって提案されているが、この方法はアイルランドでの耕作を助長し、フランスでよりもこの国での方が、いっそう容易に実施されるであろう。アイルランドではフランスにみられるようなその方法に対する国制上の障害がない。この問題はもっと注目に値すると思われる。なぜなら、非常に大量の穀物が王国のある地域に輸入されている一方で、同時に、同じ穀物が別の地域から大量に輸出されているのは明らかだからである。そしてこれはすべて一般に他国の海運によって行われている。おそらく、耕地や内陸の水運の改良に充てられる基金が、この仕事を進める用途に活用され、役立てられないかどうかを考えることは有益であろう。

街道の補修に対してわれわれの間でみられる熱意に、内陸水運の改良や沿岸交易の奨励が加われば、王国内の穀物が不足している地域に、より豊富に穀物が産出される他の地域から、以前よりもよりよく穀物が供給されるようになることは確かである。しかし、最も肥沃な地方で一般に行われている、広大な土地を牛の放牧に利用する怠惰な方法が、より積極的な農業経営やもっと小さい農場への土地の分割によって排除されるまでは、アイルランドの土壌がどんなに耕作に適していようとも、農業における大いなる改善を期待しても無駄である。

もし地方に適当な広さの土地付の手頃な家を建設し管理し、その家を、何らかの特定の資格でわれわれのなかに住み着いた在住の農業者たちに貸し出すための法律が制定されれば、おそらく、土地を小農地に分割する適切な手段となるだろう。これは実現可能性があること、またアイルランドの改善に大いに役立つであろうことは、この問題についてじっくり考えてみようとする人なら誰でも容易に認めるところである、と思われる。また土地を現在よりも小さい農場に分割する何らかの方法が実施されるまでは、耕作を奨励する試みや、広大な土地を保有している人に対し、その土地の一部に穀物の種を撒くよう強制する試みは、何であれ無駄に終わるのではないかと懸念すべき理由は過ぎるほどある。

人間の増加がアイルランドにとって真に利益になるかどうかは、一つの問題とされてきた。われわれの治政と商業を考えるならば、この点は依然として非常に疑わしい。アイルランドから輸出される主要な物品は人間の労働や勤労による付加価値がほとんどつかない土地生産物である。王国の富は一握りの非常に富裕な地主や肥え太った農業者、その他、働きもせず、国民の富の増加に貢献するどのような勤労にも従事しない人々の手に独占されている。彼らは人目をひくことができるから、この国の事情について表面的知識しか持たない人達には、アイルランドが繁栄しているかのように見えてしまう。しかし、そのような人達が国民の大部分の貧困と悲惨な状況を見ることになれば、彼らは直ぐに意見を変え、アイルランドは一般に羨むどころか哀れむべきだと結論するだろう。以下の論説で採り上げられている旅行者であれば、その国に溢れている多くの物乞いを見れば、この国を野蛮の程度の最も高い国にランク付けするだろう。

アイルランド人は、生来、怠惰で無精であると非難されているのは確かである。しかし、世界は、人間本性は一般的にどこの国でも同じであること、そして、人はみな安楽を切望するが、商業の改善が労働と勤労を絶対に不可欠のものとして以来、そうした資質は国民にまったく生来のものであるというよりは、たまたま身に付くものであることを理解できるほどに知識を深めてきている。

以前のアイルランドの住民の気質がどのようなものであろうと、近年のアイルランドの住民が労働と勤労に熱意を持ち、雇われたいと思っているのは明白である。例えば、外国の軍隊に仕えに行く人達の大多数は、本書の著者が述べているような、スイス人が傭兵になることを余儀なくされているという理由［土地の少なさ］によってではなく、彼らの祖国の広大な沃野に雇われ仕事が不足しているために、そうしているのだ。また別の例を挙げれば、食べるために、彼らはイングランドやニューファンドランドにまで毎年渡って下働きとして働くのである。このことは、アイルランド住民の労働と勤労への傾向が十分にあることを示すとともに、アイルランドが、著者が述べている貧しい島の一つと同じ状態にあることを強く証明している。概して、この王国は、牛肉、バター、生皮、羊毛そしてその他の必要品の生産に携わる国であり、また他国のために働く人間の養成所であると見なされることだろう。

アイルランドには住民が少なすぎ、この国の改善が遅々として進まない原因もそこにあると主張する人がいるのは事実である。確かに、住民の数と、土地の広さと肥沃さ、そしてアイルランドが勤勉な人々を雇用できる他の自然的手段とを比べれば、住民が少なすぎることが認められるに違いない。だが、住民の数を彼らが従事できる仕事と比較した場合、住民が多すぎることが直ぐにはっきりする。そうでなければ、なぜそれほどの数の住民が外国での危険に満ちた骨の折れる労働で生計を立てるために生まれた土地から離れるのだろうか。なぜそれほどまでに多くの物乞いが路上に見られるのだろうか。

したがって、賢明な治政によって、この人々の流出に歯止めがかかり、非常に多くの物乞いを生み出す悪弊が取り除かれるまでは、住民が不足していると嘆いたり、もっと酷いことに、困窮生活を送らざるをえない国に彼らを強制的に留まらせたりするのは、間違いなのである。これは自由の侵害のように見えるし、決してよい結果を伴い得ない。

最初に人々をその国から立ち去る決心をさせた理由がまだ存在しているのに、強制的な方法によって、自由を共有している人々や自由の観念をもつ人々に、故郷にとどまる方を選ばせることなど決してできるものではない。そのようなやり方は、むしろ彼らを、拘束から逃れてより多くの自由と安楽と豊富さの享受を望みうる他の地域へとさっさと移る気にさせる。さらには、そのような強制的なやり方は有益な外国人がその国に入ってくるのを妨げることになるだろう。他方で、よき治政は、アイルランドがそうであるように、立地に恵まれた広大で肥沃な国では、必ずや住民を増やすことができるであろう。その場合、それは地元民をその土地にとどまらせ、外国人をその国にやってくるように誘う手段によって遂行されるのである。これは以下の論説で提案されている成り行きであり、その仕事を達成する自然なやり方である。「（著者はこう述べている。）立法者が見失ってはならない目的は、男たちをその哀れな状況が許すかぎりで幸福にすることである」。しかし、もしわが国の一般大衆の状況が調査されれば、以下の論説で提示されている隷属状態の下にある奴隷の状況よりもはるかに酷い状態であることが分かるであろう。

この論説には、専制君主の臣民の著作に従来期待されてきた以上の自由の精神が見られる。それゆえ彼は次のように断言している。「結婚を促すこと、多人数の家族を扶養している父親に援助を与えること、孤児や捨て子の教育に注意を払うこと、これらは征服を行う以上に国家を強化する」。さらに彼は別の箇所でこう述べている。「新しい土地を開墾すること、それは不幸な人を生み出すことなく、新しい国を征服することである。」そして彼は、破壊的で血生臭い戦争によって同じ広さの土地を奪う見掛け倒しの勝利よりも土地の開墾を好んでいる。［フランスは］ここで彼が非難している政策で有名だが、これらは、まさにその国で大胆に語られた真理である。しかも、それらは、この著者がみずからの思想を表現する際に有していた自由の、挙げることのできる唯一の事例というわけではない。にもかかわらず、外国貿易に関する治政は、フランスの立法者によってヨーロッパの他のどの国家よりもよりよく理解され、より入念に磨きがかけられていること、あるいは、交易が現在のフランスほど繁栄したことはかつてなかったことがたとえ認められるとしても、それでもなお、おそらくは、著者が望んでいる完全な自由は、フランス政府の体制と両立するとは見なされないだろう。それゆえに、以下のように推量できる。著者の論説の中で、自由は非常に適切に「最も重要で最もよく知られた商業の準則」と名づけられているのだが、この自由を享受している諸国民は、彼らの立法者が用心深くその国の真の利益の追求に努めるとすれば、フランス人に対してある程度優位性をもち続けるだろう。そして、われわれは、幸運にもイングランドの自由という計り知れない恵みを手にする権利を持っている。われわれの公務の遂行が知性と高潔さをもった人々に委ねられている間は、この自由をわれわれは決して奪われないであろう。それゆえ、われわれはアイルランドをもっと繁栄させるようなやり方を求めて、われわれの治政と商業の発達に努力しなければならない。結果的にそれはイングランドにとってもより利益になるのである。

植民地と独占会社は独立した国に特有のものである。それゆえ、その利用と経営に関する考察は、その探究をアイルランドの利益という狭い範囲に限定する人には関心外のことであろう。しかし、読者は、一般的な商業のそれらの部門の一部を説明しようとする翻訳者の努力を不満には思わないだろう。

大ブリテンとアイルランドでは、窃盗と強盗で死刑になる人が、他のすべてのヨーロッパ諸国におけるよりも多いというのは、一般的でおそらく正しい所見である。いずれにせよ、司法によって死を宣告される大勢の不幸で悲惨な境遇にある人の命を、法によってなんとか助けてやることが大いに望まれている。犯罪人を過酷な労働で雇用する方法は、しばしば社会的に問題提起されてきたが、死刑が執行されないよう申し立てられる様々な理由を吟味することは、われわれの仕事ではない。しかし、立法者はある程度、これらのあまりに頻繁な死刑執行をやめ、一部の犯罪の刑罰を変更してきた。以前は死刑だったものが、ブリテンの植民地への流刑に変わったのである。だが、依然として死刑執行が多すぎるように思われる。なぜなら、犯罪はおそらく他の種類の刑罰によるほうがよりよく防止されるであろうし、また社会はそのような成員の全体としての損失に耐えられないからである。オランダのラスプ・ハウスやフランスのガレー船はある程度そのような目的に応えている。そして、われわれの国王がジブラルタルとミノルカ島にガレー船を持つことに対してどんな異論も予想されない。その場合、現在の法ではイングランドやアイルランドで死刑に処せられるに違いない多くの犯罪者が、国のために仕えるよう言い渡されるであろう。そのような制度はそれらの海域で非常に有用でおそらく不可欠の船を海軍に提供することになるだろう。しかし、このようなことを行うのが不確実であるため、大ブリテンはこれらの［スペイン継承戦争によって］獲得した地域を決して手放さないことを正式に宣言する必要があろうし、また、スペイン人にいつかは条約によってそれらの地域を回復することができるという期待を持たせることがより賢明であると考えられるだろう。このことがまた、これらの地域が国王の下にそれほど強く帰属せず、イングランドの完全な自由の享受を認められていない理由であろう。

著者が奢侈について述べていることは、フランスに関してはまったく正しいであろう。この王国は、すべてのものに富み、広範で無制限で賢明に遂行されている交易をもち、他のすべての国との交易によって利益を得ている。だが、彼のこの問題についての見解をアイルランドの状況に適用する際には、事情が大いに異なる多くの事柄が考慮に入れられなければならない。奢侈を激しく非難する人々の流儀や特性を吟味するまでもなく、われわれは、この王国ではいくつかの奢侈から非常に大きな弊害が生じている、と述べることが許されるであろう。

もしわれわれの奢侈が、われわれ自身の産業活動やわれわれの手による海外の海運や交易の産物を消費することにあるならば、「治政が良好なあらゆる社会に必然的に伴うもの」であり「富と統治の安定がもたらす」ものとして、奢侈は弊害なしで済まされるだろう。つまり、「様々な種類の必要に対し、［異なる］諸段階がうまく割り当てられており、職人は、二次的必要の商品が十分にあるときにのみ、そして同様に、職人は、一次的な必要品が満たされるときにのみ、奢侈に用いられる」のであれば、弊害はない。おそらくフランスにおけると同じように、これらの規則がアイルランドにあてはまるとすれば、「立法者はそれに立脚することができる」。「一国の奢侈は、多数の大衆に比べてごく少数の者に限られるが、多数の大衆は良好な治政により自分たちの労苦の成果を安心して享受できれば、その少数者に劣らず幸福である」。このような奢侈は、「産業活動を消滅させ、職人を危険な無為のなかに投げ入れ、自由を妨げ、労働への新たな動機を奪う」ことにならないように、抑制されるべきではない。

しかし、以下のすべての条件が該当する場合はどうだろうか。アイルランドの奢侈が外国の土地、外国の産業活動、外国の海運、外国貿易の産物の消費から構成されている場合。富者の過剰な支出を支える貨幣が貧しい住民から無慈悲にもぎ取られ、フランスや他の諸国の富を増やすために送られる場合。これらの諸国は彼らにとって絶対的に必要な商品だけをわれわれのところから取っていくのである。必要性の諸段階が間違って区分され、その結果、穀物や他の絶対的必需品が恒常的に不足しているまさにその時に、われわれはこの上ない浪費的な奢侈に陥っているのである。アイルランドの現状が以上のようなものであり、貧しい住民が他国に行って傭兵や下働きとして生計を立てようと努めざるを得ないような場合、奢侈は国家にとって非常に有害なのであり、立法者によって抑制されるべきである。

以下の論説で非常に強く主張されている「債務者は常に優遇されるべきである」という準則が、アイルランドで尊重されることが望ましい。もしそうなれば、われわれの治政が、外見上、債務者を犠牲にして債権者を優遇するという逆の原則に基づいて行われることはなくなるだろう。言ってみれば、圧政を強めるようなことがあまりにたびたび起こっているということである。

その場合、われわれの立法者は、すべての商業国の政策に従って、公信用や私信用を増大させる方法を考え出すであろう。そして不可避的な偶発事によって債務支払いが不可能になった人々と、詐欺的な破産者であって、社会に対する強盗として罰せられるべき人々との間に大きな違いを設けるだろう。この種の問題に関して、著者はフランスの立法者に十分に相応しい賛辞を送っているが、この問題はわれわれの間で関心を呼ぶであろう。

だが、悲しいかな、われわれの思いつきは本来の意図とは違った形で利用されてきたのであって、非常に有用となったはずの何か新しいことを以前に導入しようとした人や、あるいは社会に何か非常に重要な貢献を行おうと試みた人は、大抵の場合、ニコラ・ブリオの運命をたどった。なぜなら、ほとんどの国に、アンリ・プランとその仲間のような輩があまりに多くいるからである。しかしながら、アイルランドの現状はそうではない。権力の座にある人々は、王国の改善のための筋の通った提案をすべて快く受け取り、それに従う。そして、公的奉仕を行う人々に惜しみなく報いる。アイルランドの現状は幸い、良い方向に向かっているので、本書がすべての階層の人々に強い影響力をもち、彼らの国の真の利益を促進すべく最大の能力を発揮するよう彼らを督励することが望まれる。

本書の著者は、金と銀は交換の担保としては不十分なものとなり、証券、為替手形、銀行券、つまり信用と呼ばれ、貨幣よりも遥かに貴重なこの種の人為的貨幣による新たな代理物を必要とする状態におかれている、と非常に適切に述べている。個人銀行家の信用が信用と呼ばれる場合を除けば、アイルランドにはまだどんな公信用も存在しない。しかし、近年、不幸な出来事がこの種の事業に起こったので、個人的な慎慮によって銀行家は通常よりもかなり慎重に振舞うようになっていて、彼らに、商業国で必要とされるほど広範に信用の良き効果を行き渡らせることはとてもできない。

アイルランドには国家の債務があり、この債務によって国家はより繁栄するようになるという学説もまたわれわれの間で流布している。だが、この王国の実情はおそらく地上の他のすべての国のそれとは大きく異なっていることが考慮されるべきである。

イングランドやフランス、その他の国の債務は、おそらく、著者が述べているように、「右手から左手に渡る債務であり、国家が必要な食糧を持ち、それをふんだんに与えることができるならば、債務によって国家が弱体化することは決してないであろう」。だが、細かいことを言えば、よく知られているように、アイルランドの国債への出資金は、国外に住む人々のものであり、この結果、不在地主や一部の有害な交易部門によって生じる莫大な［貨幣の］流出に更に債務の利子［の流出］が付け加わる。こうして、債務は身体から然るべき糧を奪い去ることを助長する。アイルランドの債務は他国の法定貨幣価値［通貨］を増やすであろうが、アイルランドでの貨幣の使用には役立たないのである。それゆえ、国家の債務は、社会にとってどんな利益も伴わず、全面的に有害なものである。

全体から見れば、読者は、一商業国で交換の担保（つまり貨幣あるいはその代理物）の量の増大におのずから伴う大きな便益に気づくであろう。そして、担保を取って民衆に貨幣を供するオランダの方法は、オランダ人が、物乞いが路上に現れるのを防ぐために定めているどんな強制的な法よりも、その国で貧民を雇用するのに寄与するだろう。民衆を貨幣で手助けするこの方法によって、交換の担保は増加し、自分達の産業活動を遂行するのに必要な道具を確保すべく、貨幣が一般大衆の手の届くところにもたらされる。それは、民衆を高利貸しの貪欲な手から解放する。それは民衆の間に、倹約、正直、勤勉、その他の社会的徳を育成する。この方法がアイルランドで実践されれば、労働できない悲惨な貧民を扶養する手段をもたらすであろう。王国にとってこのように大きな便益を手に入れようとする試みは以前にもなされた。この目的のために提案された計画は、非常に理にかなった印象を与えたので、庶民院の賞賛を獲得した。だが、それをさらに推し進めることはできなかった。貧民を救済するこうした方法が支持される理由は、時間と経験とによって今や明らかだと考えられる。そして、人間の叡智を改善するそうした偉大なる要因〔時間と経験〕が、この叡智に反するあらゆる偏見を排除することが望まれる。

翻訳者は、この著作の中で犯したかもしれない間違いについて、読者の寛恕を節に望みたい。彼は欠点を見つけることを望んではいない。彼の意図は、この王国の商業と治政を改善するための方法を考えるという課題をよりよく遂行することができる他の人々の気持ちを動かすことにある。そして、不注意によって彼が何らかの有害な原理を支持するのに寄与しているならば、公共の利益のためにそれを指摘していただきたい。翻訳者は感謝とともに、それら原理を放棄しよう。

ビンドン注

第一章

（1）本書の著者は非常に適切に、ぶどう酒を、フランス人にとっては第二に必要な商品の項目に分類している。しかし、酒類が自国の生産物ではないアイルランドでは、酒類は奢侈商品の中に入れられるべきである。

（2）フランスでの公的な税の大部分は、この先、本書の本文とそれに関する注のなかで十分に論じられるように、農民と下層の人々によって支払われている。

（3）本書の著者がここで言及している貿易は、フランス人が先の全面的戦争の間にスペイン王によって南海のすべてのスペイン領を相手に営むことを認められた貿易のことである。

この非常に有利な通商は、民間会社によって遂行された。この会社は、主としてサン・マロで船を艤装し、彼らが南海に送ったヨーロッパの商品と引き換えに、大量の金と銀を受け取った。この金銀は、先の戦争中、フランス国家を大いに支えた。

フランスで厳寒と飢饉に見舞われた異常な年であった一七〇九年に、それらの船が持ち帰ったものは莫大な額にのぼり、その年にフランスの貨幣鋳造所に持ち込まれた金銀は三千万リーブル以上になると見積もられるほどだった。当時のフランスの貨幣価値からすれば、それは約二百万ポンド・スターリングに値した。

ユトレヒトの講和によってこの貿易は廃止され、南海の諸港は今ではフランスに対しても、また他のヨーロッパ諸国に対しても閉じられている。

イングランドの南海会社については、別の場所で言及する機会があろう。

第二章

（1）グダニスクとケーニヒスベルクは注目すべき都市であり、そこからポーランドの穀物や他の産物が輸出される。
グダニスクはヴィスワ川に面し、バルト海への河口から一リーグ［約三マイル］手前に位置している。ヴィスワ川の長さは一〇〇リーグ以上であり、その川はポーランドの多くの豊かな宮中伯領を通って流れているので、この肥沃な王国の産物を搬出したり、外国からグダニスクに運び込まれた商品を搬入したりするのに役立っている。

グダニスクでの穀物の蓄えは相当な量にのぼり、年間八〇トノー以上が輸出されていると言われるほどである。

穀物がグダニスクに運び込まれるとき、グダニスク市民だけがポーランドの穀物を買うことができるが、彼らは運び込まれたすべての穀物を行政官が管理している価格で買うように義務付けられている。

この都市はハンザ同盟都市で、ポーランド王領プロシアの首都であり、ポーランドの保護下にある。

ケーニヒスベルクはプロシア公領の首都で、プレーゲル川に面している。この川はリトアニアに源を発し、リトアニアとポーランドの産物をこの都市に運ぶのに役立っていて、バルト海に通じる一種の潟に注いでいる。

（2）フランスは三八の州に分かれているが、そのなかで一七は外国扱いの州であり、そこでは税徴収のために州の境界に設置された事務所で出入国税が支払われる。

これらの出入国税は、王国の国境や外国扱いの州で支払われるだけでなく、いくつかのフランスの主要な町への出入りに際しても支払われる。そしてこの目的のために関税表、つまり関税率台帳が作られていて、それには王国全体を対象とした一般的なものもあれば、いくつかの町や州を対象とした個別的なものもある。

（3）フランスでの穀物の一般的な輸送に関する最も重要な王令は、一五六七年のシャルル九世、一五七七年のアンリ三世、一六九九年のルイ一四世、そして一七二三年四月一九日付けのルイ一五世の王令である。

一六九九年のルイ一四世の王令はそれ以前の二つの王令の要約であり、以下の三つの項目にまとめられるだろう。

第一に、穀物を外国から運び入れるか、あるいは豊作のときに一般的もしくは個別のライセンスに基づいて王国から穀物を運び出す人々以外は、誰であれ、ライセンスを獲得し、登録し、王令が定める宣誓を行うまでは、穀物取引に着手して王国内で穀物の売買あるいは小売を行うことはできない、ということ。

第二に、穀物を商うために穀物取扱い業者間で行われるあらゆる種類の協力は、違反すれば没収という厳しい規定のもとで禁じられている。だが、彼らが取り扱い業者ではない他の者と協力することは、協力に関する契約を文書にまとめ、ライセンスを授与する権限のある裁判所に届け出るという条件で、許されている。

第三に、栽培中や収穫前に小麦や他の穀物を購入したり手付け金を払ったりすることは禁じられており、違反したときには厳しい罰則が科され没収される。そして、そのような契約はすべて無効である旨、公表される。

一七二三年の王令によって、次のことが宣言された。すなわち、国王は、多量の穀物が公会堂と市場に持ち込まれるかわりに私的な倉庫と物置で売られている――それは独占に機会を与えることによって、最大の収穫を得ているのに穀物の外観上の不足を生じさせる――ことを知って、この悪弊を改めるために、粗引き粉、小麦や他の穀類が、公会堂や市場以外の場所で、また共同波止場が設置されている都市や町ではそうした共同波止場以外の場所で、売買されたり計量されたりしてはならないと命じたのである。そして、すべての人々が共同波止場、公会堂、市場以外の場所で、引き割り粉、小麦や他の穀類を売買することを禁じられ、さらには、後で私的な物置小屋、納屋、家屋、倉庫で大量に売るために、それらの場所に見本を送ることも禁じられた。違反すれば、売買されたものの没収と、一〇〇〇リーブルの罰金が売り手と買い手に科されることになる。

王国全体に関係するこれらの一般的な王令とは別に、パリ市とフランスのいくつかの地域では、独占と買占め、そして買占め商品の高値販売を防ぐために、穀物取引、並びに宣誓した穀物計量人と運搬人に関する個別の規則がある。

(4) フランス産の穀物は輸出禁止品と見なされていて、いかに豊作であっても、一般的もしくは個別のライセンスなしには、王国から持ち出すことが許されていない。

通例、一般的ライセンスは国務院の法令によって授与され、一般的な状況に従う。

それゆえ、時には、国務院の法令によって決められた期間内に小麦と他の穀類すべてが税金を免除されて王国から持ち出されることが認められ、またある時には、ある州から他の州への穀物の運搬が、海運であろうが陸運であろうが、税を払うことなく、あるいは穀物が運ばれる場所が記載された文書で地方長官に申告し、その後そこに運搬されたという証明書を作成するだけで、一般的に認められる。

さらに、別の性格の一般的ライセンスもある。これは、穀物が非常に不足している場合に授与される。そのうえ、このライセンスは、王国のある場所から別の場所への穀物輸送に関しては、かなり一般的である。したがって、一七〇九年にフランスで飢饉があった際に、町から町、市場から市場、州から州へのあらゆる種類の穀物、穀類――粗引き粉や豆類でさえ――の輸送が、フランス全土で、届け出ることや踏むべき手続きを要せずに、認められた。

個別のライセンスとは、国務大臣が署名した許可証である。それら許可証には、授与された人物の名前、穀物の量と質、通過する予定の港あるいは管理局、運ばれる予定の場所、そしてこの手の他の細目が含まれている。

読者に、われわれが当面している問題のフランスの制度に関するこのような説明をお許し願いたい。これにより読者は、フランスが国内商業において苦労している困難の一部に気づくことができるであろう。というのは、税を支払う事務所を通らずには、あるいはそうした税の支払いを免除してもらうライセンスを手に入れずには、ある州の商品を、穀物でさえも、別の州に、あるいは場合によっては同じ州のある地域から別の地域へと運ぶことはできないからである。しかし、フランスの国家は常に外国貿易の発展に注意を払っていて、頻繁に貿易の状況を変える法令を発する。こうして、輸出入の際の物品への関税が、フランスが通商条約をまだ締結していない諸国に対して、しばしば変更される。そして、王国の一般的利益あるいはその一部の個別的な利益が必要とするに応じて、禁止令が定められたり、解除されたりするのである。

この種の例はたくさんあるが、われわれの目的からすれば、以下のことが分かれば十分だろう。つまり、バターの輸入関税は、一六六四年の税率表では、一ハンドレッドウェート［五〇・八〇二キログラム］につき一二スーである。そして、この税率表が、ユトレヒト条約によって、オランダからの輸入品に対して関税を徴収するための規則となったので、オランダに対してはそれ以上の税率に高められたことはないが、しかし、イングランドやアイルランドに関しては、この商品や他の多くの貿易品において、事情は異なっている。

（5）フランスにおける穀物の主要な計量単位は、パリと他のいくつかの都市ではミュイ（Muid）［枡］と呼ばれている。これは、穀物が計量される実際の容器のことではなく、他のいくつかの計量単位の目安である。
パリの一ミュイは一二スティエであり、一スティエは一二ボワソー［一二・七リットル］である。小麦を計る場合、パリの一スティエは二ミーヌ［七八リットル］であり、一ミーヌは二ミノ、そして一ミノは三ボワソーである。

パリの一九スティエは、アムステルダムの一ラスト［一八〇〇キログラム］に、またイングランドの計量単位の一〇クォーター六ブッシェルに相当すると言われている。

イングランドとアイルランドでは、小麦と他の穀類は、以前は、クォーターという計量単位で売られ計量されていた。一クォーターは二バレルであり、各一バレルは四ブッシェルであった。だが一七三八年の今日では、すべての種類の穀物と粗引き粉を重量によって売買するために法が制定されている。それによって、四〇ストーンのライ麦、小麦、マズリン［小麦とライ麦とを混ぜた雑穀］、エンドウ豆、インゲン豆、二四ストーンの大麦と六条大麦、二二ストーンのオート麦、そして二〇ストーンの麦芽はそれぞれ一クォーターに相当すると見なされた。一ストーンは一四常用ポンドである。

良質の小麦のパリの一スティエは、二四八パリ・ポンドの重さになるはずである。それゆえ、一九スティエはアムステルダムの一ラストに等しいので、良質の小麦一ラストは、四七一二パリ・ポンドの重さとなり、一トノーは半ラストなので、一トノーは二三五六パリ・ポンドとなる。

そして、パリとアムステルダムの重量一〇〇ポンドはほとんど等しいが、それらは、われわれの間で使われている常用ポンドでは一〇九半ポンドとなる。それゆえ、小麦一ラストは五一六〇常用ポンドであり、一一二ポンドが一ハンドレッドウェートだとして、四六ハンドレッドウェートとなる。このレートに従えば、九と五分の一クォーターの小麦は、一クォーターは四〇ストーンなので、アムステルダムの一ラストや、イングランドで使われている計量尺度の一〇クォーター六ブッシェルに等しい。

(6) ソルもしくはスーは、ここでは実体貨幣であるが、計算貨幣として用いられる場合もある。実体貨幣のスーは、銅でできた小さな硬貨で、それがいつどこで鋳造されたかに応じて、つまり時と場所に応じて、より多くのまたはより少ない銀が混ぜられている。フランスで鋳造された異なった種類のスーや、この王国で行われた度重なる貨幣の改変は、ここで不満が述べられているような混乱をもたらした。

計算貨幣のスーは一リーブルの二〇分の一で、一スーは一二ドゥニエとなる。このように、フランスでは、勘定はリーブル、スー、ドゥニエによって行われる。

(7) リヤールは計算貨幣のスーの四分の一であり、三ドゥニエに相当する。同様に、銅で作られた実体貨幣としてのリヤール貨が存在する。以前は、銀がいくらか混ざっていた。純銅のリアール貨は一六五四年に最初に鋳造された。最近は他のリヤール貨はまったく作られていない。

（8）これはパリ税関の総括工場監督官ジャック・サヴァリ・デ・ブリュロンの死後、一七二三年に彼の兄のフィルモン・ルイ・サヴァリによって出版された著作である。一七三〇年に補遺が付け加えられた。［サヴァリ（Jacques Savary des Brûlons,1657–1716）の『商業一般事典』（*Dictionnaire universel de commerce, d'histoire naturelle, & des arts & métiers*, 1723–1730）のこと。このサヴァリの父は、商取引のマニュアル本、『完全なる商人』（*Le parfait négocien*, 1675）の著者として知られるジャック・サヴァリ（Jacques Savary, 1622–1690）である］。

（9）シャルルマーニュはその治世を七六八年に始め、八一四年に亡くなった。

（10）フィリップ五世のこと。その治世は一三一六年に始まり、一三二二年に終わった。

（11）この王の治世は一四六八年に始まり、彼は一四八三年に亡くなった。

（12）フランソワ一世はその治世を一五一五年に始め、彼は一五四七年に亡くなった。

（13）アンリ二世はフランソワ一世の後を継ぎ、一五五九年に亡くなった。

（14）シャルル九世はその治世を一五六〇年に始め、一五七四年に亡くなった。

（15）アンリ三世はシャルル九世の後を継いだ。そして一五八九年にドミニコ会修道士ジャック・クレモンに殺された。

（16）ルイ一四世はその治世を一六四三年に始め、一七一五年に亡くなった。

（17）これは商業に関する法典であり、一六七三年にルイ一四世によって作られた。この先、本書の別の箇所で、これらの法の一部に言及する機会がある。

(18)　賢明な統治者は大衆の偏見さえも顧慮するだろう。したがって、賢明で偉大なる王でありモスクワのツァーリという名で呼ばれたピョートル一世は、外国から引き出された例や自分の専制的権力の節度ある執行によって、彼の臣民たちに国家行政組織の美点と利点を示さないうちは、彼らを矯正したり開化したりしようとはしなかった。彼は、彼の命令への絶対的服従を民衆に強制するよりも、むしろ彼が民衆の利益のために提案したことは実際に利益なのだと彼らに納得させる手段を使った。そして、彼は、その臣民たちに髭を剃らせるべく努力する前に、自分自身の顔を剃ったのである。

開化されていない民衆の偏見さえも非常に多くの用心深さをもって取り扱うことが有用であり、ツァーリの振る舞いの驚くべき成功がそれを証明しているとすれば、国民が実際に感じている苦しみから万民の嘆きの声が生じるとき、それらに耳を傾けることがどれほど必要であることか。国民が不満に思ったり恐れたりしている苦しみの種を最もよく心得ている人々の一般的な意見や訴えに対して、適切な敬意が払われるべきである。というのは、そのような場合、無視しすぎると、その後にどのような手を施しても除去したり改善したりできないようなパニックや弊害を招くかもしれないからである。

(19)　一ボルドー・トノーは、四ホーグスヘッドであり、それは三パリ・ミュイとなる。そして、この場合ミュイはワインや他の酒類に使われる実際の樽であり、半ミュイ、四分の一ミュイ、八分の一ミュイへと分割される。

イングランドとアイルランドでは、二五二ガロンがワイン一タン［トノー］であり、六三ガロンが一ホーグスヘッドである。しかし、両国においてガロンは同一ではない。

イングランドのワイン・ガロンは二三一立方インチであり、したがって、一万四五五三立方インチが一ホーグスヘッド、五万八二一二立方インチが一タンということになる。しかし、アイルランドでは、一ガロンは二一七・六立方インチで計算される。それゆえ、一万三七〇八・八立方インチが一ホーグスヘッドとなり、五万四八三五・二立方インチが一タンということになる。このように、一ホーグスヘッドのワインの容量は四ガロンほどイングランドにおけるよりも少ない。そして、最近、例外的な大きさの樽の輸入に課税するために、ワインの計量規格が大蔵省の判断で導入されたのだが、物品税法（チャールズ二世第一四・一五年制定法、第八章）は二五二ガロンが一タンの正しい計量単位であると布告しているので、この計量規格をイングランドで使われている計量単位に従って理解すべきかどうかが問題となるだろう。

また同様に、イングランドとアイルランドのエール・ガロンの間にも違いがある。イングランドでは、一エール・ガロンは二八二立方インチで、他方アイルランドではワイン・ガロンと同様、わずか二一七・六立方インチで計算される。このようにイングランドではエール樽一つになる三二ガロンは、九万〇二四立方インチであり、これはアイルランドで使われている計量単位の四一ガロン半に大体等しい。

ビール、エールと他のアルコール飲料への国内消費税と、蒸留酒と他のいくつかの輸入酒類への関税は、以前は二七二と四分の一立方インチ容量であるガロンを計量単位にして課税されていた。このガロンは、エリザベス女王第一二年制定法第三章によって穀物の標準計量単位として　大蔵省で使われ続け、この法令では「エール・ガロン」と呼ばれている。しかし、議会がこの王国［アイルランド］であまり頻繁には開催されなかったときに、国税局の徴税請負人の運用によって、液体のための計量単位ガロンは現在の容積に減らされた。

(20)　一パリ・フット・ロイヤルは、一二インチであり、一インチは一二ラインである。一秒を刻むための振り子の長さ［パリでは三六インチ八ライン半］は、われわれの緯度では三九・二インチであるので、パリ・フット・ロイヤルはイングランドの計量単位で言えば一二・八インチに等しい。

(21)　カレンダーとは一つの表であり、その中に一年のすべての日が規則正しい配列で、月の順に従い、月をさらに週に分けて、置かれている。

太陽年は、太陽、もっと正確には地球が、黄道上の経路を一周する時間であり、三六五日と五時間四九分からなる。

エジプトで観測されたのでこう呼ばれているエジプト年は、三六五日からなるが、ほぼ六時間、太陽年よりも少ない。この六時間を無視すれば、エジプト年四年間で丸一日分、太陽年四年間よりも短くなる。それゆえ、一四六〇年後に、各年の始まりのズレが、一年のすべての季節を一巡することなる。

ジュリアス・シーザーは、このことを理解して、四年毎に閏日を設け、その日を二月に置くように命じた。それゆえ、その年は三六六日からなり、閏年と呼ばれる。

このジュリアス・シーザーによって定められた時間は、太陽年と比べて長すぎる。なぜなら、太陽は黄道上の経路を三六五日五時間四九分で一周し終えるからである。こういうわけで、太陽は暦年が終わる一一分前に、次の一周を開始する。そして、これは一三一年後に丸一日の差異を生み出すことになる。

一五八二年にカレンダーが修正されたとき、太陽は三月一一日に天の赤道を通るが［つまり、春分点を通過するが］、それはそれまでの暦上の日付よりも丸一〇日ずれていることが分かった。それゆえ、グレゴリウス一三世は、ローマ司教の座にあったときに、暦年に関して［春分と秋分の］分点を元の状態に直そうと考えて、ずれた一〇日間をその年のカレンダーから削除した。そして、暦年上の季節が以前のように遅れるのを防ぐために、ユリウス暦で閏年でも一〇〇で割り切れる年を、［閏年ではなく］平年とし、ただ三六五日からなるものとすることを命じた。しかし、それでは太陽年のほうが長すぎるので、四〇〇年で割り切れる年は閏年のままとなった。

この新しい暦年の形式は、グレゴリオ暦とか新暦と呼ばれている。それは、フランス、スペイン、イタリア、ドイツ、そして教皇の権威が認められているすべての国で受容されている。加えて、最近では、改革された宗教が信奉されている国でも受容されている。しかし、グレート・ブリテン、アイルランド、そして一部の北方の諸国では、ユリウス暦が未だに維持されていて、それは旧暦と呼ばれている。こうした考察を面白く思っていただきたく、読者の寛恕を願いたい。読者はこうした説明から、旧暦と新暦の一一日の違いの理由を知ることができよう。

(22) 自由が完全に享受されていると言われ、住民にあらゆる生活の便宜を獲得する手段を最も一般的で包括的な方法でもたらすために、人民が法の制定に参画している諸国の立法者にとって、フランスの治政へのこのような大仰な賞賛がどんな激励になるというのか。しかし、……。

(23) イングランドの何人かの王によって以前に行使されていた特権——それは独占に道を譲る——を付与する権限は、今では完全に否定されている。

しかし、最近行われるようになったある企みは、独占のあらゆる有害な結果を伴うことはないにしても、国家と貿易にとっては非常に有害である。すなわち、それはいくつかの商品の密輸入である。

その商品には、立法者が自国の製造業を奨励するために禁止することが適当であると考えたものもあれば、また国家の差し迫った事情に応じるために高関税を課すのが適当であると考えたものもある。しかし、これらの密貿易業者は立法者の良き意図を無にし、民衆の精神を、国の法に対して為されるべき服従から逸らし、しばしば流血、殺人、偽証を伴う詐欺的手口を広げ、寛大で公正な貿易業者が彼らと競争して交易を行うことを不可能にする。それゆえ、そのような邪悪な企みを、公正な貿易業者を妨げず、民衆の自由を危険にさらさずに悪事を取り除く仕方で防止することが必要なのである。

もし地方の郷紳たちが手助けする気になれば、この仕事は容易に達成されるだろう。だが、これに役立つどんな提案もおそらく反感をもって受け取られるだろう。公租を取りたてる際に官憲の助けを受けることに対しては一種の反感があるという例を地方の郷紳たちが目にしている場合、彼らが自発的には密貿易業者取り締まりに関与しないのも、さほど驚くにはあたらない。

(24) アイルランド製のトランプに課される一パック六ペンスの税金は、アイルランドのトランプ製造にとっては不利益であり、この物品に関してフランスの交易の拡大を助長することになりはしないかと懸念されている。というのは、この王国に大量のトランプが密輸入され、利用されることは、あまりにも明白だからである。

この税の総収入(それはこのトランプ製造業の価値を上回っている)は、年間一一〇〇ポンドである。そして、これはあまりに取るに足りない微々たる額なので、他のどんな製造業の利益とも競合しない。

この税は、一部の他の税とともに、ジョージ二世第三年制定法第三章によって、耕作と[運河河川による]内陸航行の改善に充てられている。これらのいくつかの税が設けられたときから一七三七年三月二五日までのその総収入の計算を以下に掲げるが、読者には［細かすぎて］不快に思わないで頂きたい。

トランプ税	七七八三ポンド七シリング二ペンス
サイコロ税	二八六ポンド一八シリング四ペンス
金銀細工品への税	六五七八ポンド一一シリング八ペンス
輸入食器類への税	一〇五二ポンド一三シリング一一ペンス
賃貸用ではない大型四輪馬車、軽装四輪馬車、軽装二輪馬車への税	七八七一ポンド一五シリング
受領した科料	六ポンド四シリング
七年間合計	二万三五七九ポンド一〇シリング一ペンス
年間あたり	三三六八ポンド一〇シリング

こうした基金からの収益がこれまでニューリィとネイ湖の間の運河建設に使われてきたことはよく知られている。この水路が数年後に完成し、また別の有用な工事が着工されることが期待される。

(25) 本書の著者が穀物と塩に対する一般消費税を奨励している理由を知るためには、それらの税の下でフランスの民衆が苦しんでいる飲料消費税のような間接税、人頭税のような直接税、塩税などの重税について考察することが必要となるだろう。これらの税、そしてまた税を徴収するために雇われている大勢の役人、さらに下層の人々に対する彼らの圧迫については、あとで取り上げる。

(26) リシュリューについて。フランスのプレシ家出身のこの偉大な政治家は一五八五年九月五日に生まれ、一六四二年一二月四日に亡くなった。それはルイ一三世崩御の約四ヶ月前であった。

(27) マザラン枢機卿は、生まれはイタリアで、ルイ一三世の崩御の後まもなく、摂政王妃によって、首相の役職にあったリシュリュー枢機卿の後継者に選ばれた。彼は外交問題に理解があったが、真の利益に従って国家を統治するために少なくとも知っておく必要のある国内問題には疎かった。中心から離れているものよりも最も中心に近いものの方が、より重要なのである。

(28) この講和条約は一六五九年に結ばれた。

(29) アンリ四世について。「大アンリ」と称されるこの王は一五八九年に治世を開始し、一六一〇年にイエズス会の一信徒ラヴァイヤックによって殺された。

(30) 後に最高国務会議構成員や国務卿になるジャン・バティスト・コルベールは、マザラン枢機卿の政権の下で公務に雇われた。マザランは自分が毎日衰弱していくのに気づき、財務手腕のある人物としてコルベールを国王に推薦した。

マザラン枢機卿の死に際して、国王はコルベール氏を側近に取りたて、彼を国王の財務総監にした。そして海軍と公共建築を彼の管理に任せた。コルベールはその職務を十分に果たし、フランスに顕著な優位性をもたらした。

(31) 借入金庫。これは一六七三年一〇月にパリに設立された信用の基金であった。コルベール氏はその当時財務総監であった。これが設立されたのは、国王収入の運営を容易にするためだった。誰であれそこにお金を預け、一年の終わりに利子つきで持参人払いの金庫債という形でふたたびそのお金を受け取ることが認められた。この債券は徴税請負人によって発行され、この目的のために指名された彼らの会社の四名が署名した。

この信用は、二〇年以上続き、その後、借り入れたお金すべてと満期をむかえた利子が完済された。新たな借入金庫は一七〇二年に設立された。設立時は八パーセントの利子だったが、一七〇五年には一〇パーセントに上昇した。しかし、一七一〇年には六パーセントに引き下げられ、一七一五年には四パーセントとなった。

この新たな信用制度では、元本は償還されないことになっていた。そして、金庫債の発行額は莫大なものとなったので、一七一三年、国王はこの金庫債と何年も支払われていない利子とを弁済する方法と手段を見いだささざるをえなくなった。

一七一三年一〇月三日の布告で、これらの負債は一年につき六〇〇万リーブルずつ、月払いで、くじに当たった人々に、そのくじ引きが規定している方法に従って弁済されることが命じられた。

この支払い方法は一年の終わりには変更された。そして一七一四年一二月一四日に新たな布告によって、返済は、負債の一二分の一を毎年支払うと決められた。この結果、元本と利子は一二年で返済されることになった。

六ヶ月後、一七一五年五月七日付けで第三の布告が出され、これは負債の支払い方法だけでなく、利子を上述のように四パーセントに引き下げた点でも新たな変更を行なった。

この布告によって、元本の一定部分を三ヵ月毎の月末にくじで選んで、この選ばれた元本を満期分の利子を添えて、弁済に当てるよう定められた基金の収益を使って弁済するよう指示された。

七月が終わるまでの三ヵ月間、この方法はほとんど実施されなかった。そして、八月に借入金庫とそれが発行する金庫債を完全に廃止する旨を命じる勅令が出た。同時に国王は、年利四パーセントのそれらの金庫債の弁済に役立てるために、五〇〇万リーブルの永久市債の設定をパリ市役所に認めた。そして、金庫債は、それらが譲渡されたものであるかそうでないか――それを決めるのは査証委員会の委員たちである――に応じて、一部は発行された債券の額面通りの額を支払うことによって、残りは半額の支払いによって、すべて弁済される旨が、布告された。

一七一五年九月一日に起こったルイ一四世の崩御の際に、新政府は、国家の負債を弁済する新しい手段を講じた。オルレアン公の摂政の下で、ルイ一五世は一七一五年一二月七日に、その種類は何であれ、すべての国王債券(その中には借入金庫債も当然含まれていた)を国家債券に転換するという宣言を発布した。この国家債券に関して、国王は四パーセントの利子を元本総額を弁済できるまで支払うことを約束した。

この布告には、一七一六年四月一日の別の布告によって説明が加えられた――この布告により、すべての国王債券は二億五〇〇〇万の国家債券の範囲内に収められ、そして以前のあらゆる種類の債券は査証委員会の委員によって割り引かれるというプランが示された。

このプランでは、借入金庫債は三等級に分けられた。

第一等級は、その対価として現金が初めから支払われたか、一部が現金で一部が他の国家債券で支払われた金庫債であり、それらは四分の三に割り引かれた。

第二等級は、もともと額面価値が支払われてはおらず、何年も前に、国家の緊要な事情に応じるためにかなりの損をして売却されるべく発行された金庫債である。それらは五分の二に割り引かれた。

そして、第三等級は、同じく国家の緊要な事情に応じる目的で先王の治世末期に八〇パーセント差し引いて売却されたことが公的に分っているものであり、それらは五分の一に割り引かれた。

読者には、借入金庫の最初の設立、再開、継続そして結末についてのこのような説明に、不快感を持たないよう望みたい。借入金庫は、最初は誠実さと慎重な原理原則に基づいて創設された信用の基金であったこと、そして最良の制度も専制君主の大臣たちによって悪用されることがありうることに読者は気づくであろう。そして、公信用と私有財産の破壊をもたらすこれらの企みを許さないイングランド政府の適切な国制をありがたく思うのももっともなことであろう。

(32) ベリー州は、フランス王国の中央に位置し、一般に貧しく、人口は少なく、土地はやせていて、しかも僅かしか耕作されていない。だがすべての中で最大の不運は、商業のほぼ全面的な欠乏である。しかし、この州には粗毛織物と長靴下の幾つかの製造業があり、州の幾つかの地域では大量の麻が栽培されている。

(33) ポワトー州はベリー州の西に隣接し、大西洋に及んでいる。この州の自然条件の欠点は、航行可能な河川がほとんどないことである。

第三章

(1) ルイ一四世によって一六七三年に作られた商業法典と呼ばれる法令の第一章第六条には、次のように規定されている。「すべての銀行家、商人、貿易商人は、その商取引に関するすべてにおいて、成年と見なされ、未成年であることを理由とする契約などの取り消しは何であれ認められない」。

おそらく、こうした目的に適う法律が、すべての商業国に必要である。

第四章

(1) アメリカの発見は、当時、大貿易都市であったジェノバ生まれのクリストファー・コロンブスによってなされた。この大胆な冒険家は、彼の祖国と、イングランド、フランス、ポルトガルに自分の事業を提案した。しかし、それらの国は荒唐無稽な事業計画であると見なし、それにコロンブスが着手することへの援助を断ったので、彼はスペインのフェルディナンドとイザベラに願い出た。彼らはコロンブスに数隻の船を与えた。彼はそれらの船で一四九二年の八月三日に出帆した。続く一〇月一一日に、彼はこの新世界——彼はそう呼んだ——を発見した。しかし、その新世界には、一四九七年以前にはそこに航海したことがなかったフィレンツェ人のアメリゴ・ヴェスプッチに因んで、アメリカという名前がつけられた。

(2) これは大きな島で、スマトラ島の南に位置している。そしてスマトラ島とともに、東インドにおいてソンダ海峡を形成している。

イングランド人は、この島に上陸した最初のヨーロッパ人である。しかし、彼らはオランダ人によってそこから追い出され、今ではオランダ人が、ジャワ島に住み着いた唯一のヨーロッパ人になった。

この島には、バタヴィアという有名な町がある。そこはオランダ東インド会社によってアジアに設けられた統治の本拠地であり、東インドにおける彼らの交易の中心地である。

(3) これはインド洋にある大きな島であり、コロマンデル海岸近くに位置している。この島は多くの豊かな産物、特にシナモンを産出している。

ポルトガル人は、一五〇六年頃にこの島の海岸にいくつかの居留地を作り、オランダ人は一六〇二年頃にそこに上陸した。そしてオランダ人は、次第に幾つかのポルトガルの要塞や居留地の支配者になった。そしてついに一六五七年に、ポルトガル人からコロンボという海岸沿いに彼らが作ったこの上なく美しくて堅固な町を奪取し、彼らをその島から追い出した。

この征服にあたってオランダ人を援助したのがキャンディの国王であった。そして、同盟の一条項では、その町は国王に返還されることになっていた。しかし、オランダ人はこの条件に応じようとしなかった。この結果、キャンディ国王は彼の新しい同盟者と仲違いし、以来ずっと不和が続いたので、先住民たちは、その国からオランダ人を追い出してくれそうな国とならどことでも手を結ぶ用意があるとのことである。

この島は多くの豊かな産物を産み出すにもかかわらず、オランダ人がそこで公然と営むことができる主たる取引は、シナモンのそれであり、そしてこの取引の相手はもっぱらオランダの駐屯部隊を恐れてオランダ人に従属し、従順であり続けるその島の住民である。それ以外の住民は皆、キャンディ国王に従属し、国王によってオランダ人とのあらゆる交易を禁じられ、違反した場合は死刑に処せられた。

その樹皮がシナモンである木は、島のどこにでも生育しているわけではない。オランダ人は、最も多くシナモンが産出される場所の支配者になり、この国の住民との取引から他のすべての国を締め出しているのである。

こうした事情によって、オランダ東インド会社は数多くの要塞と駐屯部隊を維持することが必要となっており、彼らがこの島での交易によって得ている利益は上記の出費を埋め合わせるのに十分ではないと思われている。しかし、こうした法外な出費は、他のすべての諸国を香辛料貿易への参入から排除するためには絶対に必要であると見なされている。

(4) 一五〇〇年に、スペイン人がこの国を発見した。一五〇一年にポルトガル人、アルヴァレス・カブラルが、西インドに向けて航海中にブラジルの海岸に流れ着き、ポルトガル王のためにそこを手に入れた。

ブラジルの国境は、北はアマゾン川で、南はラプラタ川であるが、しかしポルトガル人はこの広大な土地のあらゆる地域に住んでいるわけではない。彼らの所有地は、一四のカピタニア［カピタン管轄区域］に分けられ、その中の主なものは、バイーア・デ・トードス・オス・サントス、ペルナンブーコ、リオデジャネイロの三つであり、主要な交易都市は、サン・サルヴァドール、オリンダ、サン・セバスチアンである。

（5）一六三〇年頃。

（6）一六三六年。

（7）一六五五年。

（8）フランソワ一世は、フランス人が危険を冒して外国貿易と発見に挑むのを奨励するために、特に一五三七年と一五四三年に、幾つかの勅令を出した。しかし、それら勅令によっては、一六一六年以前には、注目に値するどんな東インド方面への進出も企てられなかった。一六一六年に、リーブル船長が三隻の大型船でそこへと航海した。そして、一六一九年には、ボーリユー船長が別の三隻の船で航海し、その一部は荷物を満載してフランスに帰還した。これによって他の人々もこの交易に挑むよう促された。

リコー船長は一六四二年に、東インドと交易する団体を結成した最初の人物である。そして、一六四三年に、彼は、彼自身と彼の共同事業者が独占的特権によってアフリカの東海岸で交易を行い、マダガスカル島に植民地を建設する特許を手に入れた。

この特許は一〇年間だけのものだったが、それが失効する時期が近づくと、より長い期間に更新された。しかし、その島の最初の総督、プロニスという人物［最初の総督は、実際は彼の後継者フラクール」によって自分宛てに作成された報告書を読んでマダガスカル植民地を気に入ったと思われるド・ラ・ミルレ元帥が、リコーと共同事業者の反対にもかかわらず、その島を統治する特許を得た。元帥とその息子マザラン公は、彼らと会社の権利が、一六六四年に東インド会社を設立する時に譲渡されるまで、その特許を持ち続けた

(9) ブルボン島［現在はレユニオン島］は、マダガスカルの近くに位置している。この島ではコーヒーが栽培されているが、その完成度は高く、一部がヨーロッパに運ばれたほどである。その種子はアラビカ種と同じくらい大きくてきれいに見えるが、その質は劣るように思える。しかしながら、この作物の栽培が改善されることが期待される。

(10) この先、この契約に注目する機会がある。ここでは以下のことを述べるだけで十分だろう。つまり、イングランドの植民地、とくにジャマイカは、著者が述べていること、すなわちアシエント契約によって、あるいはわれわれにとってもっと分かりやすく言えば、南海会社がスペイン領アメリカと行っている交易によって、植民地がいっそう活気づけられたとしている点に関して言えば、当てはまらない。

(11) ジャマイカは北アメリカの大きな島で、ポルトベロから約一六〇リーグ［七六八キロメートル］、北緯約一八度で、カルタヘナから一四〇リーグの熱帯地帯に位置している。イングランド人は一六五五年にこの島をスペイン人から獲得した。

密輸人という語は、スペイン人の厳しい禁止令にもかかわらず、アメリカのスペイン領の海岸で密貿易をやり続ける冒険的商人を意味する。

(12) カナダ、つまりニュー・フランスは、(フランス人著作家たちによれば)、北緯三九度のエリー湖

から北緯六五度のハドソン湾の北、そして西経約五二度のレース岬から［約九二度］のミシシッピ川まで広がる北アメリカの広大な領域である。

このように、ルイジアナは北アメリカのフランス領のカナダに繋がっていて、いわばその大陸にあるイングランドの植民地を取り囲んでいる。そして、ルイジアナを貫流する大河ミシシッピと、カナダを貫流し八〇〇リーグに渡って流れ、桁外れの大きさの幾つかの湖を形成し、その後、カナダの主要な町ケベックの下方およそ一〇〇リーグで大西洋に注ぐ大河セント・ローレンス川は、フランス人にそうした地域に住む先住民との容易な連絡と交易の手段をもたらしている。

このような考察は、われわれの北米の植民地を防衛するために、しかもこの防衛が国民の一般的利益になるよう無事になされうるかぎりで植民地を後押しするために、常にわれわれの用心を怠りなくさせる。また、われわれの植民地の一部が北米の先住民とのあいだで保持しているよりも、もっと十分かつ一般的な理解を深めることも何ら不適切ではないであろう。

アメリカのイングランド植民地の管理は、この上なく高潔で有能で、国益への彼らの顧慮がいつも彼らへの信頼をもたらしている、えり抜きの人たちに任されているのだから、このような考察が不要に見えるかもしれないことは分かっている。しかしながら、私は、カナダに接するルイジアナの立地、土壌と広がりはアメリカにおけるイングランド植民地よりも、大きな将来性を持っている、という本書の著者の考察を看過できなかった。

(13) ルイジアナは、ルイ一四世を讃えて名づけられ、また、八〇〇リーグ流れたあとでメキシコ湾に注ぐ大河の名前にちなんでミシシッピとも呼ばれるが、北アメリカ大陸の広大な領域である。一七一二年九月一二日付けで、クロザ氏にルイ一四世によって授与された特許で規定されているように、ルイジアナの境界は、一方は、イングランド人によって所有されているカロライナであり、もう一方は、スペイン人に属するメキシコである。

(14) ミシシッピの植民地。

第五章

(1) この専制君主の臣民［ムロン］の意見に従ってこの原理によって正当化されうる一般的な措置とは、それが私的なケースに影響を与えるよりも前に立法者がその権限によって認める場合だけである、というのは注目するに値する。

遡及法は、時には必要であると考えられてきたが、それは正しい。しかし、立法権力の定めるこの特別な法令は、自由な国家で、公共の福利を危うくする事例が生じた場合でさえ、慎重に行使され、そして罪のない人間から命や自由や財産を奪うために拡張されることは決してない。われわれはそれゆえ、著者がここに書き記している原理も、立法者が行使する遡及法を制定する特別な権力も、次のような裁判官の判断を正当化することはできないと結論づけることができる。つまり、私的なケースでその地の既知の法律に反した決定をみずから請け負い、そのような決定を公共の有用性を口実にして正当化しようとするような裁判官のことである。不正義を行なうための腐り果てた口実！

これは立法権への侵害であり、東方の君主たちのおぞましいやり方での立法権の行使となるだろう。だが、イングランド政府の国制は、自由と所有の堅固な土台のうえに設立されており、さらにはわれわれの裁判官は、すべての臣民の生得の権利である法の制定者ではなく、解釈者であるので、そのような行為は、われわれの政府の土台を掘り崩すことなくして、これらの王国では起こりえない。

（2） この法令は、一六八五年に、主にアメリカのフランス領の島々における黒人の市民的統治に関して制定された。

これらの奴隷は、アフリカの海岸から運びこまれ、アメリカのヨーロッパ人農場経営者にとって極めて役立っている。というのは、タバコ、藍、砂糖と他の高価な産物は、奴隷になるために生まれてきたと見なされている人々の労働と卓越した忍耐力がなければ、これほど容易には産出され得なかったからである。しかし、真の神についての知識とキリスト教が、自由の喪失の代償として彼らにもたらされることによって、彼らにとって、奴隷という身分は、有利なものとなる。

イングランドの読者に、私が次のように考えるのをご容赦願いたい。つまり、これらはフランス人の考えることであり、したがって、この法令には、宗教には関係のない、奴隷の市民としての地位や奴隷の主人が奴隷に行使しうる権力に関する条項が多く含まれてはいるけれども、この法令の主たる意図は、それらの哀れな奴隷たちにこうした［宗教上の］大きな有利をもたらすことにある。

植民地についての考察と、植民地とそこで使用される奴隷はどのようにすればもっと国家に役立ちうるのかについての考察は、直接にわれわれの考察の範囲には入らないテーマである。というのは、アイルランドは植民地を持たないし、アメリカにおけるブリテンの植民地と自由な交易を行っているわけでもないからである。ただし、アイルランドの住民は日々、アメリカにおけるブリテンの植民地に押し寄せ、その結果、彼らの祖国を大いに貧困に陥れているのではあるが。

しかし、いかに著名な人物がイングランド人は自由であると主張しようとも、奴隷の管理においては、フランス人の方がイングランド人をはるかに凌いでいると述べても許されるだろう。そして、この適度の厳しさを伴う、寛大で仁愛の精神に富む法の自然の効果が十分に検討されるならば、おそらく、船中や陸上での黒人奴隷の蜂起を防ぐ手段が提供されるかもしれない。このような蜂起は、イングランドの貿易や植民地では非常に頻繁に起こるが、フランス人の間ではほとんど聞いたことがない。
（3） これは、古代では、勤勉に働かせるために、父がその息子に与え、主人がその奴隷たちに与えた牛か羊の家畜の一部分であった。しかし、現代では、同じ目的で与えられるある金額のお金を意味する。

第六章

（1） エドワード六世の治世の末期に、あるロンドン商人がギニアに貿易に向う最初のイングランド船を準備した。ほかにメアリ女王の治世の時とエリザベス女王の治世の初期に、同じ地域に向う数隻の船が準備された。しかし、イングランド人は西インドにはプランテーションを持たなかったので、結果的に、黒人を必要とする機会はなく、それらの船は金、象牙と他の産物だけを求めて貿易した。そして、その航海はすべて、もしポルトガル人に捕まれば、船と積荷を失う危険のもとに企てられた。というのは、ポルトガル人は、アフリカ海岸の最初の発見者だったので、当時、そこで貿易する独占的権利を主張していたからである。

一五八八年に、エリザベス女王はその臣民の一部にギニア海岸と貿易する特許を与えた。そして、ジェームズ一世とチャールズ一世の治世、そして王座簒奪期には、何人かの人物が、公権力により、アフリカの他の地域と交易を行うよう督励された。

一六六二年に、チャールズ二世はアフリカで貿易しているイングランドの王立冒険商人会社に特許を与えた。そして一六七二年に、彼は新しい特許を与え、これによって、イングランドの現在の王立アフリカ会社が株式会社となった。この会社は、サリー港から喜望峰までの貿易の独占的権利を一〇〇〇年間有し、他の臣民すべてに対し、この会社によって認可されないかぎり、その海岸に調査に行ったり、頻繁に出入りしたりすることが禁止された。

一六九七年に、一六九八年六月二四日から一七一二年六月二四日までの間、この交易を開放する旨を定めた議会法が制定された。そして、アフリカに輸出されるすべての物品に一〇パーセントの従価税が課され、この税は、上記の期間、会社が保有する要塞や城の維持のために、この会社に与えられた。

この税の徴収が終わった後も、この貿易は引き続き自由であった。そして、一七三〇年に、アフリカ会社は、議会に救済を願い出た。その結果、当時、一定の額のお金が、毎年、アフリカ会社に支給され、それ以来ずっと続いているが、貿易はイングランド国王のすべての臣民にとって自由なままである。

(2) 一六六〇年に、フランスでひとつの特許が商人団体に与えられた。この団体はシナ会社という名で、シナ、トンキン、コーチシナ、そして近隣の島々と貿易する独占的特権を持っていた。

一六六四年に、他の特許が勅令の形で、ここで著者が言及している東インド会社に与えられた。この特許には、以前にシナ会社に与えられたものが含まれていた。

東インド会社の資本金は相当な額であり、およそ七、八百万リーブルに達したが、その大部分は国王が前貸しした。だが、この会社はまもなく、計画通りに交易を行うことは不可能であると思われるようになった。この結果、二つの会社の間に協定が結ばれ、一六九八年の閣議決定で確認された。これによって、フルダン氏とその共同経営者は、東インド会社の名でシナと貿易することを許可された。

この自由と引き換えに、彼らはフランスに持ち込まれる物品の売り上げの一五パーセントを［東インド］会社に支払い、ほかにも会社に有利ないくつかの条件を履行した。

東インド会社は、ほとんど同じ条件で、サン・マロの数人の商人にもライセンスを授与した。しかし、その個人的な貿易業者によってなされた交易はあまり大規模なものではなかった。しかし、東インド会社と西インド会社が合併するまでは、これが、フランス人が東インドとの間で行っていた主たる貿易であった。この合併については後ほど取り上げよう。

（3）この会社に授与された最初の設立勅許状は一六二一年六月一〇日付けのものであった。それは、北回帰線から喜望峰までのアフリカ海岸、そしてニューファンドランドの最南端部分からマゼラン海峡までのアメリカ、さらには南海と北海での貿易を行なう独占的特権を含んでいた。

（4）この会社の最初の資本金は、六〇〇万フローリンであった。

（5）オランダ人は、アフリカの海岸にいくつかの良い植民地をもっている。そしてアメリカでは、彼らはいくつかの小さな島をもっている。そのうちキュラソー、セント・ユースタティウス、トバコは最も重要である。そして、南アメリカ大陸にあるいくつかの植民地のうちで最も重要なのがスリナムである。

（6）イギリスの東インド会社は、エリザベス女王の順風満帆の治世のもとで最初に設立された。設立特許状が出されたのは一五九九年のことである。

その事業は大きな成功を収めた。しかし、東インドでオランダ人が行った略奪行為が、その後の治世において、この会社の成長を大いに鈍らせた。しかし、そのような状況は、チャールズ二世の王政復古期頃には好転した。だが、その治世の末期にかけて、会社の交易は、国王によって過度に黙認されていた密輸業者や個人の貿易業者によってかなり損なわれた。

一六八五年にジェームズ二世によって授与された勅許状は、会社が認可した業者を除くすべての個人の貿易業者を排除した。これは活気を失いつつあった会社の事業を回復させると思われた。しかし、東インドでオランダ人の略奪行為によって被った莫大な損害、密輸業者や個人の貿易業者によってもたらされた会社の貿易への損害、会社がムガール皇帝との間で続行することを余儀なくされた戦争、革命時の戦争中にヨーロッパで被った損失——これらが旧東インド会社の事業を、ここで著者が注目して取り上げている無秩序へと追い込んだのである。だが、合併された会社の事業は、少なくとも見た目には盛況である。

(7) この会社についての説明はかなりの分量になるので読者の便宜を考えて本章末の注にまわした(注A)。

注(A)

オランダの東インド会社は、スペインの統治に対する七州の反乱に続いて起こった戦争の間に初めて設立された。

スペイン国王は、新しい共和国の勢いを挫こうとして、この共和国との一切の貿易を禁止した。当時、ポルトガルはスペインの統治下にあり、ポルトガル人は当時、直接東インドと何らかの貿易をしている唯一のヨーロッパ人だった。このため、いわば、オランダ人は、東インドでの貿易を確立すべく努力せざるを得なかった。以前は彼らがヨーロッパのスペイン領から入手していた商品を、[直接]東インドから運び込むためである。この事業においてオランダ人が収めた素晴らしい成功は、新しい国家に損害を与えようと目論んだスペインの顧問会議が、［かえって］その国家を支援する一手となったことを示している。ここからわれわれは次のことを学ぶだろう。つまり、人々をあまりに大きな困難に追いやるのは、目下のこの事例がスペインに証明したように、われわれ自身にとって破壊的な手段へと彼らを追いやる恐れがあるだけに危険だということである。というのは、オランダ人はまもなくポルトガル人をインド諸国のなかで最も重要な植民地から追い出したからである。おそらく、ポルトガル人がスペインからほとんど保護を受けなかったことが、ポルトガルの全般的な反発の一因となったのであろう。

さて、オランダの東インド会社の設立の話に戻ろう。

一五九二年に、ゼーラント［ジーランド］の商人数人が、東インドへの北東航路を見つけようと努力した。だが、この試みは不成功に終わり、彼らはアムステルダムの商人と一緒にある団体を結成し、四隻からなる船団を喜望峰周りの通常のルートによって、東インドに派遣した。

いくつかの他の団体が、アムステルダム、ロッテルダム、そして連合州の他の地域に結成された。しかし、議会は、これらの団体がその商取引において互いに傷つけあうかもしれないと案じ、かなりの資本金を有する強力な会社以外の手段では、この交易を支えるのは非常に困難であろうと判断して、いくつかの団体を一つに統合するように促した。それらの諸団体はそこで一六〇二年にオランダ議会の裁量により統合を実施した。オランダ東インド会社の最初の設立勅許状の日付はその日になっている。勅許状は二一年間有効だったが、しばしば更新された。

会社の資本金は、著者が本書の注で述べているように、六四五万九四二〇フローリンであるが、他の書物に従えば、六四四万〇二〇〇フローリンである。そして、オランダの下記の都市とゼーラント州が、以下のように資本金を分担した。

アムステルダム　半分
ゼーラント　四分の一
デルフト　一六分の一
ロッテルダム　一六分の一
ホールン　一六分の一
エンクホイゼン　一六分の一

これらの都市や州にはそれぞれその個別の事業を監督する理事たちによって構成される会議所がある、インド諸国から運び込まれた商品はそのいつくかの会議所の倉庫に上記の比率に応じて備蓄される。そして販売は同じやり方で年二回、公的競売によって最高額で入札した人に行われる。

ヨーロッパとインド諸国におけるこの会社の業務の経営管理について個別に説明しようとすれば、ここであまりに多く紙幅を費やすことになるだろう。しかしながら、彼らの素晴らしい成功はその多くが彼らの優れた経営管理のおかげだと思われるので、読者は次のようなことを知らされてもうんざりしないでいただきたい。この会社の業務は、次のような慣例に従って七つの会議所から委任された一七人の理事からなる理事会によって調整され運営される。

アムステルダムの会議所から八名
ゼーラントのミデルブルフの会議所から四名
デルフトの会議所から一名

ロッテルダムの会議所から一名
ホールン組織の会議所から一名
エンクホイゼンの会議所から一名
ミデルブルフの会議所から一名―二年間この会議所が理事会を主宰する、そして八年間アムステルダムの会議所が主宰し、そしてデルフト、ロッテルダム、ホールン、エンクホイゼンの四つの会議所が交代で一七人目の代表者を［主宰者として］派遣する。

船の艤装、商品の販売、利益配当、そして会社にかかわる他のすべての重要な業務が、この理事会の多数意見に従って決定される。各代表者は［理事会では］それぞれの会議所から与えられた指図に従って振る舞うが、それだけに、理事会で一旦決まったことについては、各会議所はそれを実行するよう義務付けられている。

この会社の株式資本は五〇〇ポンドグロス、つまり一株三〇〇〇フローリンの株に分割される。そしてそれは他の貿易会社の株式資本と同じように、日々売買されている。ただし、正規の方法では、株券の名義の書き換えは理事の一人の面前で署名されなければならない。

（8）この会社についての注解を本章末に見ることができる（注B）。

注（B）
第四章注（13）ですでに述べたように、国王ルイ一四世は、一七一二年九月一四日付けの特

許状によってルイジアナをクロザ氏に与えた。この特許状は一七一七年八月に効力を失い、同じ月に西方会社という名の会社を設立する旨を定めた勅令が出された。国王はこの会社に、クロザ氏に与えた特許に含まれていたものに加え、オベール氏とその共同経営者が一七〇六年から得ていたカナダのビーバー取引の特許——その契約は一七一七年に失効した——をも与えた。

この会社の資本は一株五〇〇リーブルの株式に分割され、そのために二種類の証書（notes）が出された。一つは、一株用、もう一つは一〇株用で、両方ともに持参人払いであった。株式応募にあたって［会社によって］国家債券が受け取られることになっていたが、この債券に対して四パーセントの年賦金が［会社に］与えられた。そして一七一七年に支払い期限を迎えた債券のうち未払い分は国債のように取引に用いることができる旨、定められた。

一七一七年一二月に新しい勅令が出され、資本は株式で一億リーブルに制限され、翌年の七月一六日までに応募が完了した。

一七一八年、セネガル会社とアフリカ貿易が新会社に統合された。

一七一九年五月に、勅令が発せられ、第六章の注（2）で既に述べたように、東インド会社とシナ会社が西方会社に統合され、その名称がインド会社に変わった。そして、一七二〇年に、サントドミンゴ会社の諸特権がその会社に新たに与えられた。

西方会社と東インド会社の統合に関する報告書によれば、西方会社の資本は大幅に増加し、一七一九年の勅令によって統合会社は、応募価格が一株五五〇リーブルで、［総額］二五〇〇万リーブルの現金払いの株式応募を行う権限を与えられた、それらの新株にはただちに応募があった。同年七月の新たな法令によって、さらに応募価格が一株一〇〇〇リーブルで、［総額］

二五〇〇万リーブルの株式応募が行われ、そしてその後の二度の法令でさらに一〇〇〇パーセント［額面価格の一〇培の応募価格五〇〇〇リーブル］で一億五〇〇〇万リーブルの株式応募が行われた。その結果、西方会社の旧資本を含め、株式発行額は三億リーブルになり、一七一九年の一〇月一二日の法令により株の発行額はその水準で固定された。

一七一九年八月に会社は、それまでの請負額より高い年三五〇万リーブルで国王収入の総括徴税を請け負い、そして国王に彼自身の負債の返済のために一二億リーブルを貸し出した。しかし、国債を償還するにはこれでは不十分であることが分ったので、会社は九月に国王にさらに一億リーブルを貸し出し、一〇月に三億リーブルを貸し出した。この結果、貸付金は一六億リーブルにまで増大した。国王はこの貸付金に三パーセントの利子を支払うことになっていた。

一七二〇年二月二三日、王立銀行の経営――これについては後ほど言及する機会があろう――がこの会社に委ねられた。そして、当時、財務総監であったロー氏がインド会社とそれに統合された王立銀行の総裁に指名された。

フランス人の著作家たちによれば、この統合が銀行と会社が挫折した致命的な原因であった。王立銀行券はまもなくあらゆる種類の信用を失った。会社の株式は暴落し、会社は、もしそれを保全するための何らかの対策がなされなかったとすれば、銀行の運命に従ったに違いない。総裁は罷免され、その後王国を去ることを余儀なくされた。新しい理事が指名され、会社の業務内容を完全に把握するため、一七二一年一月二六日に法令が出され、会社と王立銀行の受け取りと支払いの勘定書を押収するよう命じられた。

会社はこの法令に反対の声をあげたが（大会社というものは常にその業務や経営に関する詮

索に反対するものである)、同年四月七日の法令によってその執行が断固として命じられた。

ミシシッピ計画を利用して法外な利得をあげた株式仲買人(Missisipian Stock-jobbers)——彼らの振る舞いは社会に大きなダメージを与えた——と、真の株式所有者とを区別をする努力がなされた。

第二の法令が一七二一年四月七日に公示された。これによって国王は一部の顧問会議の委員に会社と銀行の帳簿、有価証券、財産に関する報告書を作成するよう命じた。会社と銀行はそうした目的のために指名された人々の手に預けられた。彼らは、国王が会社の業務について完全に知った上で、新しい会社を作ることによって真の所有者の利益と安全を保障できるようになるまで、[政府が派遣する] 財務官の名で会社と銀行を経営することになった。

ミシシッピ会社と呼ばれるにふさわしいのは、クロザ氏がルイジアナの譲渡を受けたときに彼によって設立された会社なのだが、われわれには一般にミシシッピ会社の名前でよく知られているこのインド会社の発祥、発展、衰退に関するこのような説明を差し挟むことは、読者にとって、受け入れがたいものではないだろうと思われる。

さて、話を先に進めて、インド会社がどのように再建されたかを示そう。

一七二一年四月七日の法令を履行するために指名された理事たちによって作られたすべての報告書や規則、そして会社のためにその後定められたすべての法令を調べあげることはあまり有用ではない。しかし、次のことを述べるのは不適当ではないだろう。一七二三年三月二二日の法令によって株式の数が五万六〇〇〇に決められ、そのために、[応募価格通りに] 間違いなくそれぞれ五〇〇〇リーブルの価値を持つことを証明する四万八〇〇〇枚の証書と、そのほか、一株の一〇分の一つまり五〇〇リーブルの価値を持つことを証明する八万枚の証書が作成された。

同月の二四日に国王は、会社を、その財産を完全に享有できるよう再興し、会社の業務を監督するためにインド評議会を設立し、そして一七二二年に、貿易が生み出す利益とは別に、配当の目的のために指定された基金から一株につき一〇〇リーブルの配当金が支払われるよう指示した。

この会社の設立を完全なものにするために、二つの勅令が一七二五年七月に作られ、親裁座への国王臨席のもとで開かれた高等法院によって登録された。

これらの勅令の一つによって、国王はそれまで東インド会社やシナ会社に与えられていた独占的な特権をその会社に与えるよう命じた。

以前はギニア会社が持っていた、シエラ・レオネ川から喜望峰までのアフリカ海岸での黒人、砂金や他の商品の独占的貿易。

以前はセネガル会社が持っていたブラン岬［現在のヌアディブ岬］からシエラ・レオネ川までの独占的貿易。

ルイジアナの譲渡とカナダでのビーバー取引の独占的特権。

バーバリー海岸［北アフリカのマグリブ地域の海岸］の特権的貿易。同じ特権はそれ以前もその会社に与えられ、その会社はその特権を享受していた。

国王は、会社に対して、タバコ税の徴税請負と、フランスとそれに従属する諸国でタバコを販売する独占的特権を承認した。また、マルセイユ市向けを除くコーヒー販売の独占的特権も、一七二四年二月八日の法令で承認された特権である。

以上が上記の勅令に含まれるこの会社への主要な特権である。そして、国王は、もう一つの勅令によって、会社をそれ以前のすべての取引から放免し、それに関する記録簿や書類を、会社の貿易に関するものを除いて、焼却するよう命じた。

以上のように、この会社は、本書の著者が述べているように、再建されたのである。

(9) ポンディシェリーはコロマンデル海岸にある都市であり、インドで最も見事な要塞の一つである。そこはフランス［東インド］会社の主要な交易所であり、その総裁の居住地である。

(10) この海岸は北緯七度三〇分のコモリン岬から北緯一六度三〇分のゴルコンダにある第一の町マスリパタムにまで及んでいる。したがって、緯度で九度に渡り、湾曲した海岸が約七百マイルに渡って続いている。

この海岸での交易は非常に大規模に行われており、港はインドの中で最良である。マドラスは通常フォート・セント・ジョージと呼ばれ、ポンディシェリーから三〇リーグ［約一四四キロメートル］、北緯一三度一〇分に位置する。それはこの海岸でイギリス東インド会社の最大の居留地である。

(11) ベンガルはムガール帝国領の最も東の地方にある。東から西への長さは四〇〇マイル以上、北から南への広がりは約三〇〇マイルあるといわれている。そこでヨーロッパ人によって行なわれている貿易は大規模であり、この国はその実りの多さゆえにエジプトと比較される。ガンジス川はこの地方でいくつかの支流に分れ、ナイル川がエジプトで氾濫するように、毎年氾濫する。

(12) セネガル会社の事業範囲については、本章末のインド会社についての注解［(8) 注B］を参照せよ。セネガル川はアフリカのニジェール川の支流の一つである。

(13) フランス人は、この要塞をオランダ人から奪った。そして彼らによるその保有は一六七八年のナイメーヘンで締結された講和条約によって承認された。

(14) フランス語の表現では、信用貨幣（Monnye de Credit）であり、これは、徴税請負人、造幣局、銀行、銀行家などによって発行される有価証券や手形を意味する。だが、こうした信用が失敗すれば致命的な影響が生じるので、本書の著者が非常に適切に述べているように、この種の信用貨幣は危険と不便さを免れないのである。それは、アイルランドで近年十分に経験されたことである。そうではあるが、交換の担保を増加させる何らかのもっとよい方法が確立されるまでは、銀行家や他の取引業者によって信用貨幣にされるそうした有価証券の便益がなければ、われわれはうまくやっていけないのである。

(15) フランス語の Action は、時には貿易会社の株式資本の株を意味する。本書ではこの意味で頻繁に使われている。

ここに見られるように、それはまた、有価証券、つまり会社に利害関係を有する［投資した］人に理事が与える受領証を意味する。この証書は、インド会社についてのわれわれの注解で明らかなように、持参人払いで、したがって、貨幣として用いるのに役立ち、あるいは、著者が述べているように、より多くの価値を生み出すのである。

(16) 契約とは、パリ市庁舎の年金、あるいは他の公的基金から年金を受け取る資格がある人に与えられる証書あるいは証文のことである。

(17) これについての説明は本章末で行われる（注C）。

注（C）

年金公債によって公共の使用のためのお金を集める方法は、ウィリアム王&メアリ女王第四年に可決された法律によってイングランドに導入された。その法律は、この目的のために計上される基金を利払い財源とする年金公債を発行して、一〇〇万ポンド・スターリングを集めようとするものだった。

この法律は二つの計画を含んでいた。もし第一の計画に基づいて全額が出資されていれば、一七〇〇年の七月二四日まで、年に一〇万ポンド、その後は年に七万ポンドが、半年ごとの支払いで、その生命に対して年金が与えられる人が生きているかぎり、出資者、遺言執行者、遺産管理人、遺産相続人の間で分けられることになっていた。年金の受け取り名義人の誰かが亡くなった場合には、名義人の数が七名に減るまでは、亡くなった人の分担所有権は生存者に行くことになっていた。そしてその七人の生存者のすべての分担所有権はめいめいの死とともに、公共の利用に供するため、失われることになっていた。

イングランドではこれらは生残者権を伴う終身年金と呼ばれていて、フランスでのトンチン年金のようなものである。このトンチンは、この種の富くじの最初の企画者であるナポリ市のロレンツォ・トンティにちなんでそう名づけられた。彼は一六五三年にこの資金集めの方法を提案した。それはフランスの宮廷からは賛同を得たものの、民衆からは歓迎されなかったため、その当時は実施されなかった。しかし、一六八九年とその数年後に、この資金集めの方法がフランスで実践され、おそらくそこからイングランドに移植されたのだと思われる。

ウィリアム王&メアリ女王第四年の法律の第一の計画に関して申し込まれた出資総額は、一〇万八〇〇〇ポンドにすぎなかったが、これに対して、出資者は当初の目標総額が集まった場合に予定されていた割合で生残者権つき年金を受給する資格を与えられた。

上記の法律に含まれていた第二の計画は、出資者は、彼の存命中、あるいは彼が指名する他の誰かの存命中、一〇〇ポンドの出資で年一四ポンドを受け取れるというものだった。この計画には、総額七七万三三九三ポンド一四シリング二ペンスが出資された。

このようなわけで、出資者には有利な条件が提供されたにもかかわらず、この法律が調達しようと提案した総額には達しなかったようである。当時、イングランド人は富くじで自分のお金を危険にさらしたり、公的な有価証券を取引の対象にしたりしようとはほとんど思わなかった。しかし、彼らはまもなく資金集めの計画から生じる利得に満足するようになった。民衆に課せられる諸税、富くじ、年金そして公的収入を期待できる他の方法について記述するのはほとんど終わりのない作業になるだろう。これらによって、国家は莫大な負債を負うことになり、きわめて多くのお金と人材が通常の商業ではなく有害な株式仲買業に向けられることになった。しかし、その後年金を与えるためのいくつかの議会制定法が可決されたことに注意を払おう。被保険者が一人、二人、三人に関する法律もあれば、一人または複数人の終身年金［単生年金と連生年金］を得ている人々がそれを長期年金に転換することができ、その人々が定められた日までにそうしなかった場合には、他の人々がそれらの年金の受給期間に関する残余権を買い取ることができるようにした法律もある。また別の法律では、一定期間、年金が与えられる旨、定められた。また別の法律では、議会によって償還されるときまでと定められた。

読者は容易に分かるであろうが、このように年金には多くの種類があり、議会によって償還されるものもあれば、所有者の同意がなければ償還できないものもある。このようなわけで、公債の返済計画で、公債の多くを南海会社への出資に用いることになったとき［つまり公債を南海会社の株に転換する際に］、無償還年金の所有者には、そうした年金のために前払いした元本を受け取るよう促すために、かなりのプレミアムが与えられた。しかしながら、すべての所有者がそれで説き伏せられたわけではなかった。というのは、それら無償還年金の一部はいまだ償還されないままだからである。

このテーマをこれ以上追い求めるのはまったく無用のことだと思われる恐れがある。これまで述べてきたことについては、読者のご容赦をいただけるであろう。

(18) 黒人をアメリカのスペイン領へ運ぶこの契約は、国王の許可によってフランスのギニア会社と結ばれた。契約が結ばれた日付けは一七〇一年八月二七日である。
(19) 一七一三年に締結された。
(20) この会社は一七一〇年［新暦では一七一一年］に議会制定法によって設立されたが、その目的は、特定の基金を［設けてこれを］、元本が返済されるまでの利子の支払いと総額五〇万ポンドのさらなる資金調達に充てることによって、議会の［元利払財源の］保証が何もない、支払い期日のきた国家債務の支払いを保証することにあった。
これらの債務は、海軍、軍需品部門、輸送部門の報告書に基づけば、以前の資金のいくらかの不足と前回の戦争中に生じた旧来からの債務によるものであり、利子を含めて総額七〇〇万ポンド・スターリング以上に達すると算定された。そして、この法令が南海株の募集によって調達しようともくろんだ総額は九一七万七九六七ポンド一五シリング四ペンスであった。だが、国王ジョージ一世第一年に可決された法律によって、株式資本総額を一〇〇〇万ポンドというきりのいい額にするために、さらに総額八二万二〇三二ポンド四シリング八ペンスが集められた。この募集のために、それには六パーセントの利子が認められ、そして会社の業務を管理する費用の支出のために年八〇〇〇ポンドが認められた。

この会社が最初に設立されたときには貿易のための植民地を有していなかったのは真実だが、南海会社という名前――これらの債権者たちはこの名前に引き寄せられたのであった――の由来は、当時フランス人が南海で活発に行なっていた大規模な商業にあったと思われる。これについては次頁でいくらか言及される。そして、おそらくは、ブリストルの二つの私拿捕船デュークとダッチェスの企てが幸いにも成功したことにより、もし［スペイン継承］戦争が続けば、もっと幸運な冒険に乗り出すことが可能であろうし、あるいは少なくとも平和時でも交易上の利得をスペイン人から得ることが可能であると考えられるようになった。

だが、南海計画のうち、交易と捕鯨に関する部分の成功がどんなものであったにせよ、国が債務の支払いに充てる基金を持っていなかった場合にその債権者達に［公債を南海会社株式に転換すること で］保証を与えることは、道義に適った法律であり、またそれによって国は政府諸部局の多くの契約［海軍証券などの政府部局債や年金公債など（の償還）］で法外な支出をせずに済んだことは確かである。というのは、政府諸部局の一部の［公債］契約は、［株式への転換のための］契約取り消し時に

[公債保有者から]渡される証書に対して支払われる割引総額と少なくとも同率で[南海会社に]支払いが請求され、それは約五〇パーセントだったからである。そして、議会制定法が可決されたあとの一時期[一七一四年から一七一九年まで]、この会社の株式は額面より三〇パーセント以上も下回って売られたからである。[九九年満期の長期年金公債の購売評価年数が公債整理法では二〇箇年と規定された。しかし、これでは株式への転換応募が少なかったので、一七二〇年の第二回株式募集から三二箇年に引き上げられた。また三二年満期の短期年金公債の購買評価年数は一四箇年とされた。一年間に受け取る利払いに購買評価年数をかけた額が証券の評価金額である。これをその時々の南海会社株の時価で割って、取得できる株数が決定された。株価が安いほど、債権者達は手持ちの公債をより多くの株式に転換できた。]

会社の命運を決した一七二〇年に見られたこの会社の荒唐無稽な計画、その株式の上昇と下落、理事たちの企み、出納係の逃走、そしてそれらの混乱に関与した人々を処罰するために議会でなされたこと、会社の業務をふたたび正常化するために結ばれた契約や、そのためにとられた手立ては、あまりにも多くの紙幅を必要とする題材なので、ここで述べることはできないが、その害悪の記憶はきわめて鮮やかにすべての人々の心のうちに残っている。

(21) この契約は一七一三年三月二六日に調印され、同年五月一日から発効することになっていた。しかし、スペイン国王は、アシエント条約に関するほかの説明を含む、一七一六[一七一三]年六月一二日に批准された文書によって、発効は一七一四年五月一日からになると宣言した。

年に一度、船が新大陸のスペイン領とペルーの市——それはカルタヘナ、ポートベロ、ベラクルスで開催される——に派遣されるが、上述の説明文書でとくに述べられているように、その船は南海には立ち入らないことになっている。

(22) これはインド会社が失敗する以前のことである。というのは、国王によって指名された管理人たちが、一七二一年九月二日付けで植民地の状況を改善する諸規制を作成したからである。会社の再建以降にも、この植民地に有利なようにほかの諸規制がいくつか作られた。

(23) フランスとフランスに従属する諸国では国王の徴税請負人以外はタバコを販売することを許可されていない。その王国でタバコを栽培している人々でさえ、それらを徴税請負人か彼らの代理人に委ねるよう義務付けられている。

(24) 査証(visa) これはフランスの[インド]会社と銀行の業務および株式仲買人の営業活動に関してなされる取り調べのことであり、一七二一年にその目的のために可決された国務会議の法令に従って行われる。

(25) この章の末に置かれた注解で言及されているように、これは東インド会社が西方会社に統合される前のことであった。

(26) 本書が出版されたのは一七三五[一七三四]年なので、著者はその年かその前年を意味していると思われる。

(27) 総括徴税請負制は統合徴税請負制とも呼ばれ、国王収入の主要な三つの徴税請負からなる。これら三つの徴税請負は一つの請負契約[一人の請負人]に統合される。三つの徴税請負制とは、ガベル[塩税]とエード[飲料消費税]、そして五大徴税請負制である。

ガベルは、以前は商品や産物に課せられるすべての種類の税を意味していたが、今ではガベルと言えばとくに塩税を意味する。

ガベルの徴税請負はフランスの大部分の州で国王が塩の販売のために有する権利であり、この権利を国王は一定の請負料で譲渡する。この請負料は国王の通常の収入の四分の一にも達している。

ヴァロワ朝の国王フィリップ六世が、一三四四年頃、イングランド国王エドワード三世との戦争の際にフランスにガベルを導入した。

ポアトゥー、サントンジュ、リムーザン、ギュイエンヌ、ブルターニュの諸州は、ガベルを免れた。

エードは、国家を助け、救うために君主の権限によって課されるあらゆる種類の特別税や、民衆によって自発的に与えられる寄金を指す一般的な名称であった。しかし、この用語はその後、卸売りでまとめて販売されるぶどう酒に対する一二分の一の消費税、そして小売商によって販売されるぶどう酒のもっと大きな比率の消費税を指して使われるようになった。国王シャルル七世はこの消費税を恒久的なものにし、今ではそれはビール、シードル、ペアワイン、そして他のいくつかの食料にもかかるようになった。

［ただし］フランス全土でこの税が課されているわけではない。エードを免除されている州と国の一部は外国（Stranger）と見なされている。これらの州は、アルザス、ブルターニュ、フランシュ・コンテ、ナバラ、ドーフィネ、フランス領フランドル、プロヴァンス、エノー、ラングドック、ルテロワ、ルシヨン、オーベルニュ、ガスコーニュ、ギュイエンヌ、リムーザン、アルトワ、ブレスである。

五大徴税請負制というのは、外国との間だけでなく、外国とみなされている州との間での商品の輸出入に対する関税を対象としたものだと理解されている。

これらの関税は多くの異なった部門に分けられ、それらが徴収される場所に応じて非常に違った方法で支払われていたので、商人や貿易業者を大いに混乱させていた。このようなわけで、国王ルイ一四世は、コルベール氏によって作成されたそれらの関税の起源と特徴に関する報告書に基づいて、一六六四年九月にそれらを一つの関税表にまとめ上げた。そして、五大徴税請負制に関する一六八七年の勅令によって、国王はより詳細にこれらの関税の徴収方法を規定した。

一六六四年の関税表はその後の国務会議の法令や布告によって多くの項目で変更され、これによってまた、一部の商品の輸入が完全に禁止された。ナイメーヘン条約によってオランダ人はふたたびこの関税表を使用するようになった。しかし、レイスウェイクの講和の結果、一六九九年にフランスとオランダの間で結ばれた通商条約によって、いくつかの商品に関して、一六六四年のものよりも高い税率の関税表が作成された。そして、ユトレヒト条約によって一六九九年の関税表がふたたび用いられるようになり、今でもオランダとフランスの間で利用されている。

(28) ユトレヒト条約の結果、スペイン領ネーデルランドが皇帝に引き渡されたすぐ後に、オステンドとアントワープ、そしてフランドル地方とブラバント地方にあるいくつかの町の商人が、それらの国の貿易の改善に取り組んだ。彼らは皇帝からの勅許なしで、自らを一つの商会として組織し、インド諸島に数隻の船を派遣した。

これに動揺したオランダ人は、商人たちの船が皇帝からのパスポートを所持していたにもかかわらず、一七一八年と一七一九年に彼らの船を二隻拿捕した。皇帝は賠償を要求したが功を奏さなかった。その結果、オステンドの商人は自分たちの交易を守るべく船を艤装した。そして、彼らを攻撃してくる者を武力によって撃退する権限を皇帝から得て、オランダ人が所有する船を一隻、拿捕した。

皇帝はようやく一七二二年一二月一九日付けで勅許状を授与した。それによって、会社は、三〇年間、インド諸島とアフリカ海岸に加え、喜望峰のもう一方の側、そして一般的に他の国家が貿易を行なっているすべての地域で、法が定めた規則と慣例を遵守しながら交易を行なう権利を与えられた。そして、皇帝は、その商会に自由の享受と、商会を保護し守ることを約束した。

この商会の資本金は、六〇〇万フローリンで、一株一〇〇〇フローリンで六〇〇〇株に分けられていた。一七二三年八月一一日にアントワープで出資申し込みが開始されたが、翌日には総額に達し、その月末前に、その株式は、利率一五パーセントで売られた。だが、イングランド、フランス、オランダがこの商会の継続に反対したことによって、皇帝はまんまと説き伏せられ、勅許状を撤回、もしくはおそらく本書の著者が述べているように、一時停止した。

(29) これらの諸島は、シナとモルッカ諸島の間にある東インド洋（The Indian Seas）にあり、約一一〇〇の島からなる群島を構成している。これらの諸島は一五二〇年に、マゼラン——彼は今では自分の名前のついた南アメリカの海峡を最初に通過した——によって発見された。

マニラは、一五六四年までこれらの諸島に住み着かなかったスペイン人が所有している最大の島である。マニラの町は、総督の所在地であり、また大司教の管轄区である。マニラは、北緯一四度一五分に位置し、シナ人や他の東インド諸島の国民と大規模な貿易を行っている。一般に、これらの諸島は非常に広範囲にわたる商業が可能である。

(30) スペインとアメリカのスペイン領との間で行なわれている商業は、ガリオン（Gallions）、フロッテ（Flotte）、フロッティラ（Flottilla）、レジスター・シップ（Register Ships）に限られている。

ガリオンは正確にいうと戦艦である。しかし、カディス［スペイン］からカルタヘナ［コロンビア］やペルーのポートベロまで航海する船団がこの名で呼ばれ、貿易の認可をえた商船と国王の戦艦から成る。この船団はカディスから一年間を通じていつでも出航できる。

フロッテは、同様に、戦闘要員と商船から成り、メキシコ王国のベラクルスまで航海し、通常九月にメキシコ湾に吹くひどい嵐を避けるために、八月にカディスを出発する。

フロッティラは、船団の荷揚げや出航について助言するために船団に先んじてアメリカからやって来る船である。

レジスター・シップというのは、スペイン国王もしくはインド諸島顧問会議がアメリカの港に行って貿易することができる許可証を与えた船である。そうした船がこのように呼ばれている訳は、船が、その荷が積み込まれる港のカディスから、レジスター・シップの派遣先であるブエノスアイレスや他の港に向けて出港する前に、その許可証を登録しなければならないからである。これらの許可証は一つにつき三万ピアストルかかる。

(31) コルベール氏は、ルイ一四世に献呈された彼の『政治的遺言』で、地位の低い者たちに対する大臣の振る舞いに関して一言述べている。「財務監督官はお金を生み出すすべての手段や方法を自分だけで見出すのは不可能なので、彼を手伝う人々を信頼しなければならない。君主の政務に役立つヒントを私に与える人物はすべて、分け隔てなく、報いられてきた。これが知性ある人々を活気づかせ、励ます方法であり、その場合、大臣は、彼の前に差し出された計画の良し悪しを熟考する以外、何もする必要がない。そのような人々を嫌がって遠ざければ、君主の政務はたちまち損なわれてしまう。もし大臣が国家の中で何がなされるべきかを彼一人だけで見当をつけるのであれば、果たして彼に何ができるか、知りたいものである。」

(32) 海運が始まったのは国王ルイ一三世の治世時である。というのは彼以前の国王たちは、アンリ四世でさえも、海に一隻の船も保有していなかったからである。

リシュリュー枢機卿の政権下でなされた海運の進展は微々たるものであったが、しかし、コルベール氏の尽力によってフランス海軍は隆盛を迎えるに至り、彼が政権を担当していた時期、多くの機会にフランス海軍の隆盛ぶりが示された。そして、先の戦争中にフランス艦隊が与えた際立った印象は、フランス海軍が高度の完成に達しており、どのような場合であれ、そうした目的のためにフランスで作られた優れた諸規制に従ってさらに改善されうることを物語っている。

第七章

（1）この発見は一四九七年ポルトガル人のヴァスコ・ダ・ガマによってなされた。モザンビークという島のポルトガル植民地からポルトガル人を二度追い出そうと試みた後、一六五三年にオランダ人は喜望峰の支配者となった。モザンビークは南緯一五度にあり、アフリカの東海岸から約半リーグ［二・四キロ］離れていて、そこにはポルトガルの総督が居住していた。

喜望峰はオランダ人がアフリカ海岸に保有していた最も重要な居留地であり、彼らの船が寄港して長期間の航海の疲れを癒すのに非常に都合の良い場所に位置している港であったので、東インド貿易において彼らに大いに利益になるものであった。

（2）トリエステは港湾都市で、皇帝の所領である。イタリアのイストリア州のアドリア海に位置している。

第八章

（1）この禁止措置は、一六九四年九月二五日のルイ一四世の布告と、一六九五年六月二四日の国務会議の法令によってなされた。さらに一七一二年一月一六日付けの別の法令によって、角でできたボタンの使用が禁止された。

イングランドでは、この例に倣うことが適切であると考えられてきた。したがって、通常、服地と同じ材料で作られたか、もしくは覆われたボタンとボタン穴の使用は禁止されている。そしてまた、木製のボタンや他のボタンを模造したものも同様である。ウィリアム三世第一〇年制定法第二章とアン女王第八年制定法第六章を参照せよ。

（2） 漁業に関する注解は本章末（注A）に見ることができる。

注（A）〈漁業について〉

漁業は船員を育成し、多くの有用な商品を産出するので、漁業の発達、とりわけ外洋で行なわれる漁業を促すために航海や商業を改善させようと欲するすべての国家の利益になる。

捕鯨は主にグリーンランド近くの北海で営まれているので、これにちなんでこの漁業は一般的にグリーンランド漁業と呼ばれている。一部の船は北緯八〇度ほどのはるか北方まで行く。というのは、鯨は北で捕獲されるほど、より大きく、よりまるまると太っていることが分っているからである。アメリカの海にも鯨はいる。最近アイルランドの海岸でも数頭が捕獲され、三月の最初の東よりの風に乗って、毎年鯨はそこに現れると聞いている。

最初に捕鯨を始めたのはビスケー湾の住民で、彼らは長い間、捕鯨に最もたけた人々であった。しかし、今ではオランダ人が最も重要な捕鯨商人になっている。オランダでは捕鯨は、以前は独占的特権をもった一つの会社によって行なわれていた。しかし、この会社によって捕鯨に雇われている人々の不実さ、怠慢、経費の高さゆえに、この事業は公共の便宜にも会社の利益にもならないものとなった。ところが、この捕鯨が自由化されると、捕鯨は著しく拡大し、事業を請け負った人々はそれで大いなる利益を得た。このようなわけで、独占的特権をもった会社は貿易のどの部門であっても最も有利な経営を行うことができないこと、また、そのような会社は、個々の冒険的商人にとってあまりに強力な敵がいる遠方の国で商業の基礎を築く場合にのみ必要であるということは正しい。この点は、独占的特権をもった会社によってイングランドに漁業を確立しようという多くの試みが成功しなかったことによっても立証されている。そして、最近われわれが見たように、南海会社は捕鯨に乗り出したことで莫大な額の資金を失い、彼らはついにはそれを放棄せざるを得なくなった。現在イングランドで採用されている方法は、捕鯨に使われている二〇〇タンかそれ以上の船に対して、一タン当たり二〇シリングの報酬を与えるというものであり、これに促されて人々が危険を冒して捕鯨に乗り出すようになることが期待されている。なおこれについてはジョージ二世第六年制定法を参照のこと。そして、先の議会の会期中に可決された法律によって、この国で保存加工され、アイルランドの海岸で捕獲された鯨から取り出された鯨骨と鯨油に対してアイルランドで奨励金が与えられることになったが、おそらく、これは捕鯨への試みを幾分か奨励することになるだろう。しかし、このような事業を大いに活気づけるためには、アイルランドのように民衆が極めて貧しい国ではとくにそうだが、奨励となるものをもっと与えても不適切ではないだろう。われわれが伝え聞くところでは、チャプリン氏は、みずからがアイルランドの海岸で捕鯨について行ったどの発見も王国に有益であることを、庶民院の委員会に納得させたのであるから、彼は、激励に値するというたんなる決議だけでなく、何かそれ以上のものに値したと思われる。

オランダの法律顧問、ヤン・デ・ウィットが『オランダ共和国の真の利益と政治的準則』において述べているオランダの漁業に関する説明を以下に引用することについて、読者の許しをいただけるものと思う。これによってわれわれは漁業から生じる利得について考えをまとめることができるだろう。そして、若干の付随的な考察によって、大ブリテンとアイルランドの住民は他のどの国民よりもこの種の事業により適した立地にあることが分るだろう。

デ・ウィットはこう述べている。「オランダは、共同の自然環境である海から食料を入手するのにとてもよい立地にある。オランダは、ハドック［タラの一種］、タラ、リング［タラの一種］が豊富に獲れ、保蔵処理できるドッガー・バンク近くの魚に富んだ岸に立地しているばかりか、大ブリテンの海岸にしか見いだすことができないニシンの漁場にも近い。ニシンの漁場が見いだせるのは、六月二四日から七月二五日までは、シェトランド諸島、フェア島、バカン・ネス付近で、七月二五日から九月一四日までは、バカン・ネスかノーサンバーランド海岸沖で、九月一四日から一一月二五日まではヤーマス東方の深い海域である」。

（彼が付け加えるに）「オランダ人だけが、平時に、それぞれ二四ラスト［四三・二トン］から三〇ラスト［五四トン］もの漁獲をあげる一〇〇〇隻以上のバス船と、テクセル川河口でニシンを獲る約一七〇隻のもっと小さい船を用いて漁をする」。そして、（彼が想定するに）それらバス船のそれぞれが年に三回航海し、ニシン一ラスト（一八〇〇キログラム）は少なくとも二〇〇ギルダーの値打ちがある。

彼は同様に次のように述べている。「エマニュエル・ヴァン・メーテレンが言うところでは、一六〇一年の三日間で、八、九百隻の船とニシン漁用の一五〇〇隻のバス船がオランダを出航して、東方に向かった。それは、もしわれわれがイングランドの著者たち、つまり『商法』(*Lex Mericatoria*)でジェラード・マリンズが、またウォルター・ローリー卿が述べていることを信用するならば、容易に信じることができる。そしてそのことはリーヴェン・ヴァン・アイツマ(Lieven van Aitzma)が一六五三年に、[*Historie of Verhael van saken van staet en oorlogh, in, ende ontrent de Vereenidge Nederlanden,…*の]八六三頁で、ある程度確認しているところである。つまり、年に三〇万ラスト[五四万トン]以上のニシンや他の塩漬けの魚がオランダ人によって獲られ、消費されている。そして北方での捕鯨にはおよそ一万二〇〇〇人が従事し、こうした国々から出航していく。というのは、グリーンランド会社が、または(もっと適切に表現すれば)その会社の独占権の認可が廃止され、捕鯨が一般に開放されて以来、漁業は一〇倍に増えたからである。したがって、われわれが、こうした漁船はすべてここ本国で建造され、ロープ、帆、網、大樽もここで作られ、そして塩の供給もそこからであることを考えるとき、それによって生計を立てている信じがたいほどの数の人々がいることを容易に想像できるだろう。それらの人々がすべて飲食物や衣服や住居をもたなければならないことや、獲られた魚がオランダ人によってオランダ人の船で全世界に輸送されることを考え合わせるならば、特にそうである。そして、実際、もしウォルター・ローリー卿(一六一八年に国王ジェームズにオランダの漁業について知らせるために、彼は念入りに調査した)が確認したこと、つまりオランダ人は大ブリテン沿岸で少なくとも三〇〇〇隻もの船舶と、五万人の人員を使って漁をし、そして獲られた魚を運搬し販売し、それによって利益を得るために、さらに九〇〇〇隻の船と一五万の人々を使って海に送り出していることが事実であるとすれば、そして、この点に関して、彼がさらに述べていること、つまり二〇隻のバス船が八〇〇〇人の生活を維持し、オランダ人は全部で二万隻の船を海上に保有していること、そして彼らの漁業、航海、属領との海上交易がそのときから一六六七年までに三分の一以上増大したことを付け加えるならば、こう言うことができよう、もしそれが本当なら、われわれは次のように容易に結論できるであろうと。すなわち、海はオランダの生計維持の特別な手段である、なにしろこの手段だけで、オランダはみずからの産業活動によって塩漬け魚を三〇万ラスト以上も産出しているのだから。もしこれに鯨のひれや鯨油、オランダの製造品そしてわれわれ自身の河川がもたらすものを加えるならば、世界のどの国も、自国の産業活動によって、商品を積載する船舶をオランダ一国で建造するほど多くは建造できないことが認められるに違いない」。

このような説明がイングランド人の著者だけから引き出されているのであれば、われわれは、公平性を欠いているのではないかと、またイングランド国民に漁業権を主張するよう仕向ける意図があるのではないかと疑われはしないかと危惧するのは当然であることになろうが、しかし、オランダの法律顧問がオランダ漁業についてこのような説明を行うとき、その証言に疑いを差し挟むことはできない。

イングランド人の著者達が行ったなかで最大の算定結果はオランダ人の歴史学者によって確認されている。そしてヤン・デ・ウィットは、オランダの漁業についてウォルター・ローリー卿が国王ジェームズに出した報告書に大いに満足し、一六六七年までに漁獲量が三分の一増大したとまで考えている。つまり一六一八年にはニシンと他の塩漬け魚が三〇万ラスト獲れたといわれたが、これが一六六七年には四〇万ラストにまで増大した。そして一ラストあたり二〇〇ギルダーとすれば、この四〇万ラストは八〇〇〇万ギルダーになる。これは、一ギルダーが二シリングだとして、われわれの貨幣の八〇〇万［ポンド］に等しい。

これらの説明によって、漁業から生じる莫大な利益が十分明らかとなった。このことは、これらの島の住民たちを、この計り知れない宝の山の、少なくとも分け前の一部を手に入れる手段を行使するように促すに違いない。われわれはオランダや他のどんな国々よりも漁業に適した立地にありながら、これまでそれを軽視してきたのだ。

デ・ウィットの証言から、われわれは、ニシン漁が「大ブリテンの海岸でしか見いだすことができない」ことを知るが、われわれの十分水深のある海岸の近くには、オランダ人の岸辺よりもずっと多くのハドック、コッド、リングがいること、またわれわれにはオランダ人が有する港よりももっと便利な港がいくつもあることは確かである。さらに、非常に高い値のつく、またオランダでは一尾も獲れない魚、ピルチャード［イワシの一種］がわれわれの海にはいる。そして、われわれの川はオランダのそれよりも沢山の魚を供給できる。にもかかわらず、わが国の漁獲高はオランダのそれと比べて僅かでしかないのである。

ここで、このような国益に関する問題をわれわれはなぜ軽視してきたのか、その原因を明らかにすることは、必要ではないし、またあまり愉快な作業でもない。しかし、われわれは次のことを述べておこう。特権会社によって漁業を確立する試みがイングランドで行なわれたが、その実施はすべてが失敗したこと、その原因は、事物の本性にあるのではなくて、誠実さ、良き経済、慎慮、我慢強さ、そして堅忍さが欠如していたことにある。これらはこの種の事業には不可欠であるが、特権会社の事業経営ではめったに見られるものではない。

それゆえ特権会社は当てにはできないし、明らかな不利を伴わずに個人が私的な資金に基づいて漁業に着手することはできないから、この二つの間の中庸がその仕事を成し遂げる見込みが最もありそうな方法であるように思われる。つまり、もし国家が個々人に漁業を奨励するならば、おそらくそれは漁業を促進するよい手段となろう。

スコットランドでは、漁業と製造業の改善のために指名された管財人の管理下で、このような奨励策が実施されることがある。そして、もしアイルランドで漁業の奨励のために基金が立ち上げられ、それが適当な権力を持った管財人の管理下に置かれれば、それによってなしうる漁業の発展は、リネン製造業においてリネン局の管理下でわれわれが行ってきた改善に匹敵するであろうと、あるいはおそらくそれらの二つの信託業務が同じ人々によってなされうるであろうと期待することができる。

個人の事業に対して社会から与えられるささやかな奨励といえども、それによってどれほどの改善がもたらされるか、ほとんど想像も及ばないほどである。アイルランドにおけるリネン製造所の改善はこの十分な証拠である。もし同じような慎重な管理のもとで行われる奨励が漁業に対してなされるならば、おそらく同じ結果をもたらすであろう。そのような事業を行う上でのわが国の立地や自然的な有利は明らかである。しかしこうした有利をもっと増進するためにどのような手段を用いればいいかは、ここで扱うにはあまりに広範囲に及ぶ問題であり、以上のことが成し遂げられうることを示し、その発言が私よりも影響力のある他の人々を奮い立たせてそれらを実行に移すための手段が考案されれば、それでおそらく十分である。

（3） ニコラ・カドーはフランス人として生まれ、シャンパーニュ地方のセダンに毛織物工場を創設し、一六四六年に多くの特権を伴う特許状を獲得した。

（4） ホセ・ヴァン・ロべはオランダ商人であり、一六六七年に上質毛織物工場をピカルディ地方のアブヴィルに創設した。そして、多くの特権を伴う特許状を獲得したが、それは彼とその家族に対して更新された。

（5） 願わくは、アイルランドでこの種の例をあげることができればよいのだが……。

ウィリアム・ペティ卿は、多くて五〇〇人に一人は、盲目とか足が不自由とか他の不治の障害を抱えていると述べた。それゆえ、もし二〇〇万の人々がこの王国にいるとすれば、そのような事情を抱えた人は四〇〇〇人以下である。そして、彼らは住んでいるいくつかの地方で扶養されるべきである。これは非常に容易に、一般に想像されるよりもはるかに少ない経費で実行されうる。というのは、そうした障害者の多くは、扶養に当たって公的援助を必要としない家族と一緒に暮らしていることを考慮しなければならないからである。

怠惰ゆえに物乞いになって街路に群がる人々については、曲がりなりにもまともな方法で自らを養うに十分なほど稼げるようにするために、彼らを管理しようと考えるのはたやすい。とくに彼らを雇用する公的財団が確立されている場合はそうである。しかし、経済と信頼できる行政管理がなければ、この目的のために最大規模の基金が設けられたとしても十分ではないであろう。現在、これに関してこの王国に顕著な例が見られるのは残念である。

（6） ヤン・デ・ウィットは『オランダの真の利益［と政治的準則］』のなかで、「神に仕える方法としての自由や寛容と並んで、高値で買われる都市の自由などなくてもたんに定住しているという理由で他の住民と同じ権利を持つことによって、生計を立てることのできる自由が、現在の住民を維持し、よそから人々がやってくるように誘うために必要なのである」と述べている。そして、彼は、一五八五年頃にアントワープ商人が自分たちの都市を見捨てることを余儀なくされたときに、彼らがイングランドに行かなかった理由を、「交易と製造業に関するギルドや商工会館からよそ者を排除」していたせいにしている。

都市の自由、商工会館、ギルドから生じる障害が、最近ではかなりの程度除去されたのは確かである。そして、すべてのよく統治された国では、住民の増加がとても重要なので、その障害となるすべてのものを完全に取り除くことが賢明である。

(7) イングランドでは、店員や年季奉公人、使用人が何か職業や仕事を身につけるため外に出されるとき、与えられるかもしくは与えられることに同意した金額が五〇ポンドまたはそれ以下のときは一ポンドにつき六ペンス、その金額が五〇ポンド以上のときは二〇シリングにつき一二ペンスの税が課され、主人や女主人によって支払われる。この課税は、最初アン女王第八年制定法第九章によって国王に対し五年間認められ、その後、アン女王第九年制定法第二一章によって恒久的なものになった。

(8) タイユあるいは特別税。この税はフランスのすべての地方で課されているわけではない。最初に課されたのは国王ジャン[二世]の治世時で、彼がイングランドに捕虜となって連行されたときであったと言われている。というのは、彼は一三五六年九月一九日にポワティエ近くの戦いで捕らえられたからである。そして、それは国王シャルル七世によって恒久化されたが、そのときからずっと、増税の一途をたどっている。それは二つの方法で課税されている。というよりむしろ、二つの種類の税がある。つまり、物にかかる場合[対物タイユ]と人にかかる場合[対人タイユ]である。

タイユが物にかかる場合には、この税の対象となる土地の量とそこからの年間収穫量に比例して課税されることになる。そして、この税が人にかかる場合には、課税対象者の富と、商取引や産業活動による利得に比例して課されることになる。

この税は、課税の仕方に応じて、総徴税区、つまり地方長官の管轄下にある、いわゆる管区に対して一定額が課される。その後、教区ごとに分けられ、それから、タイユの性格に従って教区の土地と人間に課される。

貴族、高位聖職者、官職に就いている人々、地方長官、州知事、収税官、そして他にも多くの人々がその代理人とともに、この税の支払いを免れている。この結果、すべての負担は一般大衆に降りかかる。彼ら一般大衆は数において他の人々の千倍も多いと考えられるが、しかし彼らは地所と財産においては、そうした免税特権を与えられた人々に匹敵するものではない。

それに基づいてこの税が課される査定は、しばしば不正で自分の利益ばかり追い求める無知な連中によって恣意的になされる、したがって税額を決めるための査定は不平等に行われる。だが、この税の取りたてはこれ以上ないほど過酷である。家の中にあるものすべてを売ったあとにドアまでも売られたほどであり、時にはタイユを取りたてるために家が解体され木材が売られることがあった。

対人タイユを支払わなければならない人々は、しばしば実際に貧乏になるか、もしくは過大に評価される危険をさけるために、あたかも貧乏な状態にあるかのように見せかけることを余儀なくされる。そして偽りの貧乏だろうと実際の貧乏だろうと、しばしば虐げられる。

われわれには、それゆえ、われわれが置かれた幸福な状況を喜ぶもっともな理由がある。というのは、われわれにはそのような恣意的なやり方はまったく無縁だからである。経済が良好であれば、住民たちは安楽かつ豊かな暮らしをすることができるようになると結論することが許されよう。

(9) エード(Ayde)とガベル(Gabbelles)については、第六章の注(27)ですでに述べたので、いずれの税についてもこれ以上説明しないが、ただエードを徴収するために徴税請負人が用いる役人が民衆を手ひどく圧迫することだけを述べておこう。ただし苦痛は、対人タイユの徴収者から被っているものほど大きくはない。

(10) われわれはここで、障壁(Barriers)という言葉がフランスで正確に何を意味しているかを理解することはできないだろう。というのは、ここで使われているように、それは諸税を取り立てるために指定されたすべての取扱所を意味しているからだ。

障壁の正確な意味は、すでに第六章の注(27)で説明したように、役人が、王国のある地域から別の地域に、あるいは諸外国に運ばれる商品に課された関税を受け取るよう指示された場所のことである。そのように呼ばれているのは、心棒で動かす木製のバーが道の端から端まで据え付けられ、関税を支払う義務がある馬車や商品はそこを通過しなければならないからである。

これらの障壁はフランスの一部の主要都市にも同様に設置されている。それらのうちの六〇はパリ近郊周辺に設置されている。

またバラージュ(Barrage せき止め)と呼ばれる関税もある。それは、馬車や馬、そしてある場所では徒歩の通行人にも課せられるわれわれの門税、橋梁税、有料道路税に相応する。この関税からの収益は、一般的には橋や舗道や街道の補修に充てられる。しかし、いくつかの場所では、とりわけパリでは、このバラージュは国王に帰属する。そしてそれは以前は個々の徴税請負に任されていたが、今ではエードにまとめられている。

第九章

（1）モスクワの人々は他国との戦争において、装備や手持ちの備品や贅沢に飾り付けた馬をあまり必要としないため、彼らは有利であると言われるだろう。主要な士官の装備は非常にささやかなものである。彼らはみな、贅沢を知らない人々にとって絶対に必要なもので満足している。それゆえ、彼らの軍隊には行軍の邪魔になるものはない。

（2）飲酒癖はフランスでは奢侈ではない。アイルランドに関しても同じように考えることができるようになればいいのだが、そういうわけにはいかない。

（3）海賊（Buccaniers）とは、アメリカでスペイン人と戦争をするために連合したヨーロッパ諸国すべての傭兵（Adventurers）のことであった。

（4）あるいは他のどの国家でも。

（5）これは国王シャルル五世のことであり、彼は一三六四年に統治し始め、一三八〇年にそれを終えた。

（6）フランスの年代学者は、国王の継承を三つの家系に分類する。第一の家系はメロヴィング朝と呼ばれ、四一八年ファラモンに始まり、七五一年に「愚か者」と呼ばれたキルデリク三世で終わるまで、三三三年間に二一代の国王によって継承された。

第二の家系はカロリング朝であり、七五一年のピピンに始まり、九八七年に怠惰王と称されたルイ五世で終わるまで、二三六年間に一三人の王によって継承された。

第三の家系はカペー朝であり、九八七年にユーグ・カペーに始まり、現在の国王ルイ一五世にまで続いている。ルイ一五世は、七五一年続いたこの家系の三一番目の国王である。

(7) ヒューロン族は北アメリカの先住民の一部族である。彼らはある程度開化されていて、カナダの首都のケベックから遠くないところに定住していたと言われている。

(8) イロコイ族は、北米先住民の五部族からなる。彼らは北米諸国に居住するすべての未開人の中でも最も好戦的で勇猛な部族であると言われている。従って、彼らは他の未開部族やフランス人に最も恐れられている。しかし、彼らは、多くの点で有益でかつ必要な先住民と良好な協調関係を発展させることに、日々いっそう留意することが望まれているイングランド人とは、一般的に友好関係にあるようである。

ここで、アイルランドの一般大衆が、ガリア人が彼らの最初の王朝の時にそうであったのと同じほど惨めな生活を送っていることを考えてみよう。欲求（wants）を生み出すことが国民を勤勉にする最も適当な方法であること、そして、もし仮にわが国の農民が肉を食べ、靴を履くことになじんでいるならば、彼らはもっと勤勉に働くであろう、ということが認められているのであるから、下層の人々に安楽な暮らしをもたらすことがこの国の繁栄を願うあらゆる人々のなすべき務めであるように思える。そうすれば、上流階級の人々はまもなくその利益に気づくであろう。貧民を何不足なく養うことは根に栄養を与えることであり、その根の大部分はぐんぐん成長して枝になり、その先端を繁茂させるだろう。

(9) フランスの人口は二〇〇〇万人と見積られている。

(10) 信用はあらゆる商業国で絶対に必要であり、債務の迅速な支払いを強いる法律は商取引でのこの有用な担保や手段を増加させ、与える側にも受け取る側にも有害な信用を消滅させる手段となるだろう。

借金や借金の返済請求に関して起こされる訴訟を制限するための議会制定法は、ある程度、債務の支払いを迅速化するものである。だが、フランスでは、返済までの期間はイングランドよりもずっと短いので、ここに、一六七三年に制定された『商業法典』のなかの、これに関する条項を書き写しておこう。

第一編

第七条

卸売りと小売りの全部に携わるすべての商人と業者、すべての貿易商、そして技芸家は、商品の引き渡しや作業の実施の後、一年以内に支払いを請求しなければならない。

第八条

小売商やパン菓子職人、肉屋、料理人、服屋、レース製造業者、馬具商、馬具製造人などによって売られるすべての財貨と商品に関しては、六ヶ月以内にその［支払い請求の］行為が開始されるものとする。

第九条

上述の二つの条文の内容は、規定の勘定書、債務証書、契約書、召喚状がある場合を除いて、また司法的措置がすでに執行された場合を除いて、一年または六か月の期限が来る前に、作業や財貨の引き渡しが終了していないときでも実施されねばならない。

この種の法は、十中八九、われわれに良い効果を生み出すだろう。それは、小売商人や行商人と彼らの顧客の間でしばしば行われている長期の掛け売り勘定を防ぐだろう。こうした長期の掛け売り勘定のせいで、売り手は非常に長い間手持ちのお金に不足し、買い手は借金をするように駆り立てられ、こうしてお互いに損をするのである。

(11) 本書の著者はこの法を嫌っているように見えるが、しかしそれは、とくに、奢侈が自国の住民の労働や勤労によってではなく、外国の製造品や産物によって供給されているような国では、必ずしも不合理とは思えない。そのような法は、自分の奢侈の代金を払える人々を妨げることにはならず、むしろ、信用を手に入れることの容易さによって濫費に駆り立てられる人々のそのような濫費を妨げるであろう。

現国王［ジョージ二世］の治世第九年に制定された法令は、ビール、エール、ブランデー、ラム酒と他のアルコール飲料の小売商人が、使用人や日雇い労働者や、通常の仕事に従事しているか、あるいは給金や賃金のためにせっせと働く他の人々に掛け売りすることから生じる害悪を防ぐためのものだが、この法令は上述のような意図で考え出されたのである。したがって、アルコール飲料や強いビールあるいはエールを、使用人や、その他その法令に記された人々に、掛け売りで一シリング以上売る小売商人は誰であれ、［踏み倒されても］それを取り戻すどんな救済も行われず、そして、このようにして生じた負債の支払いのための保証として与えられた約束手形、債務証書、証文はすべて完全に無効であり、負債額の代価として預けられたあらゆる担保は返還されねばならないと言明されている。

イングランドとアイルランドに溢れかえっているビールやアルコール飲料を売る膨大な数の小売業者によって、日々もたらされている害悪について考えてみるとき、それらを止めさせるには行政官の最大の注意と用意周到さが必要であることに異論はないであろう。

(12) これについての注解は、本章末に見ることができる(注A)。

注(A)〈通商顧問会議について〉

フランスの最初の通商顧問会議は国王アンリ四世によって一六〇七年に設立された。この顧問会議は高等法院と会計法院と租税法院から選出された数人の官僚から構成されていた。しかし、この王国に他の混乱を引き起こす原因ともなったこの偉大な国王の悲運の最期によって廃止されたときには、この会議はすでにほとんど影響力を持たなくなっていた。

ルイ一三世の治世下でリシュリュー枢機卿が首相になったときに、新たな通商顧問会議が設立された。これはいくつかの変更を伴ってはいたが、概して以前のものと同じ構想のもとに設置された。リシュリュー枢機卿がその顧問会議の主席であった。彼の下には四人の国務会議評定官と三人の訴願審査官がいた。この通商顧問会議もまた国王ルイ一三世の崩御の際に廃止された。

長い中断の後に、国王ルイ一四世が、一七〇〇年六月二九日付けの国務会議の法令によって、新たな通商顧問会議を設立した。この顧問会議は、九名の国王側近の官僚、一三名の王国主要都市からの代表者、一名の書記官もしくは事務官、そして総括徴税請負に従事する二名の人物から構成されていた。この最後の二名は財務総監によって指名されることになっており、彼らの仕事は、要請があったときに、彼らの知識の範囲内にある案件について助言を行うことであった。

一七〇八年に、新たに発足する通商監督官の六名の任用が行われた。これらの通商監督官は、この任用によって顧問会議に席を持っていた訴願審査官と同数になった。

ルイ一四世の崩御の後まもなくして通商監督官の任用は廃止された。ルイ一五世は、一七一五年一二月一四日付の布告と翌年一月四日付けの王令で、新しい通商顧問会議を組織した。それは、財政顧問会議の最高責任者と同顧問会議の議長、海運顧問会議の議長、三名の国務顧問会議の評定官、財務総監、パリ警視総監、三名の訴願審査官、王国の交易都市からの一三名の代表、国王の徴税請負に従事する二名の人物と一名の書記官から構成されていた。

都市からの代表は、パリ市から二名、ラングドックから一名、リヨン、ルーアン、ボルドー、マルセイユ、ラ・ロシェル、ナント、サン・マロ、リール、バイヨンヌ、ダンケルクの各都市から一名であった。しかし、彼らと徴税請負を担う二名は、同席する権利をもつだけで顧問会議において討議上の発言権はなかった。彼らは提案される問題に答えるためか、もしくは彼らに事前に通知され、それについて前もって書面で意見を述べていた案件を説明するために、それらの会議に出席した。

この通商顧問会議は毎週木曜日に開かれ、都市からの代表は週に二度、要請があった場合にはもっと頻繁に集まって、彼らに示された問題について考え、それについての意見書を作成した。

この通商顧問会議は、一七二二年六月二二日付けの国務会議の法令によってふたたび改組され、次のように命じられた。

通商顧問会議の代わりに、八名からなる一部局を設けること、そのうちの三名は常に、財務総監と、海運顧問会議メンバーからの一名、パリ警視総監からなり、他の五名については、国務会議のなかから、通商問題に最も通じた人物が選ばれること。

通商顧問会議に出席を認められた都市の代表と総括徴税請負人の代表は、以前と同様にこの部局のメンバーとなることを許されること。

この部局に送られるすべての提言書と報告書、国内と国外を問わず商業に関して、また製造業に関して生じうる諸問題や困難は、国王へのその報告書に基づいて国王が適宜それらに備えることができるよう、ここで討議され、検討されること、以上である。

一七二四年の七月に、一七〇八年の計画に基づいて四人の通商監督官を設けるための勅令が下された。彼らの仕事は、彼らに割り当てられた地方の商業の状況を視察し、その所見を彼らが討議上の発言権をもっている部局に報告することである。

次のことを述べておこう。通商顧問会議が一七〇〇年に設立されたときに、卸売り業者を交易都市からの代表として会議に出席させることが適当であると考えられた。それで、それらの都市に商業会議所を設立することが決定されたが、その目的は、代表者がそれらの会議所と連絡を取り合うことで、自分達が代表している地方や都市の商業に関する事情に精通し、通商顧問会議が考慮するにふさわしい指示や提案をそれら会議所から受け取ることにあった。

この賢明な意図によって一七〇一年八月三〇日の国務会議の法令が生まれた。これによってリヨン、リール、ルーアン、ボルドー、ラ・ロシェル、ナント、サン・マロ、バイヨンヌの都市とラングドック地方の商人と卸売商は、商業会議所を設立する最も簡便で有利な方法について自分達の意見を送るよう指示を受けた。この勅令ではマルセイユとダンケルクの名は挙げられなかった、というのはそれ以前にこの二つの都市はそれぞれこの種の会議所を設けていたからである。

商業会議所と呼ばれるこれらの団体を維持する経費や、パリで開かれる顧問会議や通商局会議へ派遣する代表者の俸給は、都市や地方の基金から差し引かれるか、あるいはその目的のための特定の課税によって調達される。

イングランドの通商及び植民委員会（the Board of Trade and Plantation）は国王ウィリアム三世によって彼の治世第八年に初めて設立された。この部局を運営するための委員には、特別任用と常任がある。前者は大法官もしくは国璽尚書、枢密院の議長、王璽保管官、大蔵省第一委員つまり大蔵卿、海軍省第一委員つまり海軍大臣、二名の国務大臣、財務大臣といった国家の要人たちである。彼らは特別任用委員と呼ばれる。彼らがそう呼ばれる訳は、彼らは委員会に出席する権利をもっていて、特別な場合には出席するのだが、通商委員会の委員としての俸給はないからである。常任委員は数でいうと八名で、一般に委員会のヘッド（head）と呼ばれ、必ず入る一名の貴族院議員を除いて全員が庶民院議員である。彼らの俸給は年一〇〇〇ポンドである。

この委員会の仕事は、イングランドの国内及び海外の交易の状態を調査すること、すでに設けられている製造業をどのようにして改良することができるか、新規で利益の多い製造業をどのようにして導入することができるかを検討すること、貧民に雇用を与え、漁業を復活させることである。だが、委員達は主に植民地の問題に精力を費やしている。

通商会議はアイルランドでは一六六四年頃に設立された。当時総督であったオーモンド公爵とアイルランドの枢密院が、一六六四年五月一八日に訓令を出して、この王国の一般的利益のためにこの会議が調査すべき諸問題を提示した。最初の会合は一六六四年五月二四日に開かれ、この会議は数年間にわたって週一回の定期的会合を継続し、理事会に提出した何点かの報告書について意見の一致をみた。しかし、現在捜し出せるかぎりで言うと、記録簿の目録に記載されている報告書の見出しの他には、それらの形跡はどこにもない。この記録簿はロレンス氏によって後世に遺されたもので、『アイルランドの利益』と題した本の中にある。氏の以下のような考察は極めて正しい。「通商会議がそれらの報告書を育めば育むほど、理事会はその墓となった。その墓で、報告書は今に至るまで骨壺のなかで眠っている」。

交易の業務に生じる様々な問題を考察する人は誰でも、交易やこの国の一般的利益にかかわることに熟達した人々によって構成される会議は、この国の改善に大いに貢献することに同意するものと思われる。いつか通商会議を再興するのが適切であると考えられるとすれば、フランスで実践された方法は、おそらくこの目的のために利用できるいくつかのヒントを与えてくれるだろう。通商会議あるいは通商局、そしてフランスの商業会議所に関するこの長大な注解におけるわれわれの考察は以上の通りである。読者は、フランスの制度が一般的利益をもたらすのに十分に適していることに容易に気付くものと思われる。

さらに次の点を述べることをお許し頂きたい。先の国王ルイ一四世は、フランスにとって最も重要なことを進めるにあたって、交易に携わってきた人々の助言を侮ることは決してなかったので、彼はメナジェ氏（Nicolas Mesnager）（彼は貿易商人で通商顧問会議への代表だった）を、フランスの陸軍大臣や、後に彼が枢機卿にしたほど高位の聖職者と並んで、全面的和平のためのユトレヒトでの会議に全権大使の一人として起用した。

(13)　不正に国内に運び込まれた商品を破壊することは、多くの場合、この有害な企みを防ぐためには賢明な方法であると思われる。税関で得られた没収品の影に隠れて、しばしば密輸品の大きな包みが持ち込まれているというのが事実であれば、とりわけそうである。

　イングランドでは密輸を行ったために没収されたボートや他の船の焼却が実施されているが、このような方法はおそらくアイルランドでもよい効果をもたらすであろう。少なくともこの有害な取引に対する何らかの妨げとなるであろう。というのは、そのような措置により、その生計の維持をボートに頼っている船頭やおそらくその家族もまた、これほど頻繁にボートを密輸に使うことに怖じ気づくようになるからである。そしてそれは、おそらく彼らの考えを漁業に向けさせる手段となるだろう。この密輸という堕落した仕事ゆえに、彼らは漁業を無視してきたように思われる。他方、没収されたボートを売却する現在の方法では、船頭はいつもボートをふたたび手に入れることを期待し、そして期待通りにならないことはめったにないのである。

(14)　これらの「偽りの石」[ビンドンは pierres du Temple を「偽りの石」と訳している] は、フランスでは「タンプルの石」もしくは「タンプルのダイヤモンド」と呼ばれている。なぜなら、人造ダイヤモンドの最上のものは、パリのタンプルと呼ばれる場所で作られているからである。

(15)　ブラジルでダイヤモンドが発見されるまでは、ダイヤモンドは東インドでのみ、つまりゴルコンダ、ヴィサプール、ベンガルといった王国とボルネオ島でのみ、見いだすことができるものと常に考えられていた。

　ゴルコンダ王国とヴィサプール王国のダイヤは鉱山の中に見いだせるが、ベンガルとボルネオ島では川の中に見いだせる。

第一二章

（1）フランス語の「貶質」（Affaiblissment）とは、「弱める」とか「薄める」の意であるが、一般的には卑金属のより多くの混合を意味する。しかし、このことは続く「合金（Alliage）」という言葉でも述べられているので、著者が「弱める」という言葉で意味しているのは、重量一ポンドの銀の名目価値を上げることであるのは明らかである。この意味で貶質という言葉は頻繁に使われている。

（2）ポンド、シリング、ペンス・スターリングである。それらはフランスのリーブル、ソル、ドゥニエとして分類される。以前は、それらは実質的であると同時に名目的であった。重量一ポンドの純銀は二〇シリングに相当し、一シリングは一二ペンスに相当した。従って、純銀一オンスはその場合、二〇ペンスで流通した。

（3）ポンド、シリング、ペニンジェンス・グロス（Peningens Gross）はイングランドとフランスでの計算貨幣として分類される。オランダにはもっと別の計算貨幣がある。つまり、フロリンとギルダーである。フロリンとギルダーは二〇ストゥイベルに相当し、一ストゥイベルは一六ペニンジェンスである。

ポンド・グロスは六フロリンに等しく、シリング・グロスは六ストゥイベルに、ペニンジェンス・グロスは八コモン・ペニンジェンスに等しい。

（4）アメリカに豊かな鉱山が発見されて以来、銀と金の量は大幅に増加した。そしてヨーロッパでは交易が一般的にとてもよく理解されるようになったので、本書の著者が考察しているように、ヨーロッパではこれらの金属の間の真の比率は、商業国によってなされる一般的評価から絶えず生じることになるだろう。

貿易では数々の事故や事件が起こるから、そのためこの評価は常に変動し続ける。それゆえ、それら金属の間の不変の比率を決めようと思っても無駄である。賢明な立法者たちが精々なしうるのは、一般的比率にできるだけ近い比率となるよう彼ら数ヶ国で調整することであり、さらには、自国の鋳貨に対して行う改変はなんであれ自国の個別的な利益に資するように留意することである。

（5）聖人と称されたルイ九世は、一二二六年に治世を開始し、一二七〇年にそれを終えた。

（6）本書の著者は、非常に大幅な合金がなされたのでこの相違が生じたとは言っていない。というのは、そうであれば、その金属［銀］はビヨン貨の状態にまで品質が低下してしまうからである。これについては本章の原注（4）を参照せよ。そうではなくて、名目価値の増加が、この鋳貨の［価値の］変動には含まれているのである。

（7）クラウン金貨つまりエキュ金貨のフランスにおける前回の鋳造は一六五五年であった。そのとき鋳造されたエキュ金貨は純分二三カラット、重量一マルク［二四九グラム］で七二ソルであった。一六六一年にルイ一三世は新しい銀貨を鋳造したが、これはルイ銀貨の名で通用した。その後、この銀貨はエキュ貨の名で呼ばれることになった、われわれがクラウン貨と呼んでいるものである。一六九一年にクラウン金貨の［実質］価値の低下［名目価値の引き上げ］が実施され、当時、それは一一四ソルで通用した。

第一三章

（1）前章原注（4）を参照せよ。

（2）フランスの三〇の町に同じ数だけの造幣局があるが、最も注目すべき造幣局はパリにある。イングランドの造幣局はロンドン塔の中に置かれている。イングランドの貨幣鋳造がどのような基礎に基づいて営まれているのかを知ることは多少の役に立つかもしれないので、章末にそれについての短い説明を加えた（注A）。

注（A）〈イングランドの造幣局について〉

それまで異なった状態にあったイングランドのスターリングの基準を定めたのは国王エドワード一世だが、彼の治世以来の造幣局の歴史に立ち入ることや、一法人としての特権について説明すること、鋳貨に加えられた個々の変更を記録することは必要ではない。だが、おそらく、ロンドン塔における現在の鋳造の状況を知ることは、有益であろう。これについて、次の文書でこれ以上ないほどに十分な説明がなされている。

〈国王と造幣局長官との契約証書の抜粋〉

国王は国璽の捺印された契約証書によって、望み通りに、造幣局長官の職をA. B. に認める。国王は、造幣局の経費を賄うため、議会制定法（本章原注（1）参照）によって定められたすべての貨幣を受け取る。

A. B. は以下のようなやり方で貨幣を作ることを契約によって同意する。すなわち、五種類のクラウン金貨を作ること。

一　四分の一ギニー、一ポンド・トロイ［約三七三、二四グラム］から一七八個。価値は五シリング三ペンス。これは国王と大蔵省の特別の決定によるほか鋳造されない。

二　半ギニー、一ポンド・トロイから八九個。価値は一〇シリング六ペンス。

三　一ギニー、価値は二一シリングで、一ポンド・トロイから四四個と一〇シリング六ペンス

［つまり全部で四四個半］。

四　二ギニー、価値は四二シリングで、一ポンド・トロイから二二個と一〇シリング六ペンス

［二二個と四分の一］。

五　五ギニー貨、五ポンド五シリングで、一ポンド・トロイから九個、ただし［九個取ろうとすると］一〇シリング六ペンス分だけ不足する。

試作時に純分が純金二二カラット、合金分が二カラットの一ポンド・トロイの重量の金は四六ポンド一四シリング六ペンスの価値をもつ。これが金の標準となる。

長官は一ポンド・トロイから金貨を鋳造するごとに六シリング六ペンスを得る。ここから彼は公認の貨幣鋳造工（Moneyer）に労賃として一ポンド・トロイごとに三シリング支払う。

金貨が必ずしも正しい標準に従って製作されず、長官が義務を怠り、重量や純分、あるいはその両方で超過や不足によって、金貨がときに強すぎるかあるいは弱すぎることが判明した場合、それが一ポンド・トロイにつき六分の一カラット――それは長官にとっての公差（remedy）［鋳造の際、許容される標準純分・重量からの変差量］と呼ばれる――であれば、その貨幣は良貨として引き渡されることになる。

しかし、義務不履行が六分の一カラットを超える場合、引渡しは停止され、その貨幣は良質ではないものと判断され、新たに溶かされて再鋳造されることになる。それが引き渡し可能な状態に至るまで、経費は長官もちである。

ただし、四分の一ギニー貨だけは別である、というのは、四分の一ギニー貨は、もっと大き

い金貨と同じ正確さで一定の大きさに仕上げることができないので、一ポンド・トロイから試作された貨幣［一七八個］について、四分の一ギニー四個につき半グレーン［〇．〇三二四グラム］がいわゆる重量における公差に加えられるからである。

これらの不足は偶発的に生じたものでなければならず、さもなければ公差とは認められない。

金は国王が親署によって指示する鋳貨に鋳造される。

長官は八種類の銀貨を作る。つまり、

一　クラウン貨、五シリングで、一ポンド・トロイから一二個と二シリング
二　半クラウン貨、二シリング六ペンスで、一ポンド・トロイから二四個と二シリング
三　シリング貨、一二ペンスで、一ポンド・トロイから六二個
四　半シリング貨、六ペンスで、一ポンド・トロイから一二四個
五　グロート貨、四ペンスで、一ポンド・トロイから一八六個
六　半六ペンス貨、三ペンスで、一ポンド・トロイから二四八個
七　半グロート貨、二ペンス、一ポンド・トロイから三七二個
八　ペニー貨、一ポンド・トロイから七四四個

一ポンド・トロイの銀は、三ポンド二シリングであり、試作時の純分は一一オンス二ペニーウェイトで合金部分が一八ペニーウェイト、これがイングランドの貨幣の古くからの正確な標準である。

金貨は国王ジェームズ二世第四年制定法の指示によって作られた刻み目のついた試鋳硬貨の純分に一致するように作られ、標準銀の貨幣はすべて、国王ジョージ二世第一年制定法によっ

て作られたそれぞれの試鋳硬貨の純分に一致するように作られる。この試鋳硬貨は六箇所に残される。すなわち、大蔵省、ロンドン塔の造幣局監事のところ、長官のところ、金匠同業組合会館の館長のところ、スコットランド大蔵省、スコットランド造幣局総監督と他の職員のところ。

長官は一ポンド・トロイを銀貨に鋳造するたびに一シリング四ペンス半を得る。そして、そこから、彼は貨幣鋳造工に一ポンド・トロイごとに八ペンス支払う。

長官は造幣局監事に、造幣局のそれぞれの各職員の報酬と給料分として、年間一四七〇ポンド支払う。

引渡し前の試金で、重量において、あるいは純分において、あるいは両方で、貨幣が強すぎるかもしくは弱すぎると判明したときには、長官側に許されている銀貨における公差は、一オンス＝二〇ペニーウェイトという古い換算方法で、一ポンド・トロイにつき二ペニーウェイトである。そして不足がいわゆる二ペニーウェイトを超過した場合、貨幣の引き渡しは中止され、経費は長官持ちで再鋳造される。

長官は、国王の金や銀の地金に加えて、それが誰であれ他の人物の地金を上述したように鋳造するために受け取って、地金を持参した側に、造幣局に持ち込まれた日付と順番が記され、その地金の重量、純度、価値を証明する証書を交付することが許されている。

造幣局の局長と会計検査官、国王の書記官長、そして書記官は、勘定元帳に、造幣局に持ち込まれるすべての地金を記入する。その記入には、当該の地金の重量、純度、価値、持ち込んだ人物の名前、日付が含まれる。それから、地金は三つの鍵で施錠された収納箱か部屋の中に入れられ、鋳造のために引き渡されるまでそこに置かれる。三つの鍵の一つは造幣局監事、もう一つは長官、三番目の鍵は会計検査官によって保管される。

造幣局監事、会計検査官と国王の書記官は、熔解に関する帳簿をいくつかつけるが、この帳簿は坩堝試金と呼ばれる試金の毎回の報告書とともに、熔解されるすべての金、銀、合金の量と純分を明らかにする。この当該の記録簿はさらに長官に託され、造幣局監事と長官と会計検査官によって、毎月署名され、計算される。

試金監督官は造幣局に持ち込まれるすべての地金を帳簿につける。この帳簿と、一般に坩堝試金と呼ばれる各坩堝の試金に関する報告書によって、そうした地金の量と純分とが明らかになる。この坩堝試金は、持ち込まれた地金のインゴットに対して行われ、坩堝から［熔解物を］流しだした後で、造幣局監事と会計検査官、試金監督官、もしくはこのうちのいずれか二人によって行われる。

前述の標準に近い金や銀が造幣局に偶然持ち込まれた場合、それを前述の標準に適合させるために国王が負担することになる費用に見合う価値で、長官はそれを受け取る。

長官は金貨や銀貨の縁に、時折、彼が都合がよいと思うかぎりで、プリヴィ・マーク［鋳造した造幣局を示す小さな刻印］をつける権限がある。

造幣局監事と会計検査官あるいは彼らの代理人は、試金、熔解、仕上げうちと金貨と銀貨の製造を監督し検分し、秤と分銅が常に修正され、精度が保たれるのを確認する。

熔解の検査官は、熔解されることになる金や銀の重量を、そこに投入される合金部分とともに、帳簿につける。

鋳造された貨幣に問題がない場合、造幣局監事と長官、会計検査官は、それら貨幣の品質検査と、地金の持参者への支払いが済むまで、それらを三つの鍵で施錠された収納箱か部屋の中に入れる。三つの鍵は一つずつ、この三人のそれぞれによって保管される。

品質検査は、引渡しの前に試金監督によって、造幣局監事と長官、会計検査官の立会いのもとで行われる。そして検査が行われている時に、当該の貨幣の一部が、造幣局監事か彼の代理人によって、長官、会計検査官か彼らの代理人の立会いのもとで、箱の中に入れられる。その試金は、ウェストミンスターか他の適切な場所で国王あるいは国王によって指名された枢密院メンバーの面前で行われる。

重量およそ一五ポンド・トロイに相当する金一ジャーニーウェイト［造幣局で一日に生産される鋳貨の総重量を表わす単位］ごとに、二枚抜き出され、その一枚は造幣局の貨幣検査箱用であり、他の一枚は試金に使われる。

重量六〇ポンドの銀貨の一ジャーニーウェイト［六〇ポンド・トロイ］から少なくとも二枚抜き出され、その一枚は貨幣検査箱用に提供され、他の一枚は試金用となる。

それらは造幣局監事、長官、会計検査官の印章で封印され、その貨幣検査箱は、各自がその鍵を保管している三つの錠前で閉められる。貨幣検査箱は前述したように収納箱か部屋の中に置かれ、国王か枢密院が取り決めた時に、十分に用心して開けられる。そして、造幣局監事、長官、会計検査官の面前で、箱の中の金と銀の純度と重量について、火、水、感触、計量などのいずれか、もしくはこれらすべての方法によって、試金が行われ、もしそれらが申し分ないと分かれば、長官は国王とすべての臣民に対してその時まで負っていた義務を果たしたことになり、このとき長官は義務履行の勅許状（Letters Patent of Acquittance）を手数料なしで受領する。この証書はそこに国璽が付されるための十分な保証となる。

もし試金において貨幣が基準を満たさないが上述のような公差の範囲内にある場合、その不足分は造幣局監事と会計検査官もしくは彼らが指名した人物によって、記録される。この件についての真正の弁明が国王に対してなされ、この件で誰かに利益が生じることのないよう、さらに十分な釈明が国王に対してなされることになる。

当該の試金を行う場合に同じ貨幣がいつでも上述の標準通りである――それが望ましいのだが――ということでなくても、標準との差が公差の範囲内であれば、このとき、それは公式記録に記載される、そして当該の試金によって標準を下回る何らかの不足が明らかなとき、長官は費用を負担することによってその職を維持することができる。

上述のような公差の範囲外の、何らかの不足が当該の貨幣に見いだされるとすれば、長官は国王に対し自分の意志で罰金を払い、受け戻すことになる。

造幣局監事、長官、会計検査官は、彼らが望んだときに、国王の払いで、鉄を刻む彫刻師や、鍛冶屋、職工、労働者、そして鉄や貨幣を作り造幣局でのすべての業務をするために必要なものを、彼らが適切だと思うだけ用いることができる。そして、然るべき機会には、彼らが適切だと思う限りで、彼らを罰したり、辞めさせたりする。そして、国王の官吏は誰であれ、彼らがそうするのを手助けする。

長官はロンドン塔に持ち込まれるすべての金や銀を、試金によって基準より良いか悪いか、真の価値が明らかとなった後に、受け取ることを義務付けられている。

そして、長官と商人の間で真の価値について争いが起こった場合には、国王の試金監督官が、造幣局監事、長官、会計検査官の面前で、同じことを試みる。そして長官は試金の結果を受け取り、然るべきやり方で［決着を］任される。

造幣局のすべての職員とその官吏、そして金や銀をロンドン塔に持ち込む人物はすべて、いつでも出入り自由であり、負債や他の事柄ゆえにロンドン塔の職員によって阻止されることはなく、手数料もいらない。

造幣局監事、長官、会計検査官は、毎週水曜日と、彼らが地金の受け取りと鋳造された貨幣の引渡しに指定した日は出勤するよう義務付けられている。

長官は、これまで造幣局の職員に認められてきた一〇四ポンドの飲食物経費の一部として、年五二ポンドを支払う。残りの五二ポンドは国王が支払うが、その支払いは造幣局監事に任せている。

監事は、造幣局監査役の前で毎年会計報告し、これに基づいて、長官と会計検査官と試金監督官もしくは彼らのうち長官と誰か一人の計二名が保証したすべての支払いと受け取りが認められる。監事は会計報告をし、答弁した後で、国璽の付された義務履行の勅許状を手数料なしで受領する。

造幣局の全職員に対して、ロンドン塔の職員のどんな権利も及ばない造幣局内部の建物と敷地の確認がなされる。

彼らに対して、すべての勅許や特権もまた確認される。

貨幣鋳造工、職工、そして造幣局で働くその他のすべての従者は仕事につこうとするとき、監事、長官、会計検査官から、それに反すれば特権を失い投獄されることになる戒めを聞かされる。

長官によって貨幣にするために貨幣鋳造工に引き渡される金と銀は、不純物の入っていない延べ板状態であり、重量単位で引き渡される。貨幣鋳造工は鋳造されたときに同じものを、つまり重量が同じで傷のない相当の硬貨で今度は長官に引き渡す。もし重量の不足がなにもなければ、彼らは毎回引渡しの際の計量で長官を満足させ、その後、長官は彼らに労賃を支払う。

長官は、国王と臣民への誓約を実行するために、大法院で宣誓し、国庫に二〇〇〇ポンドの担保を提供する。

長官は時折、造幣局に金や銀を適切かつ十分に供給し、あらゆる種類の貨幣の完全な支払いと引渡しを適切な迅速さで行うこと、そして貨幣として登録される前に［試作段階で］鋳造の際に公差に応じて生じるあらゆる種類の廃棄分の費用を負担することを誓約する。

監事は造幣局の職員に指定された賃金を支払う。

長官は職責の性格上、彼が受け取る金や銀をすべて造幣局に持ち込み、売却したり譲渡したり他の用途に利用したりすることなく貨幣に鋳造するよう義務付けられている。

ただし、国王が使用するために、あるいは国王の命令により作られるすべての金銀製の治療具、璽、メダルは除く。

監事は、自分が適切だと思うときに、イングランドの貨幣と同じ重さ［と純度］の［貨幣を作るための］二つのパイル［貨幣鋳造機の下側の打ち型］を作るが、それらは、造幣局で合法的に使われるものと等しくなるようにこれ以上ないほど厳密に作られる。それらは、作られる際に、ロンドン塔に運び込まれ、そこで検査され、造幣局職員の面前でバラの王冠とアザミの王冠が刻まれる。それから監事はそれらの一つをスコットランドの造幣局総監督に引き渡し、残りの一つはロンドン塔の監事のもとに残す。

長官は造幣局監査役の前で毎年会計報告をする。会計報告がなされ答弁も申し分なくなされた後に、彼は義務履行の勅許状を手数料なしで受領する。そしてこの正式証書はそれに国璽が付され承認されるための十分な保証となる。

長官はときに、報酬や修理代として職員に支払うのに必要な額や、また造幣局の他の経費を監事に支払う。

長官は、貨幣鋳造促進法に基づいて受け取るお金の中から彼自身や他の職員に支払われるべき報酬や給与用に一二五五ポンドを自分の手元に毎年保有する。

監事、長官、会計検査官と彼らの代理人は、国王の貨幣を円形にしその縁に印字やシボ仕上げ［金属の表面に模様を付ける金属微細加工法の一つ］を施す発明について知ることを許される前に、国家財政委員会の前で、国王やその継承者の指図がなければ、その発明を直接にも間接にも他の誰にも明かさない、と宣誓しなければならない。そして、当該の器械の製作に雇われている職工もまた、造幣局の監事の前で宣誓しなければならない。

監督官（Provost）と貨幣鋳造工、そして彼らの徒弟や召使は、それら貨幣が造幣局の通例の流れに従って引き渡されるまで、鋳造された貨幣の一枚たりとも売買したり配ったりしてはならないと厳格に命じられ、違反した場合は特権を失い、投獄される。

そして、監事と長官と会計検査官の是認なしには誰も造幣局内に住んではならない。

会計検査官は財務裁判所判事の一人の前で宣誓して、「会計検査官の役割」と呼ばれている役割を述べる。この役割には、金銀のすべての地金、［合金のため］熔解された卑金属、造幣局で毎月鋳造される金貨と銀貨に関する報告が含まれている。

そして長官またはその代理人は、何枚かの金貨や銀貨を仕上げ押しする前に、丸く成形し、その縁に印字やシボ仕上げをするのに雇われる職工、そして硬貨を切断し、平らにし、丸く成形し、仕上げ押しするためや、貨幣の縁に印字やシボ仕上げするためのあらゆるローラーや器具の手入れ、さらには他のすべての道具や動力装置や器具の手入れのために雇われる職工に支払いをする。大蔵省の定める職工への手当ては、金貨については一ポンド・トロイにつき六ペンス未満で、銀貨については一ポンド・トロイにつき一ペニー半である。

長官は監督官と貨幣鋳造工組合に、彼らに与えられる八ペンスという通常の価格に加えて、鋳造されるすべての銀貨について、一ポンド・トロイあたりの［鋳造される］個数に応じて一ペニーを支払う。

貨幣鋳造工が彼らに引き渡された金や銀を加工に適した不純物のないインゴットで持っていて、彼らが、貨幣でそのインゴットの一二分の七を引き渡すとすれば、打ち抜きくずが一二分の五だけ残る。

鉄製器具担当官は、造幣局の彫物師長か他の彫物師達に引き渡される、金貨や銀貨を鋳造するための、まだ彫刻されてないすべての打ち型について、事実どおりに記録簿につける。そして、その彫物師長やほかの彫物師によって彫られ刻印されるすべての打ち型や、刻み込みのあとで使用に適するように硬化処理が施されるすべての打ち型についても同様である。

彫物師もしくは彫物師達は、毎月、鉄製器具担当官のところに戻ってくるよう厳格に命じられていて、折々壊れたり磨耗したりしたすべての打ち型は、造幣局監事、長官、会計検査官の面前で、すり消される。

鉄製器具担当官は、造幣局監事、長官、会計検査官たちに、未彫刻のどの打ち型が彫物師達に渡され、彼らによって刻み込まれ、あるいは鍛冶屋によって硬化処理させられたかについて、さらには、破損したどの打ち型が彫物師によって返却され、すり消されたか、そして何が手元に残っているかについて、報告するよう命じられている。

彫物師達は、造幣局監事、長官、会計検査官によって指定された造幣局のような場所以外では、穴あけ器、打ち型母型、打ち型を作ることはない。

金貨や銀貨のより正確な仕上げ押しが圧延機や貨幣鋳造機でなされるために、金貨と銀貨それぞれの平衡錘を、以下のような割合に従って正確な重量よりも軽くするよう命じられる。

クラウン貨の平衡錘から二グレイン差し引く
半クラウン貨からは一グレイン。
シリング貨からは半グレイン。
六ペンス貨からは四分の一グレイン。
五ギニー貨からは二グレイン。
四二シリング貨からは一グレイン。
ギニー貨からは半グレイン。
半ギニー貨からは四分の一グレイン。

四分の一ギニー貨からは八分の一グレイン。

監督官と貨幣鋳造工、そして彼らの徒弟は、長官が指定する仕方で、朝と晩に伺候しなければならない。この義務に違反した場合、造幣局監事、長官、会計検査官が適当だと思う範囲で、解雇されるかもしくは罰せられることになる。

これらの契約はもっぱら国王が望むかぎり効力を有する。

監事によって支払われる報酬と給与

監事自身に	……四〇〇ポンド
さらに書記に	……五〇ポンド
会計検査員に	……三〇〇ポンド
さらに書記に	……五〇ポンド
国王の試金監督官に	……二〇〇ポンド
さらに書記に	……二五ポンド
重量検査および計算係に	……一三〇ポンド
さらに書記に	……一二ポンド一〇シリング
熔解検査官に	……八〇ポンド
さらに書記に	……一二ポンド一〇シリング
鉄製器具担当官に	……四〇ポンド

造幣局監査役に……四〇ポンド
国王の書記官長に……六〇ポンド
造幣局門番に……二五ポンド
文書担当書記官に……四〇ポンド
従者に……四ポンド
塔管理人に……一ポンド
計　一四七〇ポンド

長官（Master-worker）によって支払われる報酬と給与

長官自身に……五〇〇ポンド
　事務官三名に……一五〇ポンド
試金係一名に……六〇ポンド
御用達（Purveyor）に……二五ポンド
貨幣鋳造工監督官に……一〇〇ポンド
彫物師長に……二〇〇ポンド
次席彫物師に……八〇ポンド
彫物師のアシスタント鍛冶屋に……四〇ポンド
監事のもう一名の事務官に……一〇〇ポンド
計……一二五五ポンド

 ……二七二五ポンド

以上が造幣局の職員達の恒常的な報酬と給与である。読者は、上述の契約証書の要約から、貨幣鋳造の他の全支出（建物、事務所、用具を備え、維持する経費は除く）は、鋳造される金貨銀貨の量次第であることが分かるだろう。それら支出がいかなるものであっても、それらの支出は、交易が鋳貨を有することから受け取る便宜と利益によって十分に相殺される。このことは、あらゆる層の人々によって容易に理解され、計算貨幣に反映されている。

アイルランドは、おそらくヨーロッパにおいて造幣局の便益をもたない唯一の商業国である。この国で流通している金貨銀貨は、様々な国から来た鋳貨であり、それらの大部分の名目価値は換算表によって見出されなければならない。このことは、貨幣の両替・取引業を生じさせるほどに混乱をもたらしている。貨幣の両替・取引業はそれらの複雑さを理解しそれを利用しているにすぎないのである。これと同時に、ほかの国民は誰もが、商業国では不可欠の自由な貨幣流通が欠如しているゆえに苦労しているのである。

アイルランドが造幣局を持つことがイングランドの利益を妨げるか、もしくは造幣局のための支出がアイルランドが引き受けられないほど莫大であると仮定するのでなければ、アイルランドが造幣局をもつことに異議を申し立てるのは不可能である。

もし第一の仮定に立って異議が申し立てられるとすれば、それは考えの浅い、根拠のないものに思われる。

アイルランドに以前は造幣局があったことは、多くの信頼できる証拠から明らかであり、それはここで言及するまでもない。このことはイングランド議会制定法によって証明されていると述べるだけで十分だろう。この議会制定法によって、時にはアイルランド鋳貨の輸入が許可され、時には禁止されたのである。それゆえ、イングランドの国王が貨幣鋳造税によって利益を得ていたときは、アイルランド人に造幣局の便益を許すことはイングランドの利益に反するとは思われてはいなかったのである。したがって、貨幣鋳造のための経費が公衆によって負担され、鋳造によるいかなる利益も国王の金庫には入らないとき、アイルランドの造幣局が今日、イングランドの利益を妨げるとは考えられない。他方、アイルランドに造幣局が存在することがイングランドの利益になることは全くもって明らかである。というのは、その場合、アイルランド人はイングランド鋳貨を持ち込む必要がなくなるからである。イングランドで制定された厳格な法律がイングランド鋳貨の輸出を禁止しているにもかかわらず、現在のところ、アイルランド人は持ち込むことを余儀なくされているのである。

なるほど、アイルランドに造幣局を設立することが一部の私的な利益に影響を及ぼすかもしれない。例えば、イングランドの造幣局の職員や貨幣鋳造工は、イングランドが出費するにせよ、アイルランドで使われるための貨幣を鋳造することによって、アイルランドの出費でアイルランドに貨幣を鋳造させるよりも大きな利益を得ることがある。貨幣をより多く鋳造すればするほど、彼らの儲けは多くなる。そして、もし彼らが一度アイルランド向けの貨幣鋳造から生じる利益を経験すれば、彼らはその鋳造の権利を主張するであろうと考えるのは自然なことである。

私的な利益によって、われわれの見解はしばしば揺らいでしまう。イングランドの造幣局の責任者が、近頃、王国全体の利益として、地金の輸出は禁止され、鋳貨の輸出は許可されるべきだと提案したといわれている。地金と鋳貨の両方を輸出する自由は、道理に適っているし、その王国の一般的利益でもあるにせよ、鋳貨のみにこのような特別扱いを許すことは、公共善というよりはむしろ私的利益を助長することになる。

アイルランドに造幣局を設けることはイングランドを害するという理由でそれに反対するほかの意見はなんであれ、同じように、個人的な理由によるものだということが分かる。そのような個人的理由は、アイルランドの繁栄やあらゆる交易部門におけるその改善――それはイングランド自身の直接的利益を損なうものではない――によってイングランドが手に入れる一般的な利益に常に譲歩すべきである。

造幣局への支出が、アイルランドが引き受けられないほど莫大だというという仮定から生じる他の異議に関しては、前述の契約証書の要約から、イングランド造幣局の職員の給与は一年につき二七二五ポンドを超えないことが明らかである。そうであるなら、アイルランドの造幣局で必要になる職員はイングランドの場合よりももっと少なく、彼らの給与ももっと少なくなること、そして他の支出もイングランドで必要な支出よりずっと少ないと考えられる。その場合、アイルランドの利益となる何らかの交易に関わるあらゆる階層の人々を困らせている［換算の］複雑さから完全に解放され、きちんと調整された鋳貨を持つことから生じる便益を比較するとき、造幣局への支出が過大であると考えられはしないであろう。

さらに次のこともつけ加えられるだろう。どのようなものであれ給与と報酬は、それらが王国に住んでいる人々に支払われる場合――造幣局に必要な職員は全員そうすることを義務づけられている――には、その分はアイルランドにとって損失であるとみなされるべきではない、ということである。

アイルランドが、その国内で流通している鋳貨の錯綜した状態によって味わっている不便さを幾つか指摘するには、この場であまりに多くの紙面を取ることになるので、おそらく不可能だろう。それら不便さの多くは長い間続いてきたものであり、また新たな不便さが日々生じている。この害悪を効果的に取り除ける唯一の改善策が造幣局なのである。一国がそれを手に入れるのに費用がかかるからという理由で、公的利益が無視されることがあってはならない。良き経済がそうした支出を抑えるために機能する可能性は十分にあるし、これが望みうることのすべてである。

第一四章

(1) 強い貨幣と弱い貨幣は、先の章に記した契約証書の抜粋に示されているように、重量や純分、もしくはその両方における過多や不足によって生じる。

また、同一量の金や銀の名目価値が上がった場合、鋳貨は弱くなり、他方、それらの名目価値が下がった場合、鋳貨は強くなると言われている。

第一五章

(1) 一マルク銀は鋳造時に三六一リーブル一〇ソルで流通したので、[持ち込んだ地金を鋳造してもらうときの] 鋳造税は一マルクあたり一リーブル一〇ソルであったと思われる。

第一六章

（1）貨幣券。これらの証券（note）は一七〇〇年、全面的な貨幣改鋳が行われたときにフランスで最初に使用された。

新しい鋳貨は、パリの造幣局や両替商に持ち込まれる古い鋳貨や地金に見合う分だけ現金を支払うことができるほど迅速に鋳造されなかったので、局長と両替商らは、その代わりに証券を渡した。これらの証券はその後、国王がその貨幣を自分自身の用途のために使ったので、国家債務となった。一七〇三年には、それに八パーセントの利子をつけるよう命ぜられた。

これらの証券の量が過度に大きくない間は、国家は証券に利点を見出した。商業はそれで損害を受けることなく、商取引においてどんなに必要に思われても、現金ではほとんど得られない便益を手に入れた。しかし、それらの証券は、その後の鋳貨の改変においてあまりに大量に発行されたことによって、まもなく不信用に陥った。

（2）フランスでは、この種の裁判所は、国王からの特別な指示によって、徴税請負人や国王財産の取り扱いや管理をする人物が手に入れた過度の収益について調査するために、頻繁に設けられてきた。

（3）この銀行についての説明は本章末の注にみられる（注A）。

注（A）〈フランス銀行について〉

フランス銀行は、ジョン・ローが立てた計画に基づいて設立された。彼は当初、それは王立銀行と称され、資本金が国王によって提供され、国王の名において、彼の権威の下に運営されるべきだと提案した。

この計画は、財務顧問会議で慎重に検討され承認された。その会議には、数人の銀行家と卸売商、パリ在住の商業都市からの代表者が召集されていて、会議は、国王の名の下ではなく、ロー氏と、彼と一緒に資本金を拠出する人々の名と管理の下でその計画が実行に移されるべきだと決議した。この結果、それは一般銀行と呼ばれた。

この銀行を設立するために授与された特許状の日付は一七一六年五月二日である。別の特許が同月の二〇日に授与された。これによって、その銀行の経営において遵守されるべき形態、条件、規約が定められた。

資本金は六〇〇万リーブルで、一二〇〇株に分けられた。一株は一〇〇〇バンク・エキュで、一バンク・エキュは五リーブルであった。

この銀行は契約を結び、帳簿をつけ、バンク・エキュという名前で、エキュ建てで銀行券（Notes）を発行する権能を与えられた。このことは、銀行券を発行し、あるいはその契約を結ぶとき、貨幣についてエキュ貨の重量と純度［を保証すること］を意味する。

この銀行はそこに預金する人のお金の受け渡し、口座間の振替、現金での支払いを行うことができた。そして、取引額一〇〇〇バンク・エキュごとに銀行貨幣で五ソルの手数料を受け取ることになっていた。また手形割引の権能も与えられていた。

約束手形の発行は認可されていなかったが、一般銀行券の持参人に一覧払いをすることができた。利子付きで貨幣を借りたり、商取引に関与したり、海上の船舶や商品への保険を請負ったりすることは、認可されていなかった。

それらの特許の中に含まれている他の諸規制を挙げて読者を煩わせる必要はない。それらはみなこの銀行業務の運営のため、また詐欺や濫用を防止できるようにするために、綿密に考え出されたものである。また、この銀行の評議会には銀行の業務運営に関する更なる諸規制を作る権能も与えられていた。

一般銀行は以上のように設立され、その銀行券はある程度の評判を獲得した。一般銀行券の信用を高めるために、一七一七年四月一〇日に顧問会議の法令が出され、これに基づいて国王は以下のように命じた。すなわち、租税のあらゆる支払いにおいて一般銀行券が現金として受領されること、一般銀行券の受取りや管理を委託されている者［地方財務官や徴税関係者］は、提示された一般銀行券と交換で［同じ額の］現金を支払うべきこと、そして彼らに差し出された一般銀行券に支払った後で手元に残っている余分の貨幣は別として、正貨や何らかの送金手段によってパリに貨幣を送金してはならないこと。

このように運営された一般銀行は、次第に信頼を得るようになった。この結果、国王はこの銀行を自分の手中に収め、ロー氏の最初の提案のように、彼自身の名において、彼の権威の下に運営させようと決心した。

このようなわけで、一七一八年一二月四日に布告が出され、国王は、一般銀行の株主達が保有している株を払い戻した後に、王立銀行の名で銀行を継続し、今後は国王の名と権威の下で経営がなされるようにする旨、決定したと宣言した。

こうして王立銀行が設立され、唯一の命令権者である摂政の管理の下に、一七一九年一月一日に業務を開始した。

パリに設立された本店の他に、リヨン市を除いて造幣局のある他のフランスの各都市に指定された支店が存在した。支店が設けられたのは、銀行券の一覧払いにいっそう迅速に応じるため、また銀行券を使う機会のある人々にそれを提供するためである。

他のいくつかの変更がその後の法令でなされた。銀行券は［実体価値のエキュ建てでなく計算貨幣の］リーブル・トゥルノアで支払い可能になった。そして貨幣の法定価値の引き下げが行われたとしてもその影響を受けない旨、告知された。王立銀行券は当初は三種類あった。すなわち、一〇〇〇リーブル、一〇〇リーブル、一〇リーブルである。その後、もう一種類、一万リーブルが追加された。

この銀行の開始時から一七一九年末までに発行された銀行券は総額一〇億リーブルに達する。国王は一七一九年一二月の法令で、銀行券は、［それによって］償われるべく持ち込まれた貨幣と交換に与えるのに必要な分を除いて、これ以上は発行されないと宣言した。

新しい鋳貨の鋳造や貨幣の［法定価値の］引き上げや引き下げによって生じた変動に関する個別的説明で読者を煩わせる必要はない。これらの変動は難しい諸問題を引き起こした。債権者は銀行券で負債の支払いを要求することを認められた。鋳貨のこのような混乱によって上昇すると思われた銀行券の価値は、通用貨幣を五パーセント上回る水準に決められた。

既に述べたように（第六章注（8））、王立銀行は一七二〇年二月にインド会社に統合された。だが、王立銀行の名は存続した。

この統合の後、新たな、いっそう驚くべき改変が鋳貨に対して行われた。実に、契約を結ぶ際に貨幣の使用を廃止し、その代わりに銀行券を用いることができると考えられたのである。この目的のために顧問会議の法令が出され、銀行券は二六億九六四〇万リーブルに増大した。

一七二〇年五月二一日に一つの法令が公布され、これによって、銀行券は同年一二月一日まで毎月の引き下げによってその価値を減じ、一二月一日までにその本来の価値を半分にすることが命じられた。これは、鋳貨の［法定価値の］引き下げと足並みを揃えるという理由で行われた。だが、これはいたるところに驚愕と混乱を引き起こしたので、同月二七日には、銀行券の価値の引き下げを認めた先の法令を撤回して別の法令を可決し、銀行券を以前の条件に戻すべく努めることが適切であると考えられた。［だが］王立銀行への信用を高めることは、結局、無駄な努力となった。なぜなら、公衆の信頼は打ち壊されてしまったので、信頼を回復しようと期待しても無駄であり、取ることができる唯一の道は、貨幣の使用に戻ることだったのである。

このようなわけで、一七二〇年一〇月一〇日、一二月一日から銀行券の使用を完全に禁じる法令が公布された。

この法令が述べるところによれば、銀行券は総額二六億九六四〇万リーブルに達し、このことは以下のような国王への報告書によって明らかとなった。

市庁舎で焼却された銀行券の総額	七億七三二万七四六〇リーブル
前回の法令に従い年金購入のために国庫に支払われた額	五億三〇〇〇万リーブル
前回の法令に従い銀行勘定を開設するために銀行に持ち込まれた総額	二億リーブル

銀行によってインド会社と造幣局に弁済された額　九〇〇〇万リーブル
市中流通にまだ残っている額　一一億六九〇七万二五四〇リーブル
総計　一二六億九六四〇万リーブル

銀行勘定［通用が禁止された銀行券を銀行勘定として吸収しようとする新会計制度］は、銀行の信用と取引を保つための計画だった。この目的のために六億リーブル［の銀行券］が持ち込まれ、アムステルダム銀行での業務に倣い、［銀行券の銀行勘定への］振替を通じて、パリとフランスの諸地方で債務の支払いが行われるものと期待された。しかし、そうした振替を行うために定められた方式に非常に多くの問題があることが日々明らかとなったので、また民衆は公的信用に大いに疑いを抱いていたので、この銀行勘定［制度］は一七二〇年一二月二六日の法令によって廃止された。

市中流通に残された銀行券や、銀行勘定に持ち込まれた貨幣総額を弁済するために、いくつかの方法が指示された。様々なラントや年金がパリ市役所や諸地方の諸税に設定された。銀行券の一部は、所有者が鋳造用の一定量の金や銀を銀行券とともに持ち込んだ場合、造幣局で弁済された。そして残りの銀行券は、インド会社の株券購入に使うことが許された。もしくは、銀行券の所有者は、国王が支払いを確約した、彼らの貨幣に対する利子を受け取ることのできる年金受領者と見なされた。

このようにして、フランス銀行は終焉を迎えた。慎慮と中庸をもって運営されていた時期にはこの銀行は大いなる信頼を得ていたように思える。本書の著者が評しているように、それは真の信用だったのであり、公私に渡る利点を生み出した。国王の収入はこの手段によって易々と王国全土から送られた、しかも商取引に不可欠の貨幣を諸地方から枯渇させることもなかったのである。高利貸しはこれによって消滅し、商人、製造業者、勤勉な貿易商人はそれぞれの商いを営むための貨幣を与えられたのである。このような、また他の多くの利点は、理にかなった基礎の上に設立され、慎慮をもって運営されている信用から自ずと生ずるものである。だが、その銀行が国王の手中に収められたとき、恣意的な権力が力ずくで信用を手に入れるために用いられたとき、公衆の信頼が損なわれたとき、この偉大な建造物が崩壊したとしても驚くべきことではない。

この例からわれわれは、信用はきわめて微妙な性質を有するから、何であれ力ずくではうまくいかないことを学ぶだろう。そしてまた、賢明な規則と運営の下にある銀行は商業の共通の尺度を増やす重要な手段であるから、あらゆる商業国にそれが設立されることはとても有用であることが分るだろう。

（4） こうした手形の種類については、第二章の注（31）で借入金庫について述べたときに示した。

（5） こうした債券もしくは証券に関して、第二章の注（31）で借入金庫について述べたなかで触れている。また、インド会社について述べた第六章末注（8）でも触れている。

それらは国家証券と呼ばれるが、その理由は、国王が国家の歳入からそれらの証券に支払う義務を負ったからである。これに対し、以前の証券は、国家の様々な必要に応じるために供給される［必要のある］貨幣額だけ発行されたにしても、私人が発行したものにすぎなかったのである。

第一八章

（1）これは硬貨の一つで一二ドゥニエで流通した。

（2）銀と銅の合金で〔銀の〕純度は六ドゥニエ以下。第一二章（＊2）を参照せよ。

（3）つまり、同じ重量と純分の貨幣である。フランスの一般銀行が後に発行する銀行券のようなもの。第一六章注（3）を参照せよ。

（4）パリジとはかつてパリで鋳造された実体貨幣であり、同時代にトゥルノアがトゥールで鋳造されていた。パリジはトゥルノアよりも四分の一強い、つまりより価値があった。〔例えば、五リーブル・トゥルノアは四リーブル・パリジ、一〇ソル・トゥルノアは八ソル・パリジに等しい。〕

リーブル・パリジとリーブル・トゥルノアは現在、計算貨幣である。それらはそれぞれ、二〇ソルに分割され、一ソルは一二ドゥニエに分割される。ただし、リーブル・パリジは二五ソル・トゥルノアである。フランスでは勘定をつける際と契約を結ぶ際に、また外国との為替は現在では一般的にリーブル・トゥルノアが使われている。

（5）**Le Balancier** とは、造幣プレス機のことである。これは硬貨やメダルを鋳造するために造幣局で使われている動力装置である。

造幣プレス機の部品は、プレス機本体、フライ、ビーム、二つの平板、二つの箱、そしてバネである。プレス機の本体は鉄製で、これを使った作業で行使される莫大な力に耐えるよう非常に頑丈でどっしりしている。それは木材の大きなブロックに固定されている。

フライは、水平にプレス機の上を動く。それは鉄の長い棒で、両端に鉛の重りが詰められている。これは機械の中央部に固定されているねじを回す際に機械により大きな力を与えるためである。

ねじは鉄製で、この動力装置の上部にある真鍮の箱あるいはナットにウォーム歯車で接合されている。ねじの下にはビームとも金床（かなとこ Anvil）とも呼ばれる鉄製の部品があり、それを垂直に保つ役割をしている二枚の平板［スライド］を貫通しているが、ねじはこのビームに圧力を加える。刻印されるメダルや貨幣の打ち型の一方は、［別の］ねじによってビームの端にある一種の箱のなかに固定される。そして他方の打ち型は直接にその下のプレス機の下部に固定された箱の中に置かれる。

バネは、刻印がなされるときに、ビームとねじを持ち上げるようにして据え付けられる。貨幣が鋳造されるとき、下の箱の中に未刻片が置かれ、それからフライが回転し、それによってねじがビームに圧力を加える。そして、二つの打ち型の間にある金属は両面に刻印されるのである。

貨幣鋳造にこの造幣プレス機が使われる前は、硬貨の刻印は、ハンマーの力で行われていた。これは、平たい打ち型の一つをこの目的のために準備された堅固なベンチの上に置いて行われた。貨幣鋳造工は金属片をその上に置き、金属片から八インチほど離れてもう一つの打ち型を手に持ち、その金属片にもう一方の手に握った鉄の鎚で数回打ち込みを加えた。

（6） Le Coupoir とは地金切断機のことである。これは、当然ながら円形で鋭利で窪みのある十分な硬度を持った鉄の器具で、金属板を未刻片に、つまり刻印される前の硬貨やメダルと同じ大きさの断片に切断する穴あけ器の形状をしている。もっとも、この名称は、地金切断機を金属板に押しあてるために使用される動力装置全体に対してつけられている。

この動力装置の中には、ビーム、つまり二枚の鉄板と直角に交わって貫通している鉄の部品がある。ビームの頂点はねじになっていて、この動力装置の上部にあるナットにウォーム歯車によって接合されている。地金切断機はビームの底に固定されている。そして、その真下にはもう一枚の平板がある。

この平板の中央には、未刻片の切断されるべき大きさと同じ寸法の穴が開いている。窪みのある部品の上に金属板が置かれ、ハンドルの助けによって地金切断機［打ち抜き器］がその上に圧しあてられる。そして、未刻片が切り取られた後に金属の断片が残るが、これは打ち抜きくず（scissel）と呼ばれる。

造幣局でこの動力装置が利用される以前は、貨幣鋳造工は金属版を断片に切断し、それから角を剪断し、小さな鎚で円形にした。

（7）Le Laminoir とは圧延機のことである。これは造幣局で金属の板を平らにし、その板の厚さを鋳造される貨幣と同じ厚さにするために使用されている。

この動力装置には、異なった寸法の二対の鉄のローラーつまり回転胴が入っている。大きいほうの一対のローラーは、金属板が鋳型から運び込まれた際に、平らにするために使用される。他の一対は金属板を正確に一定の厚さにするためのものである。

それぞれ対になった回転胴は、ねじによって、職工が適切だと判断するのに従って、近づいたり一定の距離を保ったりするよう操作される。回転胴は車輪によって回転し、この車輪は馬の牽引によって始動する。

この動力装置が利用される以前は、貨幣鋳造工は、金属の板を頻繁に火の中で熱し、金床の上でそれらを鎚で打つことで、金属の板を適切な厚さにしなければならなかった。

（8）最初のルイ金貨は一六四〇年に国王ルイ一三世の命令によって鋳造された。

（9）圧延機、地金切断機、造幣プレス機の助けによって、鎚によるよりも、より高い完成度でより短時間に、より費用をかけずに硬貨が鋳造されることは明らかである。また、硬貨に大いなる美しさを加え、貨幣の淵を切り落とす盗削の手口に対する安全策ともなる別の手段もある。これは硬貨の縁に文字を刻んだりギザギザのシボ仕上げをしたりする発明であり、契約証書の中［第一三章（注A）］で言及されている。

ロンドン塔の職員と職人はこの発明を他に洩らさないと宣誓させられているので、われわれはそれについて何か知っているとはとてもいえない。しかし、フランスでは同じような秘密は守られないので、その国で利用されている発明について述べることは許されるだろう。

それは定規の形状に作られた二つの鉄の平板から出来ている。その厚さは鋳貨に比例する。文字やギザギザのシボは定規の内側のエッジ上に刻まれている。二つのうちの一つの上に半分、もう一つの上にもう半分が刻まれている。定規の一つはねじと一緒に銅板に固定されている。この板もまた非常に厚い木材のテーブルもしくはベンチに固定されている。もう一つの定規は可動式であり、止めピンによって回転する鉄の小さな車輪によって銅の板に沿ってスライドする。

これらの二つの定規の間に水平に、刻印を押す前の金属片が置かれ、それはスライドする定規の動きによって引っ張られる。この結果、半回転で、完全に文字やシボが刻印される。

これは硬貨が造幣プレス機に運ばれる前に行われ、硬貨に美しさと安全を与える。これは鎚で打ち出される貨幣にはなかったものである。

(10)　諸国間での交易では、鋳貨の実質価値が主に重視されることは確かである。つまり、金属の重量と純度である。というのは、交易では、金と銀は一般的評価を有し、もっぱら貸借の精算に利用される商品として見なされるからである。したがって、鋳貨は他の外国商品の捌け口がないとき以外には、国内へ持ち込まれることは決してなく、一般に商人の個人的利益からすれば、それは彼が扱いうる最悪の商品である。鋳貨は、彼がそれを持ち込む国でそれに与えられる名目価値によってそれが以前よりも多くの商品を購入することができる場合にかぎって、彼にとって価値あるものとなるにすぎない。鋳貨の名目価値は各国の個別の事情に対応している。この点をなによりも考慮しなければならない。国内の状況が良好であるときには、その状況が外国貿易や取引に強い影響を与えるだろう。

貨幣の名目価値は、個々の国家における土地、労働、その他すべてのものの共通尺度である。人々にとってこの共通の尺度を手に入れるのが容易になるほど、お互いに取引を行い、社会の諸機能を果たすことがいっそう可能となる。この当然の成り行きとして、商業国に金や銀がもたらされる。

(11) ユトレヒト講和条約が締結された頃に出版され、現在『ブリテンの商人』〔*The British Merchant a collection of papers relating to the Trade and Commerce of Great Britain and Ireland*〕という表題で再版されている諸論説を書いた人々の、フランスの鋳貨の価値の引き上げに関する見解をここに載せても、不適切ではないだろう。

「現在、フランスのクラウン貨〔エキュ貨〕は、イングランドのクラウン貨とちょうど同じだけの質の良さと内在価値をもっている(と言われている)。それはフランスでは五リーブルで通用し、一リーブルは二〇ソルで通用している。したがって、一クラウン貨はフランスでは一〇〇ソルつまり一〇〇ペンスで通用する。

われわれのクラウン貨は五シリングで通用し、一シリングは一二ペンスなので、われわれのクラウン貨はイングランドでは六〇ペンスで通用する。

〔スペイン継承〕戦争前は、私が一リーブルの値段の商品をフランスで買えば、フランスで取引をした人なら誰でも知っているように、私はそれに一八ペンス払った。私が今同じ品物をフランスで一リーブルで買えば、それに一シリングだけ払うことになる。このようにして、すべてのフランスの製品がわれわれにとってとても安くなるので、それらの輸入に対する関税が程々にすぎない場合、直ぐにフランスの商品によって圧倒されることになるだろう。というのは、フランスの労働者は彼らの日雇い仕事の日銭あるいは賃金として以前と同じだけのソルつまり［換算すれば］ペンスを受け取っているので、彼らは布や紙やリネンを以前と同額のソルで売るからである。それゆえ、以前に私が一エル［一・一四メートル］のリネンを一リーブルで買えば、一八ペンスかかったが、今、同じリネン一エルを同じく一リーブルで買えば、一シリングだけしかかからない。

反対に、戦争前は、フランス人がなにかわれわれの物を買った場合、それが一ポンド・スターリングだとすると、彼らはそれに一三リーブルしか払わなかった。ところが、今、彼らが同じ物を一ポンド・スターリングで買うとすると、彼らは二〇リーブル支払う。このことによって、われわれのあらゆる商品が彼らにとっては非常に高価になるので、彼らがわれわれから何かを買っていくことは、彼らが絶対に必要とするもの以外、ほとんど不可能になる」。

(12)　これは実に有害であり、あらゆる国で改められねばならない。アイルランドではこの不釣合いは長期間に及んだ。最近になってこの王国の通貨の名目価値の変更がなされたが、それを実施した人々の良き意図に答える結果になるように、われわれは切に願っている。

(13)　著者は鋳貨の名目価値を引き上げる必要があるただ一つの場合を述べているが、おそらくそれはフランスで起こりうる唯一の場合であろう。著者が本書の他の場所で述べているように、フランスはあらゆる国との通商によって利益を上げている。フランスにはその富を流出させる不在地主はほとんど存在せず、旅行者や兵士や聖職者などによって何が国外に持ち出されようとも、フランス人の賑やかさやそこに人々を引きつける沢山の魅力につられてフランスに引き寄せられる多くの外国人によって十二分に補われる。

進歩の初期段階に過ぎない諸国は、賢明な管理という支えが必要であろう。重い税は国民にとって非常に有害だが、一般的に言って、国民にとっては、不在地主によって持ち去られる貨幣の総額を支払うよりも税を支払うほうが容易なのである。不在地主によって貨幣が持ち去られるのは、間違った管理のなされた交易が外国人に交易の差額を支払うために貨幣を流出させるのと同じである。税として徴収される貨幣は一般にその税が支払われる国の中で使われ、大抵の場合、産業や倹約を促進する。不在地主への支払いと国家に不利な交易バランスは常に有害である。それらはどんなよい結果をももたらすことができず、国家の貧困化を助長するだけではなく他国を富ませる助けをするという意味でも有害なのである。

第二〇章

(1) この点に鑑みて、他の諸国は自分の国とフランスとの交易の状況を考究すべきである。アイルランドとフランスの交易バランスがアイルランドに非常に不利なのは確かである。このことは貸借勘定の最下部［の合計欄］を見さえすれば分かるが、貸借勘定の諸項目に目を向けるとき、アイルランドの不利はいっそう大きいことが分かるであろう。アイルランドからフランスに持ち出されるすべての商品は人間の生活に必要な食料か製造業の原料である。他方、フランスから持ち込まれる商品は、奢侈を満足させる類のものであり、塩を除けば、アイルランドの民衆に決して不可欠なものではない。塩は、他の諸国からも入手可能であり、アイルランドから輸出される大量の牛肉、バター、生皮を保存処理するのに必要であり、漁業に着手することになればそれにも必要なものである。しかし、フランスはアイルランドとの交易の管理に非常に用心深いので、牛肉が絶対的に必要であると思われるフランスの植民地に送るためにアイルランド産の牛肉をフランスに持ち込むことは許可されるとしても、それら牛肉をフランスで消費することやフランスの船に食料として積み込んで消費することは禁止されている。アイルランドからのバターの輸入は、オランダと同じ資格で常時許可されているわけではない。よく知られているように、オランダとの取引は自由であるのに、アイルランドからの魚の輸入は、多くの条項や事情により禁じられている。アイルランドの人々はこの交易部門を好む理由をほとんどもたないが、彼らはこの部門をもっと有益なものする大きな潜在力をもっている。

(2) フランスの法律、そしておそらくアイルランドを除くすべての商業国の法律は、不可避の出来事によって債務の支払いが不能となった商人と、債権者から故意に詐取する破産者とを区別している。この問題をそれに相応しいほどに十分に論じるには、もっと多くの紙幅が必要であろう。これはあらゆる商業国にとって極めて重要な問題である。なぜなら、著者が述べているように、詐欺的破産は交易の災いだからである。著者は治政のこの部門におけるフランスの法律を賞賛しているので、その抜粋を章末に載せておこう（注A）。ここでは読者に［ヤン・］デ・ウィットの見解を紹介しよう。彼は不運な商人と詐欺的破産者は別様に取り扱われるべきだと考えている。

（彼は次のように考えている。）「一方でわれわれは、これらの逃亡者と（詐欺的破産者を意味する）下劣で値打ちのないペテン師を、なんとしてでもその土地から締め出すか、もしくは追跡して撲滅すべき、蜜蜂のなかの放浪し盗みをはたらくオス蜂にたとえるべきであるとすれば、他方で、われわれは、先見の明のなさゆえ、あるいは他人の不正や破産、海上での嵐、災難、略奪や戦争ゆえに、自分自身の財産や他者との分け前を失い、その負債を支払えなくなったすべてのまっとうな商人に目を向けるべきである。私が考えるに、われわれは同情心をもって彼らを有益な蜂とみなし、次のことを彼らに言明しかつ約束すべきである。みずからの損失を公にし、正義を求めて一歩も退かない人々は、最初に交易を始めたときに持っていた資金の一〇分の一を自分自身の用途に充てるために蓄えて保持しておくべきこと、そして彼らはその高潔さの正当な報いとして、また不運にあっての慰めとして、大きな分け前や他の贈り物を享受していたとしても、以前の債権者に煩わされることなく彼らの子供たちともどもその良き名声をとどめることができること、以上である。しかし、有害な盗人とその子ども達と、大いに哀れむべき不運な敗者との間に処罰や汚名において違いがないと考えるならば、さもなければまっとうであったはずの多くの人々に、当然ながら、まっとうな道を踏み外させ、間違った進路を歩ませることになる。というのは、機会が盗人を一人生み出すとすれば、必要はますます多くの盗人を生み出すからである」。

注（A）〈一般に『商人法典』（Code Marchand）と呼ばれる一六七三年三月に国王ルイ一四世によってフランスで作られた法令の一部の抜粋〉

一一章　破産について

第一条

破産は、債務者が失踪した日もしくは彼の商品が差し押さえられた日から、公的にそのようにみなされる。

第二条

すべての破産者は、彼らの債権者に、彼らが所有しているもの、もしくは借りているものすべてについて、彼らによって署名捺印された文書で報告しなければならない。

第三条

破産者となったすべての銀行家、商人、卸売商は、同様に、第三章の第一、第二、第三、第四、第五、第六、第七条で規定された様式で通し番号が付けられ飾り文字で書かれた自分達の帳簿を引き渡し、裁判所の官吏あるいは彼ら自身の債権者が望むなら債権者に預けねばならない。

第四条

われわれは債権者を欺くためになされたすべての動産や不動産の財産や所有物の財産権移転（Assignment）、財産引渡し（Cessions）、売買、贈与捺印証書を無効であると宣言する。そして、債権者を欺くために譲渡されたすべての所有物と財産が、それにもかかわらず、破産者の他の財産や所有物の共通財産体に加えられるのは喜ばしい。

第五条

債権者会議で過半数の意見によって破産者の財産の回復と負債の支払いに関してなされた決議は、どのような反対や懇願が行われようとも、規定により執行される。

第六条

債権者の意見は、債権者の人数によってではなく、当人たちに支払われるべき合計額によって、すなわちその合計額が全部で全体の四分の三に及ぶときに効力をもつ。

第七条

債権者の数はどうあれ、その債権額が全体の四分の一を超えない場合には、債権者が反対する、もしくは他の債権者たちの決定を承認するのを拒んだとしても当の決定は認可され、個々の判事の前で確認され、あたかも彼らが承認したかのように正式に執行される。

第八条

われわれは、これによって人々が破産者の動産や不動産の所有物や財産に対してもっている特権や権利を無効にしたり減じたりするつもりはない。この特権や権利は、彼らに貨幣総額［債権額］への保証として与えられたのであり、その権利は十全に保護されるべきである。また、そのような保証を得ている人々が、彼らが有している［債権］額に関して、示談や合意を取り結ぶことを強制されることもない。

第九条

現金と動産や他の所有物からの収益は、債権者会議で過半数の意見によって指名される人物の手に委託される。それらは、財産権移転の受け取り手、書記、公証人、司法官（Usher）、巡査部長（Serjeants）あるいは他の公的人物によって、要求されることはないし、彼らや、強奪者として訴えられることを覚悟の上でそれら［の取立］を委ねられた人々が、何らかの報酬を手にすることもないであろう。

第一〇条

その財産を隠したり、贋の債権者を立てたり、真の債権者に支払うべき額以上の債務があると申し出たりする人物はみな、公然たる詐欺的破産者である。

第一一条

破産に際して、以前に命じられたように、各頁が飾り文字で書かれ、通し番号が付けられた署名された帳簿を引き渡さないすべての銀行家、商人、卸売商は、詐欺的破産者とみなされる。

第一二条

すべての贋の詐欺的破産者は特別に訴追され、死刑に処せられる。

第一三条

詐欺的破産者が、その財産を回収したり、見せかけの財産権移転、売買、贈与捺印証書を受け取ったり、彼らの債権者の詐欺行為に（知るかぎりで）貢献したり、あるいは偽ってみずからを債権者であると申告するか、または実際以上の債権額を申告したりするのを手助けするような者はみな、総額一五〇〇リーブルの罰金と回収されたものの価値の二倍を支払うことが命じられる。あるいは、債権者の利益に照らして過大な額が請求される。

以上の条項のいくつかは、この法令の別の章で定められている帳簿のつけ方に触れているので、そのやり方を含む［別の章の］条項を載せても不適切ではないであろう。それらは以下の通りである。

第三章　銀行家、商人、小売商人の帳簿について

第一条

卸売りか小売りに携わる商人と卸売商はすべて、自分達のすべての商取引、為替手形、借りと貸し、家計支出が記録された帳簿をつけること。

第二条

取引所の仲買人は、すべての手形とそれによって処理された他の商取引を取引日記帳（Day-book）に記入する。その関係者は、争いになった場合に、この取引日記帳を頼みとして訴え出てもよい。

第三条

卸売りか小売りに携わるすべての商人と卸売商の帳簿は、最初と最後の頁に、領事（consuls）がいる町であればそのうち一名、他のところでは市長か市参事会員によって、報酬や手数料なしで署名される。帳簿の頁は最初から最後まで飾り文字で書かれ通し番号が付けられる。これは、この目的のために市長や領事や他の適切な判事が指名した者によってなされる。

第四条

取引所の仲買人の帳簿は、領事の一人によって各頁に通し番号が打たれ署名される。仲買人の名前について、そして、それが仕訳帳（journal）か、勘定元帳（Leger）か、金銭出納簿か、それ以外のものか、といった帳簿の性格について、最初の頁に記載される。これは同様に個々の裁判所の事務室の記録にも書き込まれる。

第五条

すべての仕訳帳は、日付順に記載される。各項目の末尾に総額が明記され、余白には何も書かれない。

第六条

すべての商人、卸売商、仲買人は、本法令の公布後六ヶ月以内に、上で定められたように署名され通し番号をつけられ、飾り文字で書かれた新しい帳簿を作らなければならない。その帳簿に、彼らは自分達の古い帳簿の抜粋や差引残高を転記する。

第七条

卸売りか小売りに携わるすべての商人と卸売商は、彼らが受け取った書状を束にまとめ、彼らが書いた書状の写しを帳簿に書き込む。

第八条

すべての商人と卸売商は、同じ仕方で、前述した六ヶ月の期間内で、彼らの動産や不動産のすべての財産とすべての債権と債務の目録を自らの手で作成し、署名しなければならない。この目録は二年ごとに更新される。

第九条

相続や合資の解消の場合や破産の場合を除いて、商人の帳簿と目録を提出するよう法によって求められることも命ぜられることもありえない。

第一〇条

しかしながら、何某かの商人が自分の帳簿を利用したいと思うか、あるいは、利害関係者が帳簿に訴えると申し出るなら、紛争に関係するものだけを抜粋するために帳簿の提出が命じられることはありうる。

破産に関するイングランドの法は、災難によって負債を払えなくなった卸売業者の救済のための法的規定を作ることが適切だとはまだ考えられていない国では、非難されることが多い。

おそらく、イングランドでの破産の代行処理に伴う法外な費用やこの代行処理のされ方についての不満はある程度もっともなことであろう。そして、おそらく破産の名の下に多くの詐欺も行われてきた。しかし、これらすべての弊害にもかかわらず、この種の法律がなければ一般に不都合であるため、イングランドでは、そして実際、一般的に言って、アイルランドを除くあらゆる商業国では、その法が必要であると見なされているのである。

イングランドの法がアイルランドが倣うに相応しいモデルでないとすれば、他の諸国の法や習慣を考慮に入れて、総合的に考えてアイルランドの利益になる適切な一つの法を練り上げることはできないものか。

このような所見をここで述べる意図は、そのような作業を行うことができる人物にその点について考えてもらうためである。フランスには詐欺を防ぐ賢明な諸規制と災難に陥った卸売業者の業務の精算をするよい規則があることを知る一方で、アイルランド人が、自由の享受の点でフランス人は自分たちよりはるかに劣っていると見なし、交易に本質的に必要なこの治政の一部をゆるがせにしておいて、むしろ牢獄を悲惨な負債者で一杯にしておく方を選ぶというのは驚くべきことではないか。それはフランスでは決して見られない光景であり、負債者がその国を立ち退くよう強制されることもない。

もしここ二、三年の法的措置を思い起こすことが適切であるならば、アイルランドで制定された［特定個人や法人に対してのみ適用される］いくつかの破産に関する私法律の例が挙げられるし、おそらくもっと多くのそのような私法律がじきに必要とされるだろう。この王国の一般的利益がそのような私法律を必要とするのであれば、なぜ詐欺を思いとどまらせ──どんな法も完全にそれを防ぐに十分ではありえない――、争いを終わらせ、抑圧の手から人々を救い出す一般的な法律を制定することが有用ではないのだろうか。もしイングランドでのこの法の執行に伴う費用が膨大すぎると言われるのであれば、なぜそれを切り詰めることができないのだろうか。このような異議を排除するのは容易なことである。なぜなら、この法はアイルランドでは新規であり、それによって減るかもしれない報酬や特別給付への権利――そのような権利の申し立てが行われるであろう――を持つ者は誰もいないからである。

さらに言えば、最近アイルランドで可決された破産に関するいくつかの私法律を勝ち取る費用とそれを執行する経費は、ここ六年間イングランドで破産に対して行われるすべての代行処理に伴う手数料を上回ると計算される。そしてその総額は同時期に生じた破産についてフランスやオランダでかかった費用の二倍以上だと考えられている。

それゆえ、次のように結論できるだろう。アイルランドの状況は以上のような法を必要としていると思われるので、破産処理をうまくやる簡便な方法を制度化することで、債権者や、債務を支払うことができない人もしくは払いたくない人々を救済するための法に対して、その執行が高くつくからという理由で反対するのは根拠がない。

第二三章

(1) イングランド銀行の最初の設立は一六九四年であり、ウィリアム王&メアリ女王第五、六年制定法第二〇章による。本章末に、一七三一年一二月三一日現在でのイングランドの国家債務の状態を、一七三一年一二月三一日に終わった年度の減債基金の収益決算書とともに記しておく(注A)。この減債基金は、一七一六年一二月二五日以前に契約された債務の支払いに充当されてきた。

注（A）

一七三一年一二月一日［注（1）では「一七三一年一二月三一日」と記されている］現在のグレート・ブリテンの国家債務の状態。並びに、一七一六年一二月二五日以前に契約された債務の支払いに充当される一七三一年の減債基金の同日に締められた収益決算書

国庫

長期年金公債、出資され、南海会社の株式には転換されていない元本総額の残り
……一八三万七〇三三ポンド九ペンス

生残者権の便益付き終身年金公債、集まった元本
……一〇万八一〇〇ポンド

二人または三人の被保険者に支払われる終身年金公債［連生年金］、死亡により受給資格を失った分を除いた残りの額
……一三万四二八二ポンド一四シリング八と四分の一ペンス

年九パーセントの年金公債
……一六万一一〇八ポンド六シリング八ペンス

年九パーセントの一七一〇年の富くじ年金公債
……一〇万九二九〇ポンド

ジョージ一世第六年制定法プレート税法の年金公債
……三一万二〇〇〇ポンド

ネイビス島とセント・クリストファー島の債務証書に関する三パーセント年金公債
……三万七八二一ポンド五シリング一と二分の一ペンス

一七二六年の食料供給者法に基づく国庫証券
……四八万一四〇〇ポンド

交換された旧証券の利子に充てるために発行された国庫証券 ……二二〇〇ポンド
一七三一年の歳出に充てられる年三・五パーセント年金公債 ……四〇万ポンド
繰越総計 ……三五八万三三三五ポンド七シリング三ペンス

東インド会社［からの貸し上げ］
ウィリアム三世第九年［と第十年］の二つの議会制定法とアン女王第六年と第一〇年の議会制定法による［貸し上げ］ ……三二〇万ポンド

イングランド銀行［からの貸し上げ］
六・五パーセント利子での最初の資本金［の貸し上げ］ ……一六〇万ポンド
ジョージ一世第三年制定法による国庫証券の精算のため［の貸し上げ］ ……一五〇万ポンド
南海会社［株式］購入［とそのイングランド銀行無期債化］のため［の貸し上げ］ ……四〇〇万ポンド
一七一九年春季支払日（三月二五日）以降の石炭税を利払い財源とする四・五パーセント利子の年金公債 ……一七五万ポンド
一七一四年の富くじ公債の剰余金を利払い財源とする年金公債 ……一二五万ポンド
一七三一年富くじ年金公債 ……八〇万ポンド

南海会社［からの貸し上げ］

資本金とジョージ一世第九年制定法による年金公債　……三一三〇万二一〇三ポンド

総計　……四八九八万五四三八ポンド一シリング九と二分の一ペンス

国庫

借方

一七三〇年一二月三一日の減債基金現金　……三六万二一一二ポンド八シリング一〇と二分の一ペンス

一七三〇年一二月三一日から一七三〇年一二月三一日までの減債基金の収益のうち総合基金のもの　……六二万八三五九ポンド一四シリング六と四分の三ペンス

一般基金　……三〇万七〇一四ポンド六シリング四分の三ペンス

南海会社の基金　……六万六六八五ポンド一四シリング六と四分の一ペンス

国家債務の支払いに向けて贈られた遺産　……五二七ポンド一二シリング

総計　……一三六万四七九九ポンド一六シリング四分の一ペンス

反対側　貸方

資本金の多くを占める年金公債を弁済する際に南海会社に支払った分［ジョージ二世第三年制定法第十六章によって、一七三〇年と一七三一年に償還された南海会社資本］……一〇〇万ポンド

一七三〇年一二月三一日の差引残高
……三六万四七九九ポンド一六シリング四分の一ペンス
総計
……一三六万四七九九ポンド一六シリング四分の一ペンス

（2）本章末にこの銀行についての説明を記す（注B）。

注（B）〈アムステルダム銀行について〉

アムステルダム市はこの銀行を国会（State General）の認可によって一六〇九年一月に設立した。そしてまもなくこの銀行は住民の富の一般的保管庫となった。

六〇〇フローリン以下ではない為替手形や商品のすべての支払いは、銀行においてなされるべきことが、最初に命じられた。しかし、これはその後、三〇〇フローリンに下げられた。そして、それ以下の金額は、東インド会社か西インド会社経由のものを除いて、入金一回ごとに六ストゥイベル支払わなければ、銀行で入金や振替ができない。

アムステルダム市は、この銀行の保証であって、それゆえこの国の政府が存続するかぎり銀行は倒産する可能性がない。この銀行の実質的財は正貨と金や銀の地金から構成されていて、それらは市庁舎の階下にある金庫に保管されている。銀行に払い込まれる鋳貨はドゥカトン（Ducatons）や他の高額貨幣の硬貨であり、それらは通常の支払いにおいて通用している額より五パーセント引かれて受領される。これによって、銀行貨幣と通用貨幣との差、つまり打歩が生じる。金と銀の地金は重量にしたがってその時点の価格で受領され、地金の純分はその目的のために指名された役人によって試金される。

銀行の帳簿はフロリン、ストゥイベル、ペニンジェンという通常の呼称単位でつけられる。その銀行に口座を開く人はみな、口座開設に一〇フロリンを支払わなければならず、決済口座でその後なされる送金一回ごとに一ストゥイベル支払わなければならない。

銀行での支払いは一般的に振替によってなされる。これは銀行に支払い指図書を提出する人を借り方とし、支払い指図書が与えられる受取人をその指図書に記載されている額の貸し方とすることによって行われる。支払われたときと同じ価値で銀行の貨幣を引き出すことができるが、その際、その価値を維持するために一六分の一パーセント割り引かれる。だがこのような引き出しは滅多になされないし、われわれが銀行での取り付けと呼んでいるものの実例も一六七二年以降はない。この年に、フランス王はユトレヒトを占領し、アムステルダム方面に進軍した。その時人々は大至急貨幣を銀行から引き出そうとしたが、支払いは非常に迅速に行われたので、それ以降、その銀行に対してどんな大きな請求もなされていない。

この銀行の詳細に、これ以上立ち入る必要はない。その有用性は世界中で知られており、その銀行に預けられた財産が銀行から支払われるべき負債すべてを支払うのに十分であろうとなかろうと、巨額の貨幣の受け取りと支払いの危険や不便を生じさせることもなく、銀行にある貨幣で現金のどのような使用にも対応できるくらい、この銀行の信用は盤石である。同時に、国家がそのような莫大な財産をまったく無益に金庫にとどめたままにするとは考えられない。アムステルダム市がこのお金を利用する有益な方法は他にも色々あるなかで、銀行がロンバード・ハウスに担保をとって貸し出す資金を提供していることに注目するのは間違ってはいない。

しかし、勤勉な人々に彼らの交易を遂行するためのお金を供給するこの方法については既に以前に扱ったので、ここでは、この方法によって一般大衆の間で交換の担保が増加し、それによって一般大衆はよりよく生計を立てられるようになった、と述べるだけで十分であろう。ロンバード・ハウスで貸し出されるお金から生じる利子は、慈善施設の援助に使われるので、病気によって働けなくなった貧民の面倒をみるためのかなり多くの基金をそれが提供している。

（3）本章末にこの銀行についての説明を記す（注C）。

注（C）〈ベニス銀行について〉

ベニス銀行は、アムステルダム銀行より早い時期のものである。それは保管庫であり、そこでは商人が自分達のお金を共和国の手中に預ける。共和国は銀行に対して責任を負っていて、銀行の官吏の給料をすべて支払い、彼らの誤った管理の責任を取る。この銀行は商人にとって非常に有益であり、商業を大いにやりやすくするものと見なされている。

この銀行のファンドは五〇〇万ダカットに制限されていて、したがってそれ以上のお金は受け取られない。支払いはある口座から別の口座への振替によってなされる。この銀行でなされるすべての商取引は通貨を発行せずに行なわれる。通貨は共和国の手元に残り続ける。これは振替銀行（Banco del Giro）と呼ばれる。なぜなら、お金はその銀行の中で永久に回転するからである。

この銀行は毎年四回閉店する。三月二〇日、七月二〇日、九月二〇日、一二月二〇日であり、二〇日間、閉店したままになる。しかし、この期間中、銀行内の貨幣は商人達の間で譲渡され、為替手形は、この期間、破産の場合を除き、そして銀行が開いてから六日間までは、引き受けが拒否されてはならないことになっている。銀行はまた、週の途中に祝日がある場合とカーニバルの前八日間とイースター前の週を除き、毎週金曜日に、帳簿を締めるために閉店する。

為替手形は銀行で支払われなければならず、さもなければ支払いは適正ではない。油と水銀を除いて、すべての商品の契約は通用貨幣でなされる。

ベニス銀行の貸借勘定はダカットとグロスという単位で計算される。二四グロスが一ダカットになり、五と六分の一ソルディが一グロスになる。ロンドンとベニスの間の為替では、五五〜六六ペンス・スターリングが一ダカットに相当する。

ベニスには通用貨幣で取引業務を行う別の銀行がある。イングランド銀行において実施されているのと同じやり方に倣って、通用貨幣は銀行に払い込まれ、銀行から出されて受け取られる。ベニス銀行の銀行貨幣と通用貨幣との違いは、議会の命令によって二〇パーセントであり、その結果、一〇〇バンク・ダカットは通用貨幣の一二〇ダカットと等価である。

（4） 本章末にこの銀行についての説明を記す（注D）。

注（D）〈ハンブルグ銀行について〉

ハンブルグ銀行はアムステルダム銀行ほど注目に値するものではないが、銀行の経営が厳格であるという理由で大いなる評判を獲得してきた。

最も卓越した市民四人がこの銀行の業務すべてを管理している。共和国は銀行に預けられた貨幣に対して責任がある。すべてのことが注意深く運営されるように、全部で四人いる簿記係は、週に二度、収支決算を取締役に報告するよう義務付けられている。

議会は銀行に対する権限をもっておらず、簿記係は秘密保持を宣誓することが義務付けられている。この結果、どんな金が銀行に預けられたか、誰によって預けられたかは知られることがない。

ハンブルグの市民の他は、誰もこの銀行に口座をもつ特権を認められず、そこに預金することも認められない。為替手形は履行され、多くの商品は銀行貨幣で支払われる。その支払いは一般にアムステルダム銀行やベニス銀行の場合のように振替によって行われる。

この銀行での貸借勘定はマルク、シェリング、ドゥニエ・ラブスという単位で計算される。一二ドゥニエが一シェリングになり、一六シェリングが一マルクになる。ハンブルグとロンドンの間の為替は、二六～三八シェリングが一ポンド・スターリングに相当する。

この銀行に口座を開く人は誰でも、三マルクにつき五〇リクスドラー［Reichsthaler のこと。銀行貨幣としては一二分の一マルク］を払わなければならない。一〇〇マルク以下はどのような金額であれ銀行に入金できず、三〇〇マルク以下であれば入金する度に二シェリングを支払わなければならないが、三〇〇マルク以上の金額であればすべて無料で入金される。

この銀行では純度の高い貨幣だけが受領される。そして、リクスドラーで支払いをする場合には、四分の一から八分の三パーセントの利益が一般に認められている。銀行貨幣と通用貨幣との差額、つまり打歩は、五～一四パーセントであり、通用貨幣が銀行貨幣よりも［価値が］

低い。

この銀行についてこれ以上詳細を述べて読者を煩わせる必要はないが、読者に次のことを知らせるのを避けるわけにはいかない。お金を必要とする人は誰でも、宝石や銀製食器類や他のその種の高価な財産を担保にして、六ヶ月以内に利子をつけてその金を返済するという条件でこの銀行でお金を借りることができる。この条件を履行できなかった場合には、担保にした品物は公的競売によって売却される。

（5）アイルランドもこれらの国に含まれる。この国は自然のあらゆる恵みに富んでいるが、よき治政から生じる有利をほとんど持たない。

解説

ムロン――商業社会の総体的把握

米田昇平

一　ムロンの生涯

『商業についての政治的試論』(一七三四年、以下『商業論』と略す)が現れたのは、摂政期のフランスの金融・財政危機を救おうとした「ローのシステム」(一七一六―二〇年)の破産から一四年後のことである。かつてジョン・ローの秘書であったムロンの手になる貨幣・信用論はたちまち人々の耳目を引いた。デュトがただちに批判的な書簡をムロンに送るなど、これを契機に貨幣・信用の機能をめぐって「貨幣論争」が生じる。また一方で、ムロンの奢侈容認論は、ヴォルテールがただちにこれに肯定的な評価をもって応じるなど、奢侈の是非をめぐる奢侈論争においても歴史的な役割を担った。「貨幣・信用」であれ「奢侈」であれ、これらは「商業社会」の本質にもろにかかわる普遍的な問題軸であったし、ほかにも勤労・産業活動の重要性に着目し、新たな時代にふさわしい統治システムを探求するなど、『商業論』は「商業社会」つまり近代経済の基本構造の全体像を捉えた初めての経済書であったと言ってよい。ムロンへの関心は、同時代のカンティロンに比べても、これまで十分なものではなかったが、しかし、ムロンが経済学の生成史において無視できない重要な役回りを担ったことは確かである。

まずは、おもにブジナックに従って[1]、ムロンの生涯を簡単にたどってみよう。

ムロンは、フランス中部コレーズ川沿いの町、テュル（Tulle）で一六七五年七月二六日に生まれた。法務官の家に生まれたムロンは、当地で法律を学び、ボルドーで弁護士の職に就いた。やがて彼は交誼を結んだ学者や文人の影響により、科学や文芸などに目を開かれ、弁護士の職を辞して、科学、文芸、財政、経済学の研究に専心するようになる。一七〇八年に、彼はダックス徴税区の総括徴税請負、塩税、輸出入関税を監督する徴税監督官の職に就いた。ボルドーの知識人たちは、ラ・フォルス公の後援を得て、カーン、パリに続いて、一七一二年にアカデミーを創設するが、ムロンはこのとき、このボルドー・アカデミーの科学部門の終身秘書に任ぜられている。当時、ボルドーにいたモンテスキューもこのアカデミーの会員であったが、ムロンは、ここでモンテスキューと出会い、生涯にわたる交友を結ぶことになる。

一七一五年の末、ルイ一四世の死去をうけて摂政となったオルレアン公は、集権的な政治・財政上の機能を多元的な会議体に改編してポリシノディ（多元顧問会議制）を実践しようとし、財政顧問会議の責任者にラ・フォルス公を任じた。ラ・フォルス公は個人秘書としてみずからの行政的業務の補佐の任に当たらせるため、これまで庇護してきたムロンを呼び寄せた。ムロンは一七一六年にボルドーを離れたと推量されるが、パリに出て以降もボルドー・アカデミーとの関係を維持し、一七二〇年にはアカデミーの総裁に就任している。

この多元顧問会議制は混乱を招いただけで長続きせず、三年足らずの短命に終わってしまう。その瓦解ののち、ムロンはダルジャンソン侯爵のもとでしばらく働いたが、その後、外務卿のアベ・デュボワに誘われて、この大臣のもとで働くようになる。ブジナックによれば、ムロンがデュボワに雇われたのは、一七一七年（一七一六年？）に行われたイギリスとの外交交渉のためであった。ブジナックは、ムロンはこの渡英中にマンデヴィルの『蜂の寓話』に出会い、これをめぐる喧騒を目の当たりにしたと推測している。ムロンはこの仕事によってオルレアン公から一〇〇〇エキュの年金を得たといわれる。

ムロンは一七一八年にデュボワのもとを離れ、ジョン・ローの第一秘書になった。彼は一七二〇年にローのシステムが崩壊するまで、ローの身近にあってシステムを支えたが、その崩壊後はオルレアン公に仕えた。オルレアン公はムロンを重用した。ヴォルテールが述べるところでは、「彼の秘書のムロンは体系的な精神の持ち主できわめて聡明だが、空想家である。このムロンがオルレアン公にこの［ベニスに隠棲していたローを呼び戻してシステムを再興するという］計画を吹き込んだ。そして日々、彼をその気にさせていった」[2]。一七二三年に摂政が死去すると、ムロンは、今度はブルボン公の秘書となった。以上が彼の就いた公職について知られているすべてである。

著作家としての経歴はこれ以降に始まる。ムロンが残したのは、『マフムード、オリエントの物語』（一七

（1） J.Bouzinac, *Jean-François Melon Economiste*, 1906［Burt Franklin, 1970］, pp.19–42.

（2） *Œuvres complètes de Voltaire*, nouvelle édition, Paris, Garnier Frères, 1877–1885, t.XV, p.171. またこれに関連して『商業論』の一八九頁をみよ。

二九年）と、『商業論』（初版一七三四年）の二つである。『マフムード』は摂政期の様々な人物をモデルとした風刺小説であり、モンテスキューの『ペルシャ人の手紙』（一七一九年）の影響をうかがわせる作品である。ヴォルテールはこれを評価しなかったが、『商業論』の方は、やや屈折気味ではあるが、次のように高く評価している。「商業の諸原理は今日では世界中で知られている。われわれはこの問題を論じた優れた著書を持ち始めたところである。ムロン氏の『商業論』は、一人の才知あふれる市民にしてフィロゾーフたる人物の著作である。彼はみずから時代の精神を感じている。私はコルベール氏の時代から［今まで］フランスにこのような書物を編むことのできた人物がほかにいたとは信じることはできない。しかしながら、この優れた著書にも数多くの誤りがある。真理への道はなんと困難であることか」(3)。

一七三六年に全七章が増補された第二版が出版され、その後、アムステルダムで一七四二年に第三版、一七五四年に第四版、一七六一年に第五版が出版された。一八四三年のデール版が最終版である(4)。外国語訳は、一七三八年にアイルランドのデヴィッド・ビンドンによる英訳（初版からの翻訳）が現れたほか、一七四〇年にイエナで独訳が出版され、一七五六年にはコペンハーゲンで独訳第二版が出版されている。このほかスウェーデン語（一七五一年）、デンマーク語（一七五九年）、イタリア語（一七七八年）に訳されている。

ところで、ムロンは、ヴォルテールの『俗人』（一七三六年）を読んで、ヴェリュ伯爵夫人宛てに次のような書簡を書いている。ブジナックが紹介しているところであるが、「第九章　奢侈について」の理解の一助となることを期待して、次に示そう。

「マダム、私は才気に富んだ『弁護』を読みました。この小さな作品は、快活なジョークに隠された政治的な優れた教訓とみることができます。私は、奢侈と呼ばれるこうした芸術への嗜好、富の利用、偉大な国家の魂が、貨幣の流通と産業活動を維持するためにどれほど必要であるかを、『商業についての政治的試論』において論証したと自負しています。マダム、私はあなたをこうした真実の偉大な手本の一つとみています。パリのどれほどの家族が、あなたが芸術に与える保護のおかげで生活していることでしょう。絵画、版画、あらゆる種類の珍しい品々を愛好することをやめてしまえば、パリで二〇〇〇人の人々がたちまち破滅することになり、職を求めて外国へと出て行かざるを得なくなることでしょう。スイスのカントン［小郡］では貧しい者が金持ちのように生活すべきではないという理由で奢侈禁止法が設けられているのは妥当です。オランダ人は交易を始めたとき、極端な質素な暮らしが必要でしたが、今では最も貨幣に富んだ国民であり、奢侈を必要としています。……(5)」

ムロンは「享楽の奥方」と呼ばれたこの伯爵夫人との交友のほか、古代・近代論争において近代派として論陣を張ったアベ・ド・ポンやラ・モットと友情を培った。彼らとの交友と談論の舞台はカフェであり、数

（3） Voltaire, "Observations sur MM.Jean Lass, Melon, et Dutot sur le commerce, le luxe, les monnaies, et les impots", 1738, *Œuvres complètes de Voltaire*, nouvelle édition, Paris, 1879, t.XXII, p.360.

（4） Eugène Daire（éd.）, *Economistes finaciers du XVIII siècle*（Collection des grands Economistes）, Guillaumin, 1843. pp.665–784.

（5） *Œuvres complètes de Voltaire*, nouvelle edition, Paris, 1877, t.X, p.90.

学者で『地球の形状』の著者としても知られるモーペルテュイ、小説『セトス』の著者として知られるアベ・テラソンなどが舞台の登場人物に加わった。ほかにも当時、最も著名であったランベール侯爵夫人のサロンに出入りし、座談の名手として輝きを放っていたようである。『商業論』の輝かしい成功にもかかわらず不遇の晩年を過ごしたのち、一七三八年一月二四日、モーペルテュイに看取られて世を去った。

二　『商業論』の歴史的意義

ここに訳出したのは、第二版の増補改訂版である。第二版で増補された章は、「第一〇章　輸入と輸出について」「第一一章　交易の自由について」「第一九章　貨幣に関する様々な考察」「第二一章　投機について」「第二三章　交易バランスについて」「第二四章　政治算術について」「第二五章　システムについて」、以上の七章であり、分量にして初版の約一・八倍に増えている。またこのほかの章でもときに大幅な加筆や修正が行われている。この増補改訂版に即して、『商業論』の歴史的意義の概要を述べておこう。

冒頭で『商業論』は、近代社会の経済構造の全体像を捉えた初めての経済書であったと述べたが、それはボワギルベールの論説のように、価格形成や市場機構の分析を通じて私欲と公共的利益とが一致するメカニズムを解明しようとするものではないから、近代経済のミクロ的構造にまでは届いていない。したがって正確に言えば、そのアプローチが射程に収めているのは、おもに近代経済のマクロ的構造であった。ムロンは時論的課題を論じつつ、生産の局面を勤労・産業活動（industrie）の視点から、消費の局面をおもに奢侈の視点から、そしてこの両局面を結合する流通・交換システムを貨幣・信用システムの視点から論じ、「商業の精神」に導かれる商業社会の基本構造を明らかにした。ただし、ムロンにおいて、勤労・産業活動や奢侈は、単に数量に還元される生産や消費を意味するのではない。これらは商業社会の発展、文明の進歩を導く両輪であり、経済のダイナミズムの動因であって、いわば近代経済における生産活動と消費活動の本質を捉えた表現であり視点であったことに注意を要する。貨幣・信用システムについては、伝統的な貿易バランス論や貨幣の貶質の是非論と関連させつつ、近代経済における信用秩序の必然的展開として論じられ、政府の統治システムについても、そうした諸要素の総体的な理解に立って、「商業」の新たな段階に対応しうる新たな「システム」を提示しようとするものであった。

ブジナックが『商業論』はサロンでの談論を「文学的タッチ」でまとめてみせたものであると評しているように[6]、個々の論点の探求は不徹底であり、ほぼ同じ時期に執筆されたと考えられるカンティロンの『商業一般の性質に関する試論』(出版は一七五五年)と比べるとき、とくにそうした印象は拭いがたい。しかしそれでも、『商業論』は貨幣論争や奢侈論争にとどまらず、多方面に大きな影響を与えた。各国語訳が次々と出版されたことから、『商業論』がフランス以外でも大きな関心をもって迎えられたことが分かる。イタリアについては、「『商業論』が出版されるや、ナポリの所謂近代派は熱狂的にこれを歓迎した」との指摘があり、ジェノヴェージやガリアニなどに影響を与えたようである[7]。いち早くビンドン訳が出たイギリスについ

(6) Bouzinac, *op.cit.*, p.61.

ても、ヒュームやJ・スチュアートとの関連が重要であるが、これについてはフランスの著作家への影響と合わせて、最後に触れることにしよう。

では、ムロンの思想的源泉は何であったか。本文のなかでムロンが直接言及しているのは、何人かの歴史家や貨幣史の著述家を除けば、イギリスのチャイルド、ペティ、ロー、そしてフランスのヴォーバン、アベ・ド・サン＝ピエールなどである。チャイルドについては、就労人口論（第三章など）、交易バランス論（第二二章）、ペティについては、植民地論（第四章）、政治算術論（第二四章）にその影響が滲み出ている。アベ・ド・サン＝ピエールの影響は全編に及んでおり、統治システム論（第二五章）にサン＝ピエールの『ポリシノディ論』（一七一八年）の、またヨーロッパにおける勢力均衡や商業による平和を説いた論説（第八章など）に有名な『永久平和論』（一七一三年）などの影響を窺うことができるほか、カトリック司祭の独身の問題（第三章）、勤労意欲の源泉を栄誉への願望に求めている点（第九章）、政策形成のために熟議・討論を経た公論の形成が重要であるとする論点（結論）などにも、サン＝ピエールの影をみることができる。ムロン自身が「大変ためになる」と評価した『政治論集』の第四巻（一七三三年）、第五巻（一七三三年）、第六巻（一七三四年）で、サン＝ピエールは「フランスの交易を完全なものにするためのプラン」（第五巻）など、商業社会の発展のための数多くのプランを提示しているが、ムロンがこれらから示唆を得たことは間違いない（ただし奢侈を富の蕩尽にすぎないとして奢侈取締法の強化を求めるサン＝ピエールとでは、奢侈論において決定的な違いがある）。また、ムロンは明示していないが、彼の奢侈論（第九章）はマンデヴィルの奢侈容認論を受けたものであるし、このほか、訳注でも指摘したが、相互依存の観念、穀物輸出論、proportion（釣り合い）の用語が多用されている点などに、ボワギルベールの影響を見ないわけにはいかない。そして、津田内匠が指摘しているように、第二版の増補改訂版で追加された章には、ところどころで、当時まだ出版されていなかったカンティロンの『商業に関する一般的試論』（一七五五年）の内容が投影している。とくに労働による価値の付加（第一〇章）、都市と農村（首都と地方）との空間的な貨幣循環の構想（第二二章、第二四章）がそうである。(8)

このように、ムロンの『商業論』は当時の英仏の経済学の水準と達成に基づいて商業社会に関する独自の

（7）奥田敬「一八世紀ナポリ王国における『政治経済学』の形成（下）——アントニオ・ジェノヴェージ『商業汎論』とその周辺」『三田学会雑誌』七九巻六号（一九八七年二月）、九〇頁。イタリアにおけるムロンの影響に関しては、このほか、A.Dubois, *Precis de l'histoire des doctrines économiqnue*, Paris, 1903［Genève,1970］, pp.254-5を参照。

（8）津田はムロンとカンティロンをともに「ローのシステム」にかかわった同時代人として「相互に交錯させながら」彼らの著書を読み解く必要を説いて、「仮説をふくめて大胆にいえば、ムロンの『政治的試論』はカンティロンの厳しくひそかなロー批判を一部では受け入れながらも基本的には大いに対抗しつつ、ローの「システム」を越え、カンティロンの批判をも越えて、新たな総合の「システム」を示そうとする試みではなかったか」と述べている（津田内匠「J・F・ムロンの『システム論』（1）」『一橋大学社会科学古典資料センター年報』一三号、一九九三年、七頁）。カンティロンの著書が出版されたのは一七五五年であるが、津田の指摘するように、一七三〇年前後に書かれたと推定されるカンティロンの手稿をムロンが目にした可能性は否定できない。増補改訂版が、初版に対するデュトの書簡による批判への反論を狙いの一つにしていたことは明らかであるが、ほかにも、ローを介して見知っていたはずのカンティロンの手稿をひそかに意識して書かれた、ということはありえないことではない。

総体的把握を試みたものであり、この試みは、その影響力から言って、フランス経済学の展開の上で、という以上に、経済学の生成史上の重要な一結節点として歴史的な意義を担っていたと言うことができる。以下で、『商業論』の特徴を、商業の精神、勤労・産業活動、奢侈の三つの論点を中心に解説しよう。

三 『商業論』の特徴

(1) 商業の精神

『商業論』の立論の全体を貫いているのは、今や一国は「内政の賢明さ」によってしか強大にはなりえない、というムロンの時代認識である。「平和の精神」がヨーロッパに行き渡り、勢力の均衡に至ったため、一国が他国の征服によって力を増すことなどできない時代にあっては、国家の自己保存を保障しうるものは「商業の精神」のほかにはない。[9]「征服の精神」の対極にある「商業の精神」は「保存の精神」と一体のものであり、さらに「治政の精神」と不可分である。ムロンがいう「内政の賢明さ」とは、このような商業の精神に基づいて商業・交易の発展を図ることにほかならない。モスクワの国力の増大をもたらしたのも領地の拡張ではなく、治政と交易の発展であった。ヨーロッパ各国とも事情は同じであるから、この点で、商業・交易の必要性が戦争の必然性を疑わしいものにするとムロンは述べている(八四頁)。このようなムロンの「商業による平和」の論理は、アベ・ド・サン=ピエールやモンテスキューと共有するところであるが、[10]ムロンはさらにこの平和の視点から、世界交易の覇権を争うがごとき貿易競争の愚を論難して、「フランスは、このようなつまらない常軌を逸した野心を持つどころか、常に、各商業国に割り当てられた限度内に甘んじることを望んでいる。……このような相互の交易は等しくあらゆる国民の幸福に貢献する」（二一五頁）と述べている。これは伝統的な重商主義とは一線を画す認識であるが、しかし他方でムロンは、主に雇用の確保のために重商主義的な貿易統制を強く求めてもいる。

立法者は、容易に損なわれうる軍事的な栄誉を求めるのではなく、時代の支配的精神である「商業の精神」に立脚し、賢明な内政によって人々の安楽な暮らしをこそ目指さねばならない。そして、そのような考え方の基礎にあってこれを支えているのは、進歩の観念である。「社会は、もっぱら、最大多数の人々が最大の便宜を手に入れる程度に比例して野蛮な習俗から遠ざかる」（一六頁）のであり、郵便制度、街路灯、ポ

（9） フランスはスペイン継承戦争後のユトレヒト条約（一七一三年）とラシュタット条約（一七一四年）によってそれまで保持していた圧倒的な政治的優位を失い、これ以降は、「勢力均衡」を求めて対英協調路線に転換する。これを押し進めたのが外務卿のデュボワであり、彼は秘密交渉の結果、ジョージ一世とオルレアン公との協調路線の樹立に成功した（一七一六年一一月）。これをカール六世も受け入れて勢力均衡によるヨーロッパの平和が実現する。ムロンが加わったのはこの外交交渉だと思われるが、「平和の精神」あるいは勢力均衡という彼の認識は、彼自身も関与したこのような当時の英仏協調あるいはその結果としてのヨーロッパの相対的な平和を反映したものであろう。英仏の友好関係は一七四〇年まで維持される。

（10） 順番から言えば、サン＝ピエールの『恒久平和論』（一七一三年）と『政治論集』の第五巻（一七三三年）、ムロン『商業論』（一七三六年）、モンテスキュー『法の精神』（一七四八年）ということになる。

ンヌフ（新橋）による生活の便宜の増大に、また贅沢な古代ローマ人でさえ知らなかった砂糖、絹、コーヒー、タバコが新たな奢侈として欲求の対象となっている現状に、文明の進歩をみることができる。

このように経済的便宜の増大をもって文明の進歩とみなす考え方は、「安楽な暮らし」という「利点を伴わずに栄誉だけでは大勢の人々にとって十分な刺激にはならない」という彼の功利主義的な人間観と一体をなしている。人々が労働に励むのは安楽な暮らしへの期待からであり、「自分の分け前を増やし、労苦を減じることができるという希望」に駆り立てられてのことである。したがって、立法者は、正義と公共的効用を犠牲にしかねない人々の功利的欲求を導いて公共的利益を増大し、「誰も特別扱いせずに、いつも最大多数の幸福」（七三頁）の実現に努めねばならない。このように「内政の賢明さ」が求めるところは、時代の支配的精神に沿って最大多数の人々の安楽ないし世俗的幸福を増大することであり、それは欲求の対象物すなわち富を増大し、人々の経済的厚生を高めることによって実現されるのである。

ムロンのこのような功利主義的な人間観や社会観の源泉を、一七世紀後半以降のフランスの新思潮に求めることができる。一七世紀において、モラリストのラ・ロシュフコーやジャンセニストのピエール・ニコルやジャン・ドマなどが担ったこの新思潮の特徴は、原罪説に立つアウグスティヌス主義の悲観的な人間理解に基づいて、人間を自己愛・利己心に駆り立てられる欲求の主体とみなし、「利益」志向の功利的人間像をクローズアップしたことである。社会を「欲求の体系」とみて人間の消費・消費欲求の経済的効用を強調するボワギルベールやマンデヴィルの特徴的な経済学もまた、この新思潮を直接の母胎としていた。ムロンが、『商業論』にも登場するニコルやドマから直接に、あるいはニコルなどの影響を受けたアベ・ド・サン

=ピエール、ボワギルベール、さらにはマンデヴィルを通じて、人間と社会についての功利主義的な見方を受け継いだことは明らかである。この新思潮は経済学の生成期において重要な役割を果たしながら、これまでこの観点から顧みられることはほとんどなかったが、ムロンもまた彼らと同じ地平に立って、功利的人間の織りなす商業社会の動態のあり様を捉えようとしたのである。

ムロンはこの商業社会を交換の連鎖あるいは購買力の連鎖からなる相互依存の体系と捉え、「社会の構成部分の間には非常に緊密な結びつきがあり、ある部分に打撃を与えれば、他の部分にその影響が及ばないでは済まない」（六頁）と述べている。社会のどの部分に打撃が生じても波及的に全体にダメージが及ぶ、というこのような相互依存の観念を、ムロンは表現の仕方を含めてボワギルベールからじかに受け継いだものと考えられる。ムロンもまたボワギルベールと同じく交換・流通過程に立脚し、過不足を補いあう commerce（商業・交易）の視点に立って、商業社会を構成する諸要素の相互依存に注目するのである。生産、消費、貨幣信用システムなどの経済諸要素は相互に緊密に結び合っている、こうした相互依存の認識に導かれて、ムロンは近代経済の総体的な把握に至ったと言えよう。

交換経済の安定と成長の条件、言い換えれば、余分品と必要品との安定的な増大によって commerce を拡大していくための条件とは何か。第一章で三つの島の仮説に基づいてムロンが強調するところによれば、それは、一、小麦の確保、二、就労人口の増加、三、必要な交換手段の確保である。これらの三条件は同時に立法者が留意すべき立法の三つの目的でもあり、立法者の賢明な治政を通じて初めて満たすことのできる条件であった。

（2）勤労・産業活動、就労人口

三条件のうち小麦は絶対的な必要品であるから、この確保は相互依存の体系を維持する基本的条件である。ムロンによれば、立法の第一の目的であるパンの確保はフランスではきわめて容易であり、「過度の豊富による価格の低落を防ぐことの方がずっと難しく、また同じくらい重要である」（一一頁）。しかしながら、濫用と独占による穀物の高価を防ぐ手立ては講じられているのに（一六九九年のヴェルサイユの王令）、過剰による穀物価格の低落に対しては、穀物輸出が一般に禁じられるなど、放置されたままである。そこでムロンは、農業国フランスは穀物生産に関して国内需要をまかなって余りある生産力を有しているとするシュリー以来の伝統的認識に基づいて、穀物輸出の自由化を求める。各地方間に見られる穀物の過不足を調整し、極端な高価と低価を防ぐために国内取引の自由化を求めた点を含めて、ここにもボワギルベールの影響を見ることができる。

しかしながら、国民の富を構成するのは穀物などの土地生産物だけではない。最大多数の人々の「最大の便宜」とは、土地生産物という「基本的富」の上に、二次的必要品や奢侈品などを最大限に享受することであるが、こうした生活上の便宜をもたらしうるのは、技芸と産業活動にほかならない。このように、ムロンにとって、技芸と産業活動は農業に劣らず重要な役割を担っていた。この人間の勤労・産業活動・産業（要するにインダストリー）の推進によって人々の生活上の便宜あるいは現実の安寧が増進されていくのである。ところで、ムロンによれば「こうした産業活動の進歩には際限がない」（五六頁）。安楽な暮らしを求める人々の際限のない欲求・必要に応じて際限なく産業活動が拡大し、生活上の便宜が増大していくのである。

このような着目によってムロンは独自の光彩を放っている。なぜなら、一八世紀啓蒙の精神は未開と対置して文明化を人類の進歩と同一視するが、ムロンは、技芸と産業活動こそが文明化の動因であると看破することで、未開から文明へという進歩の観念に明快な根拠を与えたと言えるからである。ムロンは、この意味で一八世紀啓蒙の目指すところを、いちはやく経済学によって、いわば根拠づけた。

では生活上の便宜・安楽をもたらす富の増大の条件とは何か。立法の第二の目的、すなわち就労人口の増加がそれである。農業者ばかりか水夫や職人や運送業者なども含めて、あらゆる就労者は産業活動の担い手として国家に必要な存在であり、国家は各職業で就労者が増加すればそれだけ豊かになりうるし、また生産性の向上によって一人の就労者が二人分の仕事を行うことができるようになれば、実質的に就労人口を倍増することもできる。ケネー、チュルゴ、スミスによって資本（蓄積）理論が彫琢されるまでは、生産力理論の中核は就労人口論であったと言ってよいが、チャイルドや、後のグルネ、フォルボネなどと同様に、ムロンもまた、富の生産あるいは産業活動の担い手として就労人口の重要性に着目するのである。ただし、この就労人口論において勤労大衆はもっぱら生産主体として捉えられていることに注意を要する。ムロンは穀物の低価格を、購買力の連鎖を断ち切り、経済を縮小均衡に陥れる元凶として恐れたが、だからといって穀物需要の担い手である勤労大衆の消費者としての側面にはほとんど関心を示さない。グルネとフォルボネは生産と消費の両面から就労人口の生産的効果（就労人口の増加による生産と消費の相互的拡大）を論じたから、この点で、ムロンの就労人口論は、彼らと比べて生産力の理論としては十分なものではなかった。

以上の見方は、他方で、勤労に従事することは健全な市民の務めであり、勤労に従事することで犯罪や悪徳から逃れることができるという彼の勤労観によって支えられていた。ムロンは就労人口の増加のために、結婚の奨励、貧しい父親への援助、孤児に教育を与えること、また聖職者の独身制度の廃止や二五歳になるまで修道僧になることを禁止する措置などを求めているが、これらの主張はいずれもチャイルドの議論を踏まえたものであり、グルネやフォルボネによって引き継がれていく論点である。

ところで、彼は第二版で増補された第一〇章「輸入と輸出について」において、就労人口を規定するのは雇用と食料であることを改めて強調し、この観点から国内製造業の保護と食料の確保を求めている。若干の原料は職人の手によって著しく価値を高め、一リーブルの亜麻は二、三倍の値段の亜麻布となり、上質のレースになると百倍以上の価値を生み出すが、このような労働による価値の付加は、雇用の確保のために国内でこそ行われるべきであり、外国産製造品を輸入することは、いわば自国民から雇用機会を奪って他国民に与えるに等しい。こうしてムロンは、雇用ないし就労人口の観点から、外国産原料の輸入と国産製造品の輸出の促進および外国産製造品の輸入の制限・禁止を唱えるとともに、土地生産物の輸入を推奨しさえしている（「土地生産物は持っていても受け取っても有効でありうる。というのは、それは住民を養うからである」八六頁）。労働が価値の源泉であることを一つの論拠として、就労人口論と貿易論とを結合するこのような論じ方に、同じ観点から国産製造品の輸出と食料の輸入（あるいは食料輸出のマイナス）を唱えたカンティロンと同じ論理構造を見ることができる。

ここでムロンは、前述の穀物輸出論とはまったく異質な視点に立っていることは明らかである。なぜなら、前に見たところでは、余剰は価格の低下を招く要因にすぎず、フランスは恒常的な穀物の過剰生産の圧力にさらされているとして、ボワギルベールと同じ論理に基づいて「過度の豊富による低価格を防ぐ」ために、むしろ穀物輸出の自由化が強調されていたからである。増補された章によって、彼の就労人口論はより豊かな内容を与えられたが、しかし同時に初版の内容と整合的でない異質な要素がもち込まれることにもなった。

（3）奢侈

ブジナックは、ムロンは一七一七年に外交使節の一員として渡英した際にマンデヴィルの『蜂の寓話』（一七一四年）とそれをめぐる喧騒に触れる機会を持ったと述べている。[11]『寓話』が激しい反発を買って一大センセーションを巻き起こすのは一七二三年の増補版の出版以後のことであったから、その真偽は不明とせざるを得ないが、いずれにせよ、その出版からほぼ一〇年ののちに現れたムロンの奢侈論に『寓話』の内容が大いに投影していることは間違いない。[12]

「商業の精神」の支配する商業社会にあって、技芸の進歩と産業活動の発展を内発的に導いていく動因は何か。ムロンはそれを奢侈の欲求に求める。前述のように産業活動の際限のない進歩を導くのは、次々と現

（11）Bouzinac, *op.cit.*, p.25.

（12）ただし、いくつかの点で重要な違いもある。すなわち道徳的当否は問題にしないし、マンデヴィルの慈善批判や低賃金論には同調していない。ムロンは奢侈を悪徳としたマンデヴィルとは違って奢侈の

れる人間の欲求であったが、この欲求は改めて奢侈の欲求として捉えられ、その効用が称揚されるのである。この点で、彼の奢侈論は、単なる消費論でも、あるいは単に生産に対する消費の主導性を論じているのでもない。ムロンは商業社会を動かす人間のエトスに着目し、奢侈的欲求・消費に、経済の成長・発展という時間的変化を主導する動因を見出すのである。彼のいう奢侈とは「洗練」と同義であるが、このような奢侈への欲求は宗教的くびきから解き放たれた人間本性に発するところであり、技芸の進歩と産業活動の発展を導き、文明の進歩に向けて社会のダイナミズムを導いていく原動力そのものであった。それゆえ、奢侈という言葉は曖昧で混乱した観念を生みだしかねない「空虚な呼び名」であり、「濫用すれば、産業活動そのものを根本から停止させかねない」（六八頁）と彼は述べている。

ムロンは、リゴリズムの観点から奢侈を悪徳とみなしたマンデヴィルとは違って、奢侈の道徳的な当否は問題にしない。「奢侈を一掃しようと努めるのは宗教の役目であり、国家の役目は奢侈を国家の利益に変えることである」（七四頁）とされるように、道徳的判断は彼の関心の埒外であり、彼の関心は、もっぱら奢侈を求める人間の功利的活動がもたらしうる公共的利益に向けられている。もっとも、そのような洗練からほど遠いスイス人の社会（ジュネーブ）を「自由な人間の社会というよりも隠遁者の共同体に似ている」（六八頁）と揶揄していることから見て、彼が、奢侈という「洗練」を享受することが徳性の腐敗をもたらすとは考えなかったことは明らかであろう。

このようなムロンの奢侈論に、前述した功利主義的な人間観がよく現れている。人間を導いているのは情念であり、軍人が野心に駆り立てられて勇敢であったり、貿易商人が貪欲に駆り立てられて一生懸命働いたりするのは、何より「享楽的に人生を享受する」ためである。まさしく「奢侈は彼らには労働の新たな動機となる」。したがって「立法者がなすべきことは、その情念を社会の利益になるように導くことである」(六五頁)。このような見方はアベ・ド・サン＝ピエールにも見られる。サン＝ピエールは、『政治論集』第五巻の「フランスの交易を完全なものにするためのプラン」のなかで、サン・マロの人々は兵士や水夫として驚くほどの勤労を発揮するが、「このような驚異的なことを行わせることができた原動力は何かと言えば、それは栄光や栄誉と結びついた利益である」と述べている。[13] 栄誉欲と利益とが結びついて人々を労働や勤労へと誘う、というのである。もっとも、人間の行動の動因として利己的情念ないし「利益」を強調する見方それ自体は、一七世紀のラ・ロシュフコーやニコルなどにも見られる。

奢侈は労働のインセンティブとなるほか、奢侈の欲求は他方で消費需要に転じて人々に雇用を与え、産業活動の展開を導く外部的要因となりうる。常軌を逸した奢侈の支出であっても、様々な効用をもたらす、「庭師がそのお金を受け取る。庭師は新たに頼まれた仕事を通じてそれを手に入れたのである。裸も同然で

(13) Abbé de Saint-Pierre, "Projet pour perfectionner le commerce de France," *Ouvrages de Politique*, tome 5, 1733, p.279. ただしサン＝ピエールはマンデヴィルやムロンと功利主義的な人間理解を共有しながら、奢侈の経済的効用を認めることができず、奢侈を単に余剰の私的な悪しき蕩尽にすぎないと考えて、奢侈を、そしてマンデヴィルを批判している。彼は労働の増加がもたらした余剰は社会的に有用な用途に当てられるべきであるとし、このために社会的貢献に報いる報奨制度と奢侈禁止法との併用を勧めている(Saint-Pierre, "Sur le Luxe," *Ouvrages de Politique*, tome 7, 1734, pp.32-41)。

あった彼の子供たちはそれで身繕いをする。彼らはたっぷりパンを食べ、元気になり、明るい希望を胸に働く」（七四頁）。このお金が金庫の中に保管されたままであれば、「それは社会にとって死んでいることになる」。ムロンはこのような奢侈の効用を挙げて、伝統的なあるいは通俗的な奢侈批判に反論している。

ところで、奢侈の効用あるいは機能を論じるときに、彼が念頭に置いていたのはおもに富者の奢侈であったことに注意を要する。奢侈の欲求によって勤労意欲を駆り立てられるのは、羨望の視線にさらされる贅沢な富者であるし、「享楽的に人生を過ごす」ために勤労に励む人々として彼が例示しているのは、軍人、貿易商人、船主にかぎられている。消費需要の機能に関しても、上述のように、またヴェリュ伯爵夫人宛ての書簡にもうかがえるように、ムロンが述べているのは富者の奢侈的消費の機能である。そしてこの機能は、第二版で増補された第二二章（「交易バランスについて」）において、首都と諸地方との国内バランスという空間的レベルに敷衍されて、次のように論じられている。「首都と地方との間で常になくてはならないのが国内のバランスであり、これこそ最も重要なバランスである。……首都はあらゆる富が集まる中心である。王家の支出のほかに、領主や年金受給者が土地や年金や政府の俸給からの収入を首都で支出する。……これほど多くの年々の出費を負担しているのは地方である。……地方が、タイユ税、塩税、一〇分の一税などの年々の支払い分を補充すべき貨幣を手に入れるのは、主に首都の消費からである。税が増えれば増えるほど、様々な事業や徴収などから得られた利益を用いて、ますます大きな消費が必要となる」（一七七–一七八頁）。このような富者の支出を起点とする首都と地方との貨幣循環の構想は、カンティロンのそれと酷似しており、その影響がうかがえるところである。

このような富者の奢侈的消費の主導性への着目は、生産に対する消費の規定性に関してムロンが一定の認識を持ち得たことを示しているが、しかしムロンの関心はここからむしろ交換を媒介する貨幣の流通のあり方に向かう。すなわち消費活動の前提として、交換の媒介手段である貨幣が財と財の交換の水準に対応して必要かつ十分に存在しているかどうかという問題である。彼によれば、真の流通と真の富は、諸地方における消費と小売の商いのために貨幣を小口に分配することに依存しており、首都の大規模な流通は諸地方の小規模な流通に比例する。また交換の連鎖が順調に機能するためには、貨幣が人体における血液のように経済体の隅々まで十分にいきわたらなければならないが、これが不足すれば、経済体はただちに機能不全を引き起こす。こうして交換・流通手段の払底という現状認識に立って、ムロンの関心は、流通貨幣量の不足による経済の機能不全をいかに防ぎうるか、あるいは産業活動の増大に対応して十分な流通貨幣量をどのように確保しうるか、という論点に集約されていく。

必要な貨幣の確保は、小麦の確保と就労人口の増加に続く立法の第三の目的であったが、技芸・産業活動と奢侈を両輪とする社会進歩は、必要な貨幣を確保するための立法者の賢明な施策を通じて実現されるのである。このことは「ローのシステム」の瓦解を内部からつぶさに目のあたりにしたムロンの強く意識するところであり、勤労・産業活動や奢侈の論点と並んで『商業論』に独自の陰影を与える重要な論点であった。ムロンは、この点で、信用創造の観念によって重商主義の外貨獲得政策を相対化し、信用の流通による通貨量の増加のメリットを論じるなど、近代経済における貨幣・信用システムの重要性に着目し、信用創造という新たな問題領域を切り開いたと言うことができる(14)。

四　ムロンの影響

『商業論』への高い評価は同時代のヴォルテールだけでなく、後のチュルゴにも見られる。チュルゴはカイヤール宛の書簡（一七七一年）で次のように述べている。「私はムロン氏の機知縦横さを、彼の著作のいくつかの誤りにもかかわらず、評価するものです。……彼の著作を読んだときに私が感じたのは、これらの諸問題について、ともかくも［これほど］分かりやすく論じた者はそれまで誰もいなかったということでした。モンテスキュー、ヒューム、カンティロン、グルネ氏などの［ムロンよりも］後で生まれた者は、ムロンが最も早くに成し遂げたその功績にそれほど驚かない、なぜならその人はそのことに気付かないからです。……」[15]。『商業論』は、その後のフランスの経済思想・経済学の展開において多様な影響を与えたが、まずムロンが惹起した「貨幣論争」と「奢侈論争」について簡単に述べておこう。

ムロンの貨幣・信用論に対して、同じくローの下で王立銀行の会計を担当していたデュトが批判的な書簡をムロンに送り、さらにこの書簡に加筆して『財政と商業についての政治的考察』（一七三八年）を著した。これに対して金融家のパリス・デュヴェルネの名で、デュト批判を企図した『財政と商業についての政治的考察と題する著書の検討』（一七四〇年）が現れる。この間、ヴォルテールが小編を著してこの論争に応じるなどのことはあったが、この「貨幣論争」は、基本的に、ムロン―デュト―パリス・デュヴェルネの三者の貨幣・信用論の異同を明らかにすることによって整理することができる。ただ、デュトはパリス・デュヴェルネへの反論を企図して『財政と商業に関する政治的考察』の第三巻を草稿で残したから、そこまで含めて論争の経過をたどる必要がある。ムロンの信用理論は、この論争を通じて、『考察』第三巻で無限の信用創造の可能性を論じたデュトと、銀行信用を兌換可能な水準に厳しく制限しようとしたパリス・デュヴェルネによって異なる二つの方向に敷衍されるが、このうち、信用の手段によって「常に恣意的に」通貨量を増減することができるとしたムロンの議論は、デュトによって理論的に深められたとみることができる。このことは、ムロンの貨幣価値の「引き上げ」肯定論や債務者保護論に対するデュトの批判にもかかわらず、「ローのシステム」への同じ評価と相まって、彼らが同じ地平に立っていたことを示している。これに対し、パリス・デュヴェルネは上の二つの論点に関してムロンを擁護しようとしたが、しかし彼の貨幣・信用論、「ローのシステム」への否定的評価、そして何より、貴族が商業に従事することに反対するなど、その拠って立つ社会観は、商業社会の現実とその向かう先を見据えていたムロンやデュトのそれとは異なるものであった。この意味で、この論争はその外見とは異なり、ムロン―デュトとパリス・デュヴェルネとの対照が際立つ結果となっている。

（14）ムロンの貨幣・信用論については、次に述べる貨幣論争と奢侈論争の詳細とともに、拙著（米田『欲求と秩序――一八世紀フランス経済学の展開』昭和堂、二〇〇五年）を参照されたい。

（15）A.-R.-J. Turgot, "Lettres à Caillard（1771）", *Œuvres de Turgot et documents le concernant*, éd. par G.Schelle, Paris, 1913–23, t.III, pp.499–501.

一方、マンデヴィルの『蜂の寓話』が一七二三年の増補版によって巻き起こしたセンセーションは、ほぼ一〇年の歳月を経てフランスに飛び火した。マンデヴィルやムロンの奢侈容認論は大きな反響を呼び、ヴォルテールがただちに『俗人』（一七三六年）と『俗人の擁護あるいは奢侈の弁護』（一七三七年）の二つの詩編を著してこれに応じるなど、これ以降、奢侈批判の論調と交錯しつつ、フランスにおいても、商業、富、欲求、習俗、道徳などの諸論点とかかわって奢侈の是非を問う「奢侈論争」が開始されることになる。

ムロンは、人々の奢侈の欲求を分業と交換のシステム（文明社会）を推進する動因とみなすマンデヴィルの基本的な見方を引き継いだが、マンデヴィルの思想的源泉それ自体は一七世紀後半のフランスの新思潮であったから、この思潮の延長上に位置するムロンには、マンデヴィルの奢侈容認論の含意は十分に了解可能であったであろう。ムロンの奢侈論はヴォルテールやモンテスキューの共感するところであったし、経済学との関係で言えば、奢侈の欲求・消費を産業活動の規定要因とするムロンの見方は、とくにフォルボネに受け継がれ、「国民の奢侈」の構想として敷衍される。そしてこれらの見方は、グラスラン、ビュテル・デュモン、コンディヤックなどの奢侈・欲求理論の系譜において連綿と受け継がれていき、フランス経済学の展開に、ケネーの重農主義とは異なる特徴的な性格を与えることになる。

貨幣・信用や奢侈以外の論点のうち、金利の引き下げ、航海条例、自由と保護の両面政策など、ムロンがチャイルドに学んだ論点はグルネやフォルボネに引き継がれる[16]。グルネやフォルボネは先進イギリスに対抗しうるフランスの生産力の拡大を企図したのに対して、ムロンには彼らのようなイギリスへの対抗意識や生産力視点は希薄であり、消費者保護論やときに見られる共存の論理など、ムロンの視点は彼らのそれと必ずしも同じではなかったにしても、ムロンが彼らの先蹤をなしたことは明らかである。

ムロンの年長の友人であったモンテスキューとの関係については、ブジナックは、「統治システム」の研究において社会的、歴史的事実の観察を重視するムロンの姿勢にモンテキューの影響を読み取るとともに、逆にムロンもまたモンテスキューに大きな影響を与えたとして、『法の精神』の「商業に関する章は、ムロンのそれの引き写しである」[17]と述べている。確かに、彼らはともに「商業の精神」を称揚し、商業と奢侈の効用に目を向けるなど時代認識を共有していたが、しかし他方で、モンテスキューは、貴族中間権力の復権による政治的安定を重視し、債務者保護や貨幣の名目価値の引き上げは社会の流動化を招くとして、それらを容認するムロンを批判し、さらに「ローのシステム」を論難するなど、個々の論点では違いも大きい。

最後に、ムロンがイギリスの論者に与えた影響について、若干のことを述べておきたい[18]。まずヒュームとの関係である。新たな視点から統一的な啓蒙の像を結ぼうとしたジョン・ロバートソンは、ナポリ啓蒙のガ

---

(16)　グルネがムロンを読んだことは確かである。津田が指摘したように（「J・F・ムロンの「システム」論（3）」、九頁）、ムロンは第一一章で、開発が始まったばかりのルイジアナ植民地のタバコ栽培を保護するために、ギュイエンヌやラングドックで無償に提供されていたタバコ栽培の特権が取り消されたことを評価しているが、この事例がグルネによって引用されている（*Traites sur le commerce de Josiah Child et Remarques inedites de Vincint de Gournay*, éd. Takumi Tsuda, Kinokuniya, 1983, p.312）。フォルボネは、『商業要論』（一七五五年）でムロン—デュト論争を詳細に論評している（第九章）ほか、奢侈論（第一一章）などでムロンに言及している。

(17)　Bouzinac, *op.cit.* p.172.

リアニやジェノヴェージがムロン経由でフランスの新思潮を受け容れたように、スコットランド啓蒙の「ヒュームが『政治論集』で経済学に向かったとき、参照したのは同じくムロンであった」[19]として、ムロンをヨーロッパ啓蒙や経済学の生成史上のキーパーソンの一人に位置付けている。[20]ヒュームは『政治論集』（一七五二年）において技芸とインダストリーの観点から近代社会の生成史を論じたが、確かにそこにムロンのインダストリー論の影響を見ることは容易であろうし、奢侈とインダストリーを両輪とする商業社会の発展のイメージは両者に共通している。信用論など基本的な論点で違いも大きいが、商業社会の基本構造の理解に関して、ムロンがヒュームに影響を与えた可能性は否定できない。

ジェームズ・スチュアートもまたムロンを強く意識するところがあった。何より、よく知られているようにスチュアートは『経済の原理』（一七六七年）において、ローのシステムおよび貨幣の貶質や信用の意義をめぐるムロン―デュト論争の評価にかなりの紙幅を費やして、土地担保や正貨準備などの意義についての認識を欠いた二人の議論の不毛性を厳しく批判している。[21]ほかにも、ムロンの「立法者」は「ジェームズ・スチュアートの『ステイツマン』の原型となるものであろう」と指摘されるように、[22]スチュアートは『商業論』の第二版で増補された第二五章「システムについて」のなかの一節を取り上げて（『原理』第二編第二七章）、立法者たる者のあり方を論じている。また、ヒュームと同じく奢侈の欲求をインダストリーの心理的誘因とみる奢侈論に、さらには商業社会を、「利益に導かれておのおのの相互的な欲望」の充足を目指す「欲求の体系」と捉えるスチュアートの社会認識の一面に、ムロンや、奢侈・欲求理論にかかわるフランスのコンテキストの投影を見ることができる。

一七世紀後半以降、フランスにおいて、人間と社会に関して新たな見方が登場する。それによれば、人間の行動原理や社会の結合原理はおもに「利益」であり、しかも個々人の利益追求の行動は結果的に秩序や繁栄の原因となりうる。ムロンの狙いは、およそこのような見方に立って近代経済（商業社会）の基本構造を

(18) ドイツ語圏でのムロン『商業論』の受容の有り様については不明である。一七四〇年に早くもドイツ語訳（一七五六年に独訳第二版）が出ているほか、一七五五年にはフォルボネの『商業要論』のドイツ語訳が出版されている事実をだけを指摘しておこう。

(19) John Robertson, *The Case for the Enlightenment Scotland and Naples 1680–1760*, Cambridge University Press, 2005, pp.375–76.

(20) ロバートソンは、啓蒙の本質は生活状態の改善への関心にあり、この意味で啓蒙は経済学と強い親和性を持っているとした上で、ナポリ啓蒙とスコットランド啓蒙の共通の源泉を一七世紀後半のフランス哲学に見出し、経済学との関係では、その延長線上に位置するムロンの重要性に着目した。ただし、ロバートソンは、二つの啓蒙の共通の源泉とされる一七世紀後半のフランスの新思潮やムロンそれ自体について十分に論及しているわけではない。しかしともかくも、ヨーロッパ啓蒙の大きな視点からフランスの新思潮とムロンの経済論説の歴史的意義を捉えうることを示した点で、ロバートソンの指摘は興味深い。

(21) これについて、小林昇「ジェームズ・スチュアートの見たジョン・ローのシステム」『小林昇経済学史著作集Ⅹ　J・スチュアート新研究』未来社、一九八八年を参照されたい。なお、ついでに言えば、パリス・デュヴェルネ─デュト（未刊の第三巻）の関係をまでを含めて考えれば、土地担保の意義を考慮しなかった点を除いて――ただしこれは（ローや）スチュアートに固有の視点にすぎない――この論争へのスチュアートの批判は必ずしも当たっていない。

(22) 津田「J・F・ムロンの「システム」論（1）」八頁。

解明し、最大多数の人々の安楽な暮らしを実現しうる条件を探求することであり、いわば経済学の知見をもってそのような啓蒙の課題に応えることであった。その探求は経済学の生成史に重要な一歩を印すものであったから、『商業論』はフランスのみならずイタリアやイギリスなどでも影響を及ぼすことになる。そして、安楽な暮らしへの希求を是認する世俗的倫理は、一方で、啓蒙の共通因子として一八世紀ヨーロッパ啓蒙の大きなうねりを引き起こす一要因であったとすれば、こうした啓蒙の大きな展望をも視野に収めつつ、『商業論』の担った歴史的意義がさらに究明されねばならないであろう。

英語版翻訳者デヴィッド・ビンドンについて

後藤浩子

一　一八世紀アイルランドと政治経済学

『経済についての政治的試論』の英訳版がなぜアイルランドで作られたのか、この理由を理解するためには、当時のアイルランドの支配者層であった、アングロ・アイリッシュ地主が置かれた状況を振り返る必要がある。アングロ・アイリッシュ地主とは、テューダー朝エリザベス一世期、ステュアート朝ジェームズ一世期、そしてクロムウェルの共和政期に、アイルランドの没収地を取得することによって地主となったイングランド人を意味する。王政復古期に復活した土着のカトリック地主支配層がウィリアマイト戦争（一六八九―一六九一）によって一掃され、カトリック刑罰諸法でカトリックの土地所有と参政権が厳しく制限されたことで、アングロ・アイリッシュ層は一七世紀後半の王政復古期以上に堅固な支配権を握った。しかし、まもなくイングランド議会が、アイルランド産の羊毛や毛織物製品のイングランド以外の国への輸出を全面的に禁じ、イングランドへの輸入に際しては違約関税を課した「アイルランド羊毛・毛織物法」（一六九九年）を制定したことによって、イングランド出自の彼らは、甘受しがたい差別を味わうことになったのである。それは、一七世紀にアングロ・アイリッシュ地主となったウィリアム・ペティが、アイルランドからイングランドへの畜牛輸出を禁止した「畜牛法」（一六六六年）に見出した理不尽さと同等のものであった。こうして、アングロ・アイリッシュ層は、イングランド側が作り出した障壁により、アイルランドをイングランドの延長ではない土地として認識させられ、しかもアイルランドの国益を代表しその増進を図っていかなければならない立場に追い込まれたのである。この変化は「コロニアル・ナショナリズム」の登場としてJ・G・シムズらによって描写されてきた。(1)

とはいえ、アイルランドを一国家（nation）として築き上げようとする目標は共有しつつも、とるべき具体的政策に関してアングロ・アイリッシュは皆一致していたわけではない。ここではまず、当時のアイルランドが直面していた経済問題を説明しておこう。ウィリアマイト戦争以後、アイルランドは国内での貨幣鋳造が認められておらず、ブリテンやフランス、スペインから貨幣を輸入し、布告によって国内での通貨価値を決定し、流通させていた。（一七〇一年以来、一イングランド・シリング＝一二ペンスのところをアイルランドでは一三ペンスに換算し、一〇〇ポンド・スターリング＝一〇八・三三アイリッシュ・ポンドの水準となっていた。）ところが、一七二〇年代から一七三七年までの長い間、アイルランドはイングランド製ギニー金貨の駆逐と、銀貨の国外流出による貨幣不足に悩まされた。その主たる原因は、まず金貨に関して言えば、一七一二年と一七一五年の布告によって外国金貨の価値が維持されたため、対ギニー金貨に対して外国金貨が相対的に高い価値をもつようになったこと、加えて、一七二五年に新しいポルトガルの高額金貨モイドールが輸入されその通貨価値が布告された時、対ギニー金貨との関係ではなく既に流通している他の外国金貨との関係で価値が決定されたため、相対的にモイドール金貨の価値が上がったことにあった。この結果、モイドール金貨は一七三〇年代にはギニー金貨を駆逐して、アイルランドで流通する金貨の半分を占めるほどになったが、高額であったため決済手段としては流通において多くの支障をもたらしたのである。また、銀貨の流出は、ブリテン・アイルランド間での金銀比価の格差が原因であった。一七一七年のブリテンでの金銀比価変更（一ギニー金貨二二シリング六ペンスから二一シリングへ、造幣局金銀比価は一五シリング二一ペンスまで下がった）の際に、アイルランドではそれに連動するような金銀比価の変更をしなかったため、アイルランドの金銀比価のほうが高くなってしまい（一ギニー＝二二シリング九ペンス）、アイルランドでは相対的に銀の価値が下がり、より銀相場がいいイングランドへ銀貨が流れるようになったのである。当時の人々は銀貨の流出と小額鋳貨の不足がなぜ生じているのか、なかなかその原因を突き止められなかったが、この貨幣の流出と不足という問題に対処するため、まずは国営銀行設立、次に造幣局設立が要求されるようになった。ところが、この政策に関して、アングロ・アイリッシュの内部で大きく意見が割れた。

国営銀行設立の最初の請願は、スコットランド銀行が設立された一六九五年にダブリンの主要な商人達によって出されたが、アイルランド議会によってまったく無視される結果となった。しかし、一七一九年の会期中に、有力貴族の賛助の下に二度目の請願が試みられ、この請願は議会ではなく国王ジョージ一世に提出された。主たる請願理由は、硬貨の不足を補い、この不足によって生じている商業活動の中断を回避するというものであり、この請願はブリテン政府側にも受け入れられ、一七二一年にアイルランド総督は国営銀行設立計画書を国王に提出し、同年七月に設立許可の勅許状が発起人達に授与された。ところが、アイルラン

（1） J. G. Simms, *Colonial Nationalism 1698–1776 : Molyneux's The Case of Ireland ... Stated*, Cork, 1976.

ド銀行の事業開始のためにはアイルランド議会での国営銀行法案可決を残すのみとなったその時、議会での法案に対する支持が九月から一二月までの三ヵ月間で急速に失われ、結局一五〇対八〇で否決されたのである。この時、銀行法案に反対するパンフレットを発行しポピュラー・アジテーションを巻き起こした中心人物はジョナサン・スウィフトだった。こうして、アングロ・アイリッシュは、ブリテンのコート派ウィッグの金融・経済政策を支持する勢力とそれに反対するスウィフトなどの勢力とに二分された。

国営銀行設立法案の廃案後、今度は銀貨流出による小額決済用貨幣の不足をブリテンからの銅貨輸入で補おうとした一七二二年のブリテン政府の政策が引き金となって、「ウッドの半ペンス問題」と呼ばれる国民的反対運動が引き起こされた（一七二三―一五年）。ブリテン政府がアイルランド総督府に打診することなく決定したその貨幣政策は、ブリテンの政府や議会によって次第に切り詰められてゆく自らの権利に極めて敏感になっていたアイルランドの議会や世論を真っ向から刺激したのである。国王ジョージ一世が愛人のケンデル伯爵夫人に、アイルランドで流通させる半ペンスと四分の一ペンス銅貨鋳造の勅許状を授与し、それを彼女がウィリアム・ウッドという鋳物工場主に売却したことが事の発端だった。これはアイルランド側から見れば、様々な点で納得のいかないものであった。というのは、一六九〇年代以降、アイルランドは貨幣の不足に悩み、造幣局の設立を要求してきたが、イングランド政府は、アイルランドにおける造幣局の設立が独立した主権をもつことの暗示になるとして、それを拒否していたからである。アイルランド側からの要求を無視し、代わりに私的な鋳造屋に、総督府への打診もなく、国王による勅許状授与という手続きで鋳造を任せたことが、既に銅貨が流通し始めた一七二三年秋に召集された議会で大問題となった。議会だけでなく、アイルランドを基盤とする総督府の役人達も、別の角度からこの問題に反対した。彼らは、ウッドの鋳造した銅貨の質を疑い、そのような銅貨が大量に流通すれば、本来もっとも必要であるにもかかわらずほとんど枯渇してしまっている銀貨を駆逐してしまうだろうと予測し、その結果、貿易や財政が受ける損害を危惧したのである。

銀行問題とは異なり、この問題では、アングロ・アイリッシュは一丸となって国民的反対運動を展開し、これによってウッドの半ペンス問題はひと先ず解決した。しかし、その後も銀貨の国外流出は終息しなかった。さらには、一七二六―八年の連続的不作は多くの世帯が負債を負い貧困化するという後遺症を残し、一七二九年にはリネン・ヤーンの価格も二分の一に下落した。こうしてアイルランドは一七二〇～三〇年代を通じて、一八世紀最長の経済的苦境を経験した。このような状況の中で、再度、貨幣不足問題を解決する手段として、国営銀行設立や金銀比価の変更が提案されるようになった。一七三五年にその第一部が出され、一七三七年の第三部で完結したジョージ・バークリの『質問者』は、国営銀行設立と紙券信用流通の必要性を世に問うたものであった。しかし、当時のアングロ・アイリッシュ支配層の意見は、造幣局設立要求では一致していても、国営銀行設立と銀行券発行、公信用導入の是非では、いまだに割れていた。一七二一年の国営銀行設立法案反対以来、一七二八年に発行されたパンフレット『アイルランドの現状短見』（A Short View of the State of Ireland）でも銀行家への敵意を露にし、一七三七年の金切り下げの際にも反対集会で発言し教会に黒旗を揚げて抵抗したスウィフトに象徴されるように、貨幣価値の変更や銀行と信用に対する強力な反対者が存在していたのである。

ビンドンによるムロンの著作『商業についての政治的試論』の翻訳（一七三八年）とその出版に対する出資者募集は、そのような反対意見に対する啓蒙的説得であり、バークリの銀行プロジェクト実現への支援でもあったと考えられる。アイルランド国立図書館に所蔵されているその冊子の巻頭には二百名以上の名を連ねた出資者のリストが数頁続いている。その中にはジョナサン・スウィフトやパーシヴァル一族の名前もある。アングロ・アイリッシュの有力者の大部分が共同出資して出版された本なのである。この英訳には、ヨーロッパ各地の銀行とその業務内容、紙券信用、鋳造貨幣の貶質、造幣局などについて膨大なビンドンの注釈が付けられているが、それは、まさに上述のアイルランドの事情を反映したものである。

二　ビンドンの生涯

英語版訳者であるビンドンは、一七三一年から亡くなる一七六〇年までクレア県エニス選出のアイルランド庶民院議員を務めた。ビンドン家はアイルランドの西部クレア県とリムリック県にかなりの土地をもつ地主であり、ビンドンの母の実家バートン家がエニス選挙区を仕切っていた関係で、彼の父（彼と同名のデヴィッド）も庶民院議員であり、その跡を継いで彼も兄のサミュエルも議員となった。ビンドンの兄二人がトリニティ・カレッジに進み、それぞれ法廷弁護士とリムリック大聖堂主任司祭となったところからみても、典型的な富裕アングロ・アイリッシュ地主の家系であることが分かる。なお、弟フランシスはスウィフトの肖像画などで有名な画家であり、建築家でもあった。ビンドン家の歴史はこのフランシスに関する伝記的研究によって明らかにされてきた。デヴィッド・ビンドンの生年は不明だが、弟のフランシスが一六九〇年生まれなので、庶民院議員となったのは少なくとも四〇代半ばであることがわかる。では議員となる以前のビンドンは何をしていたのか。彼の執筆したパンフレットでは、自らを時に「服地販売業（clothier）」、時に「オランダとハンブルクでのリネン貿易商」であったと紹介している。

ビンドンが実際に貿易商を営み、一七二〇年の南海泡沫事件のときに不渡り手形を出して破産したことは、控訴院の訴訟記録によって明らかである。[2] ビンドンは、ロンドンの貿易商ウィリアム・ドイルとダブリンの貿易商ウィリアム・ライヴズとかなりの量の取引を行っていた。一七二〇年の七月と九月に、ドイルは、幾人かの取引関係者を受取人とし、ライヴズを支払人とする総額およそ一四〇〇ポンドの為替手形を振り出した。そして、ライヴズがそれらの為替手形を支払えるように、ドイルは一七二〇年の八月と九月にリムリックの貿易商人であったビンドンを支払人としライヴズを受取人とする、額面五〇〇ポンド二枚と四〇〇ポンド一枚の為替手形計三枚を振り出した。ビンドンはドイルの信用状況は良好というライヴズによる情報を真に受け、ドイルとの掛け勘定における支払いとして、買掛金を超える額の一四〇〇ポンドの手形を引き受けたのである。ところが、まさに支払い期日の一七二〇年八月から九月にかけて南海会社の株価大暴落が起こり、このあおりを受けたビンドンは支払い不能になってしまった。支払うそぶりをまったく見せない

（2） *David Bindon, appellt. William Ryves and William Doyle. merchants-respondents. The respondent William Ryves's case, respts. The appellant's case.* London, 1730. 並びに *David Bindon, merchant-appellt. William Ryves and William Doyle.* London, 1730.

ビンドンに業を煮やしたライヴズは、不渡りとなったビンドン払いの為替手形の拒絶証書を作成し、ドイルに送った。

他方、ドイルは、この為替手形の支払い期日以前に、ビンドンとともにロンドンの商船ヘンリー号に一二〇〇ポンド以上相当のサーモンと乾燥魚の荷を積んで、それをヴェニスの貿易商ラルフソンとヘウィットに引き渡していた。その荷の売り上げの三分の二はドイルの、残りの三分の一はビンドンの取り分という取り決めだった。ライヴズから拒絶証書を受け取ったドイルは、それをヴェニスのラルフソンとヘウィットに送り、彼らに引き渡されたヘンリー号積載の荷のうち、ビンドン所有分である三分の一をドイルの名前で差し押さえるよう指示した。その頃ビンドンは、ヴェニスでのこの差し押さえを知らず、ドイルからの委任状をもって支払いをせきたてるライヴズに対し、ドイルとの勘定での買掛金相当分の手形についてはその支払い請求に同意し、帳簿の清算をして、一七二〇年一一月一九日に、確定債務を立証する債務証書を作成した。そして、その支払いの担保として、リムリックの家と地下貯蔵庫、そしてリムリックにある商船フランシス号とその船に積載されていた牛肉やバターや獣皮といった積荷の所有権の半分、そして、ロンドンの商船サクセス号とその積荷の六分の一、さらにヴェニスの商船ヘンリー号に積載されているサーモンの荷のうち彼の分である三分の一から生み出された利益が、ライヴズに権利譲渡され、その結果、ライヴズはビンドンを支払人とする三枚の為替手形を抹消すべくビンドンに引き渡した。

その後、ビンドンはドイルがヴェニスですでに彼の荷を差し押さえたことを知り、ライヴズに対し、差し押さえを解除するようドイルに指図するよう頼んだ。ところが、今度はライヴズとドイルの間で当人同士の貸借関係の清算をめぐって争いが生じ、ヴェニスでの差し押さえが解除されないという事態が生じた。ドイルが、ビンドン払いの為替手形三枚分の総額をドイル自身の帳簿の貸し方に記入することをライヴズが認めれば、すぐにも差し押さえを解除すると主張したのに対し、ライヴズが担保の処分費用などを理由にその要求を拒否したからである。

ビンドンは、三枚の為替手形の支払い義務から生じた一つの債務に対して、ドイルとライヴズ双方から債務者として二重の請求をされたことを不服とし、一七二二年の春に財務裁判所に訴状を提出した。だが、当事者の一人であるドイルもその後破産し、全帳簿類が管財人の手に渡ったこともあり、結局この訴訟は一〇年という長期に渡って争われることとなった。しかも、その間に関係者が支払った訴訟費用も相当な額となった。債務関係が多重化している場合の清算手続きについて、アイルランドの法制が不備であり、ルイ一四世治世下で作られた「商人法典」に倣うべき、とビンドンは本書第二〇章「為替について」の翻訳者注で指摘し、商人法典の破産時の清算手続きの項目を長々と紹介しているが、このような関心は、以上のような彼の破産体験に基づいているのである。

また、同じ箇所で、ビンドンは「牢獄を悲惨な負債者で一杯にしておく」とも述べているが、彼自身一七二〇年の破産時に実際に獄に収監された経験をもっているようである。一代目エグモント伯爵ジョン・パーシヴァルの弟、フィリップが一七二四／二五年の一月に、ジョンに次のように書き送っている。「例のパンフレットの著者に関して、『服地屋の手紙（Draper's Letters）』〔正確には『ドレイピアの手紙（The Drapier's Letters）』〕は、聖パトリック大聖堂主任司祭スウィフトのものであると意見が一致しました。『（アイルランド人がウッド氏の硬貨鋳造を拒否し続けることが）必要な諸理由』は、債務ゆえにロンドンの王室裁判所監獄に収監されるという災難に会ったビンドン氏によって書かれたものです[3]」。

以上のような一七二〇年の破産の後、三〇代で商業から身を引いたビンドンは法曹界を目指した。一七二五年九月にロンドンの法曹院インナー・テンプルに入り、その後一七三一年にアイルランド議会庶民院の議員になってから同年八月にミドル・テンプルに移り、さらに一七三四年七月には、ダブリンのトリニティ・カレッジの法学博士課程に進んだ[4]。出版年代から見て、ムロンの『商業についての政治的試論』の翻訳は、法学博士課程での研究の一環であったと思われる。

法曹界を目指したビンドンが、一七二九年一月にはすでに法廷弁護士として活動していることが、ジョン・パーシヴァルの日記からわかる。「ビンドンは、かつて破産した商人であり、その後弁護士業に専念するようになったのだが、信頼できそうな振る舞いと良識を持ち合わせた人物である」と彼は記している[5]。パーシヴァルが大法官裁判所で農地の所有権をめぐるクローン対クロフツ訴訟に関わった際に、クロフツ側の弁護人としてアイルランドからロンドンに来ていたのがビンドンであった。一七二九年五月にアイルランド国教会の全アイルランド主席主教ヒュー・ボルターも、当時アイルランド総督であったカータレット卿宛の手紙でビンドンに言及している。ボルターによれば、総督の指示を受けてアイルランド枢密院がアイルランドで流通している外国産の金貨の価値をイングランドのギニー金貨と同等になるよう引き下げようとしたことに対し、ダブリンやコークの市議会からそれに反対する請願書が出されたが、そのときにビンドンも請願者の一行に加わっていた。「請願にきた貿易商達は、みな送金に携わっている人々であったが、その中に破産したリムリックの貿易商であるビンドンという人がいた。」さらに、ビンドンについての注釈が、ボルターの書簡集の編者によって記されている。「デヴィッド・ビンドンは並外れた良家出身の非常に傑出した商人で、貿易についての素晴らしい知識を持っていた。彼は、一七二〇年の南海泡沫事件で甚大な損害を受け、ジョージ二世の治世時に議員であった(6)」。

ブリテン・アイルランドにおけるビンドンの社会的位置を説明するには、まずパーシヴァルやジョージ・

---

(3) Perceval to Parceval, 12 Jan. 1724/25, British Library, Western Manuscripts, Add. MSS 47030 f.129. なお、［ ］内は引用者による。

(4) Edith Mary Johnston-Liik, *History of the Irish Parliament 1692–1800*, VOL.III, Ulster Historical Foundation, 2002, p.181 ; *Middle Temple Admissions* vol.1. p.311. なお、トリニティ・カレッジ・ダブリンへの入学については *History of the Irish Parliament* で記述されている。しかし、*Catalogue of the Graduates in the university of Dublin* 1595–1868 にビンドンの名は載っていない。

(5) John Percival, *Manuscripts of the Earl of Egmont : diary of Viscount Percival afterwards first Earl of Egmont, vol. 3*, Historical Manuscripts Commission, London, 1923, p.329. 原文中の「broker」はおそらく「破産したbroken」の読み違いであろうと思われる。

(6) *Letters written by Hugh Boulter, D. D. Lord Primate of All Ireland. & c. to Several Ministers of State in England, and some others*, vol.I, 1770, p.244.

これを参照している *History of the Irish Parliament* 1692–1800, VOL.III, Ulster Historical Foundation, 2002 の著者 Edith Mary Johnston-Liik は、この引用をビンドンの同名の父親に関する記述として扱い、後半の「議員であった」という部分だけを息子のビンドンとの混同であると注釈しているが、むしろ脚注での注記全体を息子のほうのビンドンの説明として解釈すべきであろう。

バークリとの交友関係を明らかにする必要がある。バークリの書簡によれば、ビンドンとバークリは既に一七二〇年代から交友関係がある。[7] そして、このバークリのパトロン的存在であったのがパーシヴァルであり、ビンドンがパーシヴァルとの面識を得て以降、この三人はロンドンのパーシヴァル宅で頻繁に会食するようになった。

一代目エグモント伯爵となったジョン・パーシヴァルの生い立ちは、ウィリアム・ペティの影響力の継承という意味からも注目に値する。パーシヴァルはアイルランドのコークに生まれたが、三歳の時に父を亡くし、母の再婚に際して、彼の父方の祖母の兄弟であるロバート・サゼル卿が後見人となり、幼年期をサゼル卿の家で送った。[8] このサゼル卿こそ、ペティの友人であり、ペティが『アイルランドの政治的解剖』の手稿を与えたその人である。パーシヴァルは、一七〇三年から一七一四年までアイルランド庶民院議員を務め、その後、本拠地をイングランドに移し、ブリテンの貴族院議員となってロンドンに在住した。ブリテン議会においてパーシヴァルはアイルランド側ロヴィイストの役割を担っていた。[9] ロンドンにおけるパーシヴァルの役割の重要性は、アイルランドの利益擁護のために政策を検討するブレーンを周囲に集め、ブリテン政府側の対アイルランド政策にその人脈や出版などを通じて影響を与えることにあった。一七二九年以降、ビンドンがロンドンに来るたびに、必ずパーシヴァルは招待や訪問という形で彼と面会し、ビンドンはこのようなブレーンの中心人物となった。

パーシヴァルが日記に書きとめたビンドン達との会話が示すのは、彼らが出版というメディアをかなり戦略的に位置づけていたということである。アイルランドで出版された目に付くパンフレットをイングランドでも出版すべきかどうかを、結果的にもたらされるであろうイングランドの世論の反応を予想して検討し、有効と判断すればロンドンの出版社に依頼するのである。例えば、一七三一年二月、パーシヴァルは、アイルランド産紡毛糸のイングランドへの輸入の際の免税化を支持するビンドンの論文とトマス・プライアーの『衰退の原因』をリムリック卿の屋敷に集まって皆で読み合わせ、前者をビンドンの名を隠して「ブラックウェルホールの商人達によって作成され」「製造業委員会の報告に反対の立場を決めているメンバーに配布された」ものとして出版されるように決定し、他方、プライアーの著作を、「アイルランドの助けになるというより危害を加えるもの」と判断し、出版を見送るよう決定している。[10]

パーシヴァルはジョージア植民地建設にも積極的に関与しており、彼の視野は「ブリテン帝国」であって、もはや「イングランド対アイルランド」ではなかった。アイルランドにいかに優位な帝国内分業を獲得

（7）一七二五年一〇月のプライアー宛書簡（T. E. Jessop and A. A. Luce（eds.）, *The Works of George Berkeley*, vol.8, p.142.）で、バークリは、ロンドンでの寄宿先が未定なのでビンドン宅に手紙を送るように指示し、また一七二六年七月の書簡（ibid., p.163.）では、銀行での為替相場と同様な基準でビンドンと一一〇ポンド余りのアイルランド貨幣を一〇〇ポンドのイングランド貨幣に交換した、と記されている。また、「ダンモア洞窟の記」（ibid., vol.4, p.264. 執筆年代の記録なし。しかし、フレーザー版全集では一七〇六年執筆と推定されている）にもビンドンの名は登場する。

（8）Benjamin Rand, *Berkeley and Percival : The Correspondence of George Berkeley and Sir John Percival*, Cambridge U.P., 1914, p.2f..

（9）Francis G. James, "The Irish Lobby in the Early Eighteenth Century," *The English Historical Review*, vol.LXXXI, no.320（1966）, pp.554f..

させるかこそ、彼の追求するものであり、彼はまさにそのために英愛関係を媒介する参謀であった。したがって基本的にパーシヴァルが「有益」と判断するパンフレットは、アイルランドとブリテンの利益の共存可能性を論証する性質のものであったのだが、思わぬところに伏兵がいた。当時アイルランド議会出席のため当地に長期滞在していたパーシヴァルの息子ジョン・パーシヴァル（父と同名）が『ドーセット公爵への書簡におけるアイルランドの現状についての一所見――特に毛織物業との関係で――』を匿名で出版したのである。これを目にしたアイルランド総督ドーセット公爵はパーシヴァルを呼びつけ、有害であるゆえ警戒するよう促した。ビンドンは、そのパンフレットはアイルランドで印刷されたかのように装っているが、実際はイングランド在住者の手によるものだと見抜き、そしてまもなくパーシヴァルは、その著者が弱冠二〇歳の自分の息子であると知ることになったのである。[11] その後、パーシヴァルはビンドンに息子の指導を依頼し、この結果、ビンドンは親子二代のパーシヴァルに対して影響力をもつようになった。

このような経緯でパーシヴァル・サークルのブレーンとなることで、ビンドンは長期にわたって経済評論のパンフレットを書き続けることになった。既に一七二四年に彼はウッドの半ペニー問題に関して、目下の貨幣不足に対する銅貨供給策の有効性の低さと、国王による私的業者への硬貨鋳造権認可の不当性という二点から論評した『アイルランド人がウッド氏の硬貨鋳造を拒否し続けることが必要な諸理由』[12] を出版していたが、一七二九年にはさらに硬貨の国外流出の原因を分析し、アイルランド枢密院の対応策を批判した『アイルランドに現在流通している金貨と銀貨についての試論』[13] を出版した。そこでは、アイルランドには造幣局がないため実に多くの外国貨幣が流通していること、枢密院ではブリテンのギニー金貨の価値を基準に全種類の輸入された金貨の名目価値が設定されたが、それらは貨幣の地金価値よりも低いために、貨幣の国外流出と地金への戻しの横行が予想されることが述べられ、それゆえその実行は思いとどまるべきであると結論付けられている。さらに同年に彼は、アイルランドとオランダの利子率を比較し、低利子での金融を国家の政策として行う必要を訴えた『勤勉な人々にその生業を営むための資金を供給し、アイルランドの貧民をよりよく扶養するための計画』(14)も発表している。このパンフレットでのアイディアは後に一七三五年〜四〇年のバークリの銀行プロジェクトに反映されることになる。

一七三一年の『ある服地販売業者から一国会議員に出された書簡に述べられたイングランドの毛織物業についての考察』(15)では、一六八三年から一七二九年までのアイルランドからイングランドへの羊毛と紡毛糸の輸出量推移を統計的に示し、その輸出量の急激な減少を指摘したうえで、「アイルランド羊毛・毛織物法」

---

(10) John Percival, *Manuscripts of the Earl of Egmont : diary of Viscount Percival afterwards first Earl of Egmont*, vol. 1, Historical Manuscripts Commission, London, 1920, p.148. 実際、ビンドンのパンフレットは『ある服地販売業者から一国会議員に出された書簡に述べられたイングランドの毛織物業についての考察』という表題で出版された。

(11) Ibid., p.172.

(12) *Some reasons shewing the necessity the people of Ireland are under, for continuing to refuse Mr. Wood's coinage. By the author of the considerations*, Dublin, 1724.

(13) *An essay on the gold and silver-coin current in Ireland*, Dublin : E. Dobson, 1729.

(14) *A scheme for supplying industrious men with money to carry on their trades, and for better providing for the poor of Ireland*, Dublin : Thomas Hume,1729.

(15) *Some thoughts on the woolen manufactures of England : in a letter from a clothier to a member of parliament*, London, 1731.

体制下で可能な互恵的分業体制を提案している。それは、アイルランドから羊毛と紡毛糸を免税でイングランドに輸出するというものであり、密貿易でブリテン外の市場――例えばフランスは毛織物の質を保つためにブリテン・アイルランド産の羊毛を混ぜることを必要としていた――に安いアイルランド産羊毛や紡毛糸が流出している現状に比べれば、イングランドにとってもっと有利になるはずだとビンドンは説得している。この提案は、法案化されて貴族院で審議されたが、この時にもビンドンは『現在貴族院での審議にかけられている毛織物業に関する法案についての所見』[16]を出版し、イングランドの世論の説得を試みた。また、一七三六年の『アイルランドの県と地方におけるプロテスタントとローマカトリックの家族数の要録』[17]では、炉税徴収人の報告書をもとに全国の世帯数をまず把握し、一世帯の平均人員数を推定することによって、アイルランドの総人口数とプロテスタントとローマカトリックの人口比を合理的根拠に基づいた推論によって算出しようとしている。この試算の動機と必要性について、彼は、一六七二年にウィリアム・ペティがアイルランドのプロテスタントとローマカトリックの人口比は三対八であるという数値を記して以降、これに関する計算は合理的で堅固な基礎付けなしに行われており、ウィリアマイト戦争以降新たにブリテンから移住したプロテスタントの数を反映した人口比が未だ不明であるからだ、と説明している。さらに、ペティとジョン・グラントの『死亡表』での方法論を踏まえ、人口動態についても言及し、ダブリン市とロンドン市ではパリ市と違い出生数に関する調査がなく、国教会での洗礼数からの推定に拠らざるを得ない問題点を指摘している。そして政治算術を、「誤りを修正し、困難な点を整理し、公衆の利益のために役立つヒントを提供してきた」ものと評価している[18]。ここには、ペティ以来アングロ・アイリッシュの間で受け継がれてきた知的伝統がよく現れている。

『商業についての政治的試論』の英訳が出された頃、ブリテン議会ではスコットランド出身の議員が中心となって、ブリテン・アイルランドのリネン業の発達促進のために、主にドイツ方面から輸入されているリネン製品がブリテン植民地に再輸出される際の戻し税の廃止を要求する請願が庶民院に出された。これは始めてのリネン業振興策の提案であったが、この時は結実せず、一七四〇年代に入ってようやく実を結ぶことになる。この請願に賛同し、世論を喚起するために、一七三八年にビンドンは『貿易業を引退した一商人から一議員への手紙』を匿名で出版した。手紙の内容は、請願を提出した議員に、オランダとハンブルクからのリネン製品輸入に携わっていた元貿易商がリネン業の現状を説明しつつ賛成の意を表するというものである。ビンドンは、国富の源泉である完全雇用実現のためには、製造業の発展を基軸にした国内諸産業の新たな編成が必要であることを訴えている。なぜ製造業が基軸になるべきなのか、その理由はまさに原料生産から加工過程までを含め、農業や漁業に比べ労働集約性が高く、一〇倍多くの人間を雇用可能であるからだ。同じ理由で、原料生産に人手がかからない毛織物業よりも、亜麻の栽培により多くの人手がかかるリネン業のほうが国民にとって好都合なのだと彼は見なす。国際競争力をもった製造業の育成こそ、国富蓄積の鍵で

（16） *Observations on the bill now depending in the House of Lords, with relation to the woollen manufacture. by a clothier*, London, 1731.

（17） *An abstract of the number of Protestant and Popish families in the several counties and provinces of Ireland*

（18） Ibid., p.15.

あり、製造業で得られる利益は公的利益であるのに対し、農産物生産で得られる利益は結局地主層の私的な個人的利益になるだけであり、しかも彼らは増産による価格の低下を望まない。従って、必須食料である食肉等を輸出しているアイルランドの農産物貿易は国富には繋がらないのであり、むしろ、輸出を止め国内に安価に供給することで、製造業における価格引下げの可能性に貢献すべきなのだと彼は説く。ムロンは就労人口の増加を国家の立法の第二の目的として掲げるが、ビンドンはこの点を最も重視しつつ、ムロンほどには国内農業に重要性を与えていない。「アイルランドからの輸出の主品目は土地生産物（the Products of Land）だが、それは人間の労働や勤勉からくる付加価値（additional Value）をほとんど伴わない[19]」とビンドンは指摘し、このような付加価値の乏しさに加え、農業から獲得された富は、豪奢な地主や成長しすぎた農夫に独占され、国富増大に真に貢献する製造業の遂行に使われることはないと見なす。製造業を発達させるのは、むしろ商業の進歩であり、これによって、製造業での労働と勤勉は絶対的に必要なものになるのであり、一般に怠惰と見なされているアイルランドの住民の傾向性も変化するはずだ、とビンドンは論じる。「例えば、多くのアイルランド人が外国の軍隊での軍役に向かうが、それはスイス人は傭兵になるよう強いられているとムロンが語っているような理由ゆえではなく、故国の広く滋味豊かな領野での雇用がないからなのだ[20]」。

彼の出版歴は長く、以後一七五四年まで金融、貿易、国内経済政策について提言し続けることになる。パーシヴァルの日記によれば、ビンドンはすでに一七三〇年代からローマカトリックに対する刑罰法体制がアイルランドの経済発展の桎梏となっていると指摘していた。「ビンドンの見解の一つは、もし仮に我々がローマカトリックに終身の賃貸や土地の購入を許可したら、アイルランドはより栄えるだろう、なぜなら我々は彼らを商業（trade）に追い込んだので、アイルランドのほとんどすべての貨幣は彼らの掌中にあるからだ、というものだ。彼らは非常に素晴らしい貿易商人（trader）であり、とりわけ禁制品の最高に素晴らしい密輸業者である。公正な貿易商人は一般的にプロテスタントなのだが、彼らはこのような貿易商人を滅亡させるほどなのだ。ビンドンは次のように語った。ローマカトリックに永続的土地所有権を与えることによって、彼らは自分達の利益に適うために、よきプロテスタントとまではいかないにせよ、よき臣民になるだろうし、また彼らの中でかなり有力な一群のメンバーが他から切り離されるだろう、またローマカトリックが土地を購入すれば、ローマカトリックが本来の土地所有者だったという古来の主張すべてに対して彼ら自身が自分達の購入を擁護することになるだろうし、従って、すべてのプロテスタントの土地保有権がローマカトリック自身によって支持されるだろう」[21]。この時ビンドンは、さらにカトリック刑罰諸法によって生じつつあるアイルランドの経済構造の歪みにも警鐘を鳴らしている。土地所有からカトリックが排除されたことで有力なカトリックは商業で財を築き、そこで蓄積された資金力をもって、借地権獲得の入札においてかなり高額の地代を提示してアングロ・アイリッシュの借地人に競り勝つようになっていた。この結果、ミドルマンと呼ばれる中間地主層が形成され始めたのだが、これはアイルランド経済の全体的富裕化にとって大

（19） *A Political Essay upon* COMMERCE, *Written in French by Monsieur M--, Translated, with some* ANNOTATIONS, *and* REMARKS, *by* DAVID BINDON, *esq*. Dublin, 1738, p.xii.

（20） Ibid., p.xiv.

（21） *Manuscripts of the Earl of Egmont : diary of Viscount Percival*, vol.3, p.329.

きな構造的障害であった。なぜなら、中間地主が高額地代の支払いが可能なのは、その下で実際に農業生産を行う小作人や農業労働者といったカトリックの下層民の所得の低さがあればこそであり、しかも上納される地代はアイルランドに留まらず、不在地主化するアングロ・アイリッシュを通してブリテンに流出するからである。

アングロ・アイリッシュにとって、カトリック層が保持している資金は、常に自分達の支配つまりプロテスタント・アセンダンシーを転覆させる要因となるかもしれないという点で不安の根源であり、ビンドンやパーシヴァルにとってもそれは同様であった。この意味でリチャード・カンティロンはまさに彼らの不安を具現している人物であった。カンティロンはアイルランドのリムリックのカトリック地主の家に生まれ、ウィリアマイト戦争敗戦で一家はアイルランドを追われフランスに渡った。カンティロンは、パリからロンドンに移住した際、ボーリングブルックと非常に懇意であったので、ボーリングブルックの家と隣接した場所に自宅をもったが[22]、それはまた、パーシヴァルの弟フィリップの住居の隣でもあった。カンティロンはその新居からの出火で命を落とし、フィリップ・パーシヴァル邸も延焼を被った。パーシヴァルは弟と頻繁に行き来していたので、彼は一七三四年五月一四日の日記に以下のように綴っている。「富裕な銀行家であるカンティロン氏と私はパリで知り合ったが、…彼は放蕩のすぎた人物で、彼の召使は評判が悪い[23]」。パーシヴァルやビンドンの目にはカンティロンはカトリックの富裕な銀行家として映っていた。金融という領域で陰の力をもつこのようなジャコバイト勢力をアングロ・アイリッシュ層は恐れ、それゆえ銀行や金融についての知識獲得の必要性に促されてビンドンはムロンを翻訳したのだが、その時すでにカンティロン本人が

『商業試論』を書いているとは、彼は知る由もなかった。

ビンドンにとってアイルランドは政治が経済の自然な発達を阻害している代表的な例であり、それゆえ彼は政治が経済に及ぼす影響を詳細に検討したムロンの著作に注目したのだと考えられる。彼は、アイルランドに「経済政策」という観点を持ち込んだ人物であり、ブリテンとの互恵的関係を保ちつつアイルランドの経済的進歩を実現しうる統治や政策を探究し続けた政治家であった。ここにはスウィフトらのナショナリズムとは異なる、コート派的なもう一つの統治理性の系譜がある。

(22) Antoin E. Murphy, *Richard Cantillon : Entrepreneur and Economist*, Clarendon Press, 1986, p.47.

(23) *Manuscripts of the Earl of Egmont : diary of Viscount Percival*, vol.2, p.102.

訳者あとがき

本書はジャン・フランソワ・ムロンによる『商業についての政治的試論』の初めての邦訳である。本書の特徴は、この邦訳に、この出版の四年後に現れたアイルランドのデヴィッド・ビンドンの手になる英訳版の詳細な「注解」の全訳を付したことにある。この点について一言述べておきたい。

経済学の生成史上においてムロンが担った役回りはすでに米田の解説で触れた通りであるが、その重要性は、『商業論』が他の諸国でも大きな関心をもって迎えられたことからも明らかである。そこに示された奢侈論、インダストリー論、貨幣・信用論、統治論などは、全体として、一八世紀における、偏差を伴った全ヨーロッパ的な商業社会の展開という新しい状況を展望するものであったと言ってよいが、それはまた、それぞれの国が抱える固有の課題に対応しうる優れた知見を示すものとして、注目されたと言えよう。一方、彼の経済論説もまた、ペティやアベ・ド・サン＝ピエールなど当時の英仏の経済学の達成を踏まえたものであり、この意味では、その重要性はそれが担ったいわば結節点としての役割にも由来する。

ムロンのしばらく後にヴァンサン・ド・グルネは、半世紀以上も前にイギリスで出版されたジョサイア・チャイルドの『新交易論』を翻訳・出版したが、それにチャイルドの原著にも匹敵する詳細な「注解」を付してみずからの経済認識を披歴し、チャイルドの本文と合わせて同胞の注意を喚起しようとした。このとき彼の胸中にあったものは、フランスにおける経済認識の立ち後れの自覚と、このために国際的な生産力競争において、とくにイギリスに対してフランスは劣勢に陥っているという強い危機意識であったが、グルネはこの劣勢挽回の方策をチャイルドの論説を通じて示そうとしたのである（Vincent de Gournay, *Traités sur le commerce de Josiah Child et remarques inédites de Vincint de Gournay*, éd. par Takumi Tsuda, Tokyo, Kinokuniya, 1983）。

ムロン『商業論』の英訳を試み、それに詳細な注解を付したビンドンの意図もまたアイルランドの現状に対する危機意識であったことは、後藤解説が余すところなく明らかにしている。ビンドンは、アイルランドから貨幣を流出させる元凶となっている不在地主の問題など、「アイルランドは自然のあらゆる恵みに富んでいるが、よき治政から生じる有利をほとんど持たない」と嘆き、またフランスと異なってアイルランドでは奢侈は有害であると断じるが、しかし一方では、フランスと比較しつつアイルランドが帰属するイングランドの自由やその信用制度の安定性を誉めそやしてもいる。ビンドンの立ち位置はアイルランドとイングランドとの間で揺れ動き、ときに屈折を見せるが、これはこれで一八世紀ヨーロッパにおける経済認識の多様な形成の一場面のあり様をよく伝えていて、興味深い。

グルネ文書を発見した津田内匠氏が示そうとしたように、一八世紀のヨーロッパにおいて経済学の認識は、国境を超えた相互の「交流と対抗」の関係を通じてそれぞれに深められていく（津田内匠「一七五〇年代のフランス経済学の動き」*Study Series*、一橋大学社会科学古典資料センター、一号、一九八四年を参照）。ムロンとビンドンを並べてみることで、経済学の生成史上におけるそうした関係の一齣を浮き彫りにし、さらには『商業論』がヨーロッパ啓蒙という大きな展望のなかで担った歴史的意義の一端に触れることができよう。

本訳書は、米田と後藤の共同作業によってできあがったものである。ブジナックは、『商業論』はサロンでの談論を「文学的タッチ」でまとめてみせたものであると評したが、それゆえにというべきか、ムロンの言うところを明確に理解することはときに骨の折れる作業であったし、ビンドンの注解についても、百科全書的な、とでも言うべき情熱に支えられた彼の技術的解説などを日本語に移すのはかなり困難を伴ったことを、正直に述べておこう。

本訳書の刊行は、米田と後藤がともに参加する研究会を長年にわたって主宰されてきた田中秀夫さん（愛知学院大学教授・京都大学名誉教授）の勧めによるものであり、田中さんの推薦によって、京都大学学術出版会の「近代思想コレクション」の一冊に加えていただくことができた。ここに記して感謝申し上げたい。また何種類かの注が錯綜する本訳書の面倒な編集の労を取っていただいた、出版会編集部の國方栄二さんに厚くお礼を申し上げる。

二〇一五年九月三〇日

訳者を代表して

米田昇平

人名索引

ハ行

マ行

ヤ行

ラ行

事項索引

マ行

ヤ行

ラ行

訳者紹介

米田　昇平（よねだ　しょうへい）

下関市立大学教授

主な著作

『経済学の起源――フランス　欲望の経済思想』（京都大学学術出版会、2015年）、『徳・商業・文明社会』（共著、京都大学学術出版会、2015年）、『野蛮と啓蒙――経済思想史からの接近』（共著、京都大学学術出版会、2014年）、『啓蒙と社会――文明観の変容』（共著、京都大学学術出版会、2011年）、『経済思想３　黎明期の経済学』（共著、日本経済評論社、2005年）、『欲求と秩序――18世紀フランス経済学の展開』（昭和堂、2005年）。

後藤　浩子（ごとう　ひろこ）

法政大学経済学部教授

主な著作

『野蛮と啓蒙――経済思想史からの接近』（共著、京都大学学術出版会、2014年）、『アイルランドの経験――植民・ナショナリズム・国際統合』（共著、法政大学出版局、2009年）、『啓蒙の知と経済学の生誕』（共著、京都大学学術出版会、2008年）、『共和主義の思想空間――シヴィック・ヒューマニズムの可能性』（共著、名古屋大学出版局、2006年）、『〈フェミニン〉の哲学』（青土社、2006年）。

商業《しょうぎょう》についての政治的試論《せいじてきしろん》　近代社会思想コレクション14

平成27（2015）年12月11日　初版第一刷発行

著　者　ジャン・フランソワ・ムロン

訳　者　米《よね》田《だ》昇《しょう》平《へい》
後《ご》藤《とう》浩《ひろ》子《こ》

発行者　末原達郎

発行所　京都大学学術出版会
京都市左京区吉田近衛町69
京都大学吉田南構内(606-8315)
電話　075(761)6182
FAX　075(761)6190
http://www.kyoto-up.or.jp/

印刷･製本　亜細亜印刷株式会社

ISBN978-4-87698-883-9　Printed in Japan
定価はカバーに表示してあります

近代社会思想コレクション刊行書目

（既刊書）

01 ホッブズ 『市民論』
02 J・メーザー 『郷土愛の夢』
03 F・ハチスン 『道徳哲学序説』
04 D・ヒューム 『政治論集』
05 J・S・ミル 『功利主義論集』
06 W・トンプソン 『富の分配の諸原理 1』
07 W・トンプソン 『富の分配の諸原理 2』
08 ホッブズ 『人間論』
09 シモン・ランゲ 『市民法理論』
10 サン－ピエール 『永久平和論 1』
11 サン－ピエール 『永久平和論 2』
12 マブリ 『市民の権利と義務』
13 ホッブズ 『物体論』
14 ムロン 『商業についての政治的試論』